BIBLIOTHÈQUE DU VOYAGEUR

LE GRAND GUIDE DU SÉNÉGAL ET DE LA GAMBIE

Traduit de l'anglais et adapté
par Pierre Reyss et Pierre de Laubier

GALLIMARD

Dépôt légal : 1991
N° d'édition : 50487
ISBN : 2-07-072162-0

Imprimé à Singapour

CEUX QUI ONT FAIT CE GUIDE

Cet ouvrage de la collection la Bibliothèque du Voyageur présente l'un des pays les moins visités, mais certainement pas le moins passionnant. Les couleurs, les bruits et, par-dessus tout, la chaleur humaine de ce plus proche voisin ouest-africain de l'Europe, ont tout pour fasciner celui qui vient le découvrir. Cette région offre le modèle parfait de la formule qui fait l'orgueil des guides Apa: présenter le visage véritable d'un pays — y compris la vie quotidienne et, bien entendu, les traditions — plutôt que d'offrir un guide touristique simplement descriptif.

Comme pour tous les autres ouvrages de cette collection, une équipe de spécialistes s'est attaché à décrire tous les aspects des pays à découvrir. Lorsqu'il a fallu en choisir les responsables, le directeur du projet — dont la fonction est précisément de trouver et de coordonner les talents appelés à collaborer —, **Brian Bell**, directeur à Londres des éditions Apa, a pensé immédiatement à **Philip Sweeney**.

Tous deux se connaissaient pour avoir collaboré à l'*Observer*, l'un des journaux dominicaux britanniques les plus renommés. B. Bell était chargé de l'édition du magazine de ce journal, pour le compte duquel Ph. Sweeney avait été envoyé au Sénégal afin de rédiger un article sur le jeune espoir de la chanson Youssou Ndour, qui faisait ses premières armes avec l'ancien chanteur du groupe Genesis, Peter Gabriel. Ph. Sweeney s'est souvent rendu en Afrique de l'Ouest afin d'y rassembler la matière d'un livre sur les musiques populaires du monde.

La plus grande partie du travail sur le terrain (dans le cas présent, des déplacements en taxi-brousse) a été accomplie par **Andy Gravette**, auteur de multiples relations de voyages, qui avait découvert le Sénégal et la Gambie vingt ans auparavant, alors qu'il était correspondant du *Sunday Times*. Il y était retourné à diverses reprises, attiré par le charme des Gambiens et les contrastes du Sénégal. A. Gravette collabore régulièrement à l'Economist Intelligence Unit et publie des articles, souvent illustrés de ses propres photographies, dans divers périodiques. Il est l'auteur de livres déjà parus sur Cuba, les Antilles françaises et hollandaises.

Pour une meilleure approche de Dakar, de l'intérieur, comme pour disposer des sources les plus autorisées sur les arts et sur le paysage ethnique et religieux de la capitale, Ph. Sweeney prit contact avec un journaliste, producteur à la télévision sénégalaise, **Amadou Moctar Gueye**. Celui-ci a fait ses études à l'université de Dakar, puis à Paris, avant de décrocher un diplôme de *mass communication* à l'université de Leicester, en Angleterre. Pendant ce cursus, il perfectionna sa connaissance de l'anglais, au point d'être recruté pour présenter chaque soir les informations en langue anglaise à la télévision sénégalaise. Outre son travail à la télévision et ses fréquents voyages, au sein de délégations de journalistes, en Europe et dans divers pays d'Afrique, A. M. Gueye trouve le temps d'écrire (son dernier livre a pour titre: *Communication et Politique en Afrique*), de participer à la bonne marche de

Sweeney

Gravette

Gueye

Whiteman

l'agence de presse dakaroise Sud Communication, et il est le correspondant local du journal londonien *West Africa*.

Kaye Whiteman, rédacteur en chef de *West Africa*, tenu pour l'un des journalistes les mieux informés et les plus fidèles des affaires de l'Afrique, anime des émissions radiodiffusées ou télévisées à la B.B.C. ou auprès de chaînes privées. Ayant abandonné le journalisme pendant neuf ans, il prit du service comme directeur de l'information auprès de la commission des Communautés européennes, à Bruxelles, où il engrangea une moisson de renseignements sur les perspectives de la coopération européenne en Afrique, sans parler de l'organisation des missions de la Communauté européenne sur le continent noir. Parmi ses nombreuses publications, citons une étude sur les droits des minorités au Tchad, une autre sur la convention de Lomé et bien d'autres sujets.

Si K. Whiteman n'a pas son égal, à Londres, pour ce qui touche à la politique sénégalaise et gambienne, **Nim Caswell** est, quant à elle, une spécialiste renommée des questions économiques de la région. N. Caswell travaille en Afrique depuis 1980, ayant abandonné une carrière qui s'annonçait brillante au ministère britannique de l'Agriculture, pour se consacrer à la recherche et s'adonner au plaisir d'écrire. Ce changement de vie la conduisit d'abord à Dakar, où elle enquêta sur l'échec de l'organisme sénégalais chargé de la commercialisation de l'arachide et, de là, au service Afrique de la B.B.C. Pendant quatre ans, elle fut responsable du département Afrique de l'Economist Intelligence Unit, puis elle fut embauchée par le *Financial Times*. N. Caswell vit maintenant dans la banlieue nord de Londres, où elle dirige une société de consultants en marketing, spécialiste des questions de l'Afrique francophone.

Ph. Sweeney fit, à Dakar, la connaissance de **M. et Mme Michael Kelly**. M. Kelly y était alors conseiller technique pour l'anglais auprès du ministre sénégalais de l'Éducation. Ph. Sweeney fut accueilli chez les Kelly, les accompagna en voiture tout-terrain dans leurs excursions à Saint-Louis et à Banjul, et surtout, il apprécia leur goût et leur intuition pour découvrir les meilleurs endroits où déguster le *thiof* farci à la saint-louisienne. Il sut qu'il ferait un bon choix en leur confiant le soin d'exciter la curiosité et la gourmandise du touriste.

M. Kelly a écrit le chapitre consacré à Banjul, où il fut appelé pour conseiller le ministre de l'Éducation de Gambie. Outre sa carrière de professeur, un peu partout en Afrique de l'Ouest, M. Kelly a publié des poèmes et des nouvelles. Il a aussi traduit en anglais les paroles de chants ouolofs.

Elisabeth Kelly est professeur et a enseigné en divers postes de cette région, tout en élevant une nombreuse famille. Ce cordon bleu prépare actuellement un livre sur la cuisine africaine et s'est chargée du chapitre relatif à la gastronomie sénégambienne, tout en se consacrant, de façon méticuleuse et malgré toutes sortes de difficultés, à rassembler les conseils pratiques du chapitre sur la Gambie.

Les illustrations de ce livre sont, en grande majorité, l'œuvre de **Michel Renaudeau**, photographe professionnel maintenant installé à Paris, à qui l'on doit, soit sous son nom, soit sous le couvert de son agence photographique, plus de 20 livres sur les pays d'Afrique, les Caraïbes et l'Extrême-Orient. Les archives iconographiques de M. Renaudeau sur le Sénégal et la Gambie ont été constituées au cours des vingt années qu'il a passées au Sénégal, pays qu'il découvrit pour la première fois lors d'une mission en qualité de conseiller technique auprès du ministre sénégalais du Tourisme, dans les années soixante. Parmi les images les plus attachantes qu'il a amassées pendant cette longue période, figurent celles de la magnifique vieille maison coloniale qu'il a occupée dans cette île de Gorée au charme désuet.

Caswell

M. Kelly

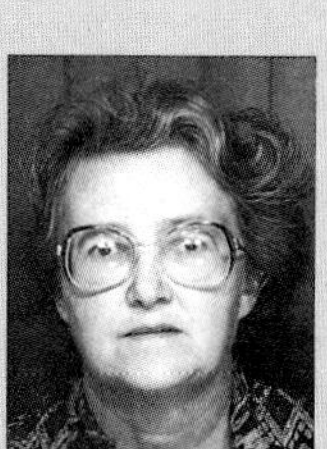
E. Kelly

Renaudeau

TABLE

HISTOIRE ET SOCIÉTÉ 23

La préhistoire et les grands empires 25
Navigateurs et marchands 31
Racines 34
Le radeau de la Méduse 36
Les explorateurs de l'Ouest africain 41
L'Époque coloniale 47
L'indépendance 55
Les États modernes 63
Une mosaïque de croyances 71
Les peuples 79
Aléas économiques 87
Mœurs et usages 95
Arts et artisanat 101
Alimentation et gastronomie 107
Les sports 115
Le rallye Paris-Dakar 116
La faune 123
Le baobab 127

TABLE

ITINÉRAIRES EN GAMBIE **137**

Banjul 139

Le littoral 147

Les mangroves 155

Le long du fleuve 159

Les cercles de mégalithes 164

ITINÉRAIRES AU SÉNÉGAL **183**

La région de Dakar 185

Gorée 164

La région de Thiès 207

Saint-Louis 217

La région du fleuve 225

Les régions de Diourbel et du Ferlo 241

La conduite dans le désert 244

La Petite Côte 251

Le Sine-Saloum 261

La région de Casamance 273

Le sud-est du Sénégal 273

TABLE

INFORMATIONS PRATIQUES 295

Sénégal 296

Gambie 319

Bibliographie 334

Crédits photographiques 335

Index 336

CARTES

L'Afrique du Nord et de l'Ouest 23

Le Sénégal et la Gambie 134

Banjul 140

La Gambie 148

Dakar 186

La région de Dakar 193

Gorée 199

Saint-Louis 217

La Petite Côte et le Sine-Saloum 252

La Casamance 276

au

AP VER

HISTOIRE ET SOCIÉTÉ

Pages précédentes : la fête de la Tabaski à Saint-Louis (dessin de Blauguernon) ; dans l'autobus ; les moutons vont au bain ; lavage des chaussures dans les eaux du Sénégal ; le pilage du mil. Ci-contre, objets usuels dans le Sahel.

Le Sénégal et la Gambie ont conservé le souvenir de l'âge de la traite des esclaves, celui de l'œuvre colonisatrice et celui des caravanes qui traversaient le Sahara jusqu'à la côte. Les voyageurs français jouiront au Sénégal des agréments d'un voyage dans un pays francophone, tout en appréciant un vif dépaysement que procure le caractère chaleureux et original des africains. Grâce au voisinage de la Gambie, on peut de plus aisément comparer des pays chez qui les conséquences de la colonisation sont bien différentes selon qu'elle a été menée selon les conceptions française ou britannique.

Ces deux pays, qui ont réussi à développer une vie démocratique remarquable pour des pays africains, jouissent d'une relative tranquillité. Les libertés de presse et de parole y sont reconnues et le taux de criminalité y est assez bas. En outre, la vie culturelle, qui a profité de manière tout à fait heureuse de l'influence des métropoles et, dans le cas du Sénégal, des ambitions de son premier président, présente de nombreux aspects dignes d'intérêt.

La vie africaine est ici aisément accessible ; elle présente les aspects divers de la vie le long du fleuve et des étendues désertiques, avec d'intéressantes réserves animalières, dont le fleuron est le parc du Niokolo-Koba. Le Sénégal et sa petite voisine enclavée la Gambie sont, à coup sûr, une destination idéale pour qui veut découvrir l'Afrique de l'Ouest dans les meilleures condition de confort et d'authenticité.

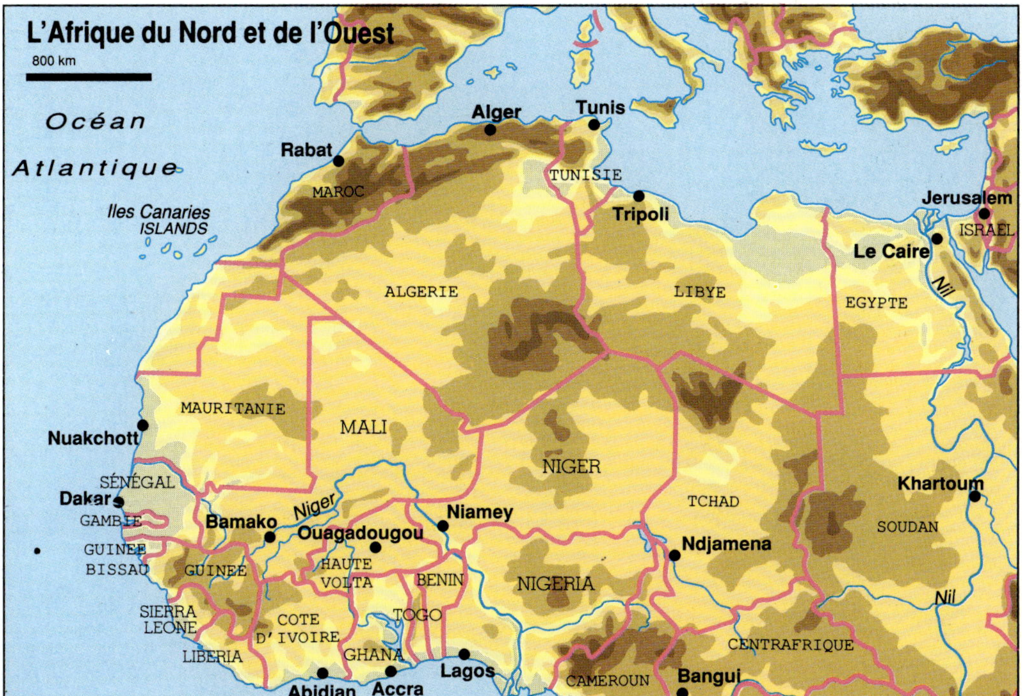

J. Chapman, Sc.

The Senegal Negro, male and female.

Engraved for the Encyclopædia Londinensis, 1818.

LA PRÉHISTOIRE ET LES GRANDS EMPIRES

Avant que le Sahara progressât vers le sud et vers l'ouest, l'immense territoire de l'Afrique occidentale bénéficiait d'un climat fort différent de l'actuel et les paysages y étaient tout autres. Les fossiles démontrent que la région qui s'étend entre les cours du Sénégal et de la Casamance grouillait de vie sauvage. Les antilopes et les hippopotames qui peuplaient la contrée ne subsistent que sous la protection du parc national de Niokolo-Koba. Les tribus nomades qu'attirait la profusion de gibier et de végétation des bassins fluviaux s'y fixèrent environ 800 ans avant notre ère. Une civilisation néolithique se développa dans cette région favorisée par un environnement propice à une économie de chasse et de cueillette.

Livrées à elles-mêmes, les peuplades du Sénégal et de Gambie constituèrent leur propre panthéon et développèrent leurs coutumes. L'adoration du soleil et la croyance en des divinités naturelles évoluèrent à mesure que se stabilisait leur mode de vie, fondé sur la chasse, la pêche et une agriculture primitive. Les croyances et les rites de ces tribus se sont perdus. Nous savons cependant que leur divinité suprême se nommait Oulbari ou encore Nyankopon. Ce dieu, qui commandait au soleil, à la lune, à l'ombre et à l'obscurité, était aussi parfois dénommé Anansi.

Dans le nord, les tribus vouaient un culte à Nyamia Ama, dieu des Pluies, des Orages, des Éclairs… et de l'Or. Au sud, les hommes adressaient leurs prières au dieu Sene, à la fois bon et malfaisant. Également dieu de la Pluie, des Tornades et des Rochers, Sene avait le pouvoir de faire briller le soleil et d'obscurcir la lune. Représenté sous la forme d'une tige surmontée d'une boule métallique figurant la foudre, le dieu Guruhi, dans le sud du Sénégal, exigeait des sacrifices humains; on disait qu'il torturait à mort les victimes qui lui étaient offertes. Son nom venait de celui du dieu de la Guerre et des Forgerons, Gu dans le sud du pays et Ogun au nord. Les autres divinités se nommaient Shango, dieu guerrier-magicien, Sagbata, dieu de la Maladie, Famien, dieu de la Fécondité, Akovodun, dieu de la Mort, et Agassou, le dieu-panthère. Dieux-crocodiles, arbres fétiches, adoration des serpents, divinités des rivières et toute une série de tabous étaient communs aux civilisations du Sénégal et de Gambie.

Indigènes du Sénégal, selon une gravure anglaise du début du XIXe siècle.

Explorateurs antiques

Cinq cents ans avant l'ère chrétienne, le navigateur carthaginois Hannon le Grand, venant de Tunisie, raconte dans son *Périple*, ou voyage circulaire, ses étonnements devant les éléphants et les hippopotames aperçus sur les berges du Chertes (le Sénégal) et du Bambotus (la Gambie). Moins de vingt ans après Hannon, Euthymenès, négociant de Marseille, contourna l'Afrique de l'Ouest, relevant l'embouchure de ces deux fleuves. En 525, le roi de Perse, Cambyse II, occupait l'Égypte et, vers 470 av. J.-C., le Persan Sataspes explora le cours du Sénégal au cours d'une expédition cartographique.

Ce fut Hérodote, l'historien de la Grèce ionique, qui baptisa cette région du nom de Garamandes, en 445 av. J.-C. En remontant sur quelque distance les estuaires des fleuves, Hérodote découvrit que les indigènes se livraient au «commerce muet» avec les tribus qui leur étaient hostiles. Ce commerce consistait à déposer les produits offerts au troc à certains endroits où ils étaient échangés par les marchands des autres tribus. Hérodote releva que les indigènes savaient faire du vin avec la sève du palmier, et cette tradition s'est perpétuée jusqu'à nos jours.

Pendant les trois siècles qui suivirent l'expédition d'Hérodote, le silence se fit jusqu'au jour où, en 146, un autre Grec, Polybe, débarqua sur les côtes du Sénégal. A l'intérieur des terres, une civilisation embryonnaire avait donné naissance à des établissements vastes et prospères, tel celui de Djenné-Djeno. Déjà, du temps de Polybe, ces peuplades faisaient commerce avec les forgerons des littoraux sénégalais et gambien. Des esclaves, capturés parmi les populations riveraines des fleuves, étaient échangés auprès des marchands venus du Sahara ou même d'Afrique du Nord. L'or et le sel devinrent une monnaie au même titre que les tiges de fer torsadé, les perles de verre phéniciennes et les bijoux de cuivre.

Plusieurs royaumes du centre de l'Afrique occidentale exercèrent une influence sur le développement du Sénégal et de la Gambie, notamment du fait que le Niger, voie de pénétration, prenait sa source dans les mêmes montagnes du Fouta-Djalon que le Sénégal et la Gambie. Le commerce, dans ces régions couvertes de forêts vierges ou de brousse épaisse, ne pouvait s'exercer que par voie fluviale. On a retrouvé, dans des villes comme Djenné, les traces de seize siècles d'occupation et les preuves d'un trafic suivi avec les bourgades isolées des littoraux. Les ustensiles d'argile et les armes, les urnes funéraires et les jouets découverts au Mali sont bien plus avancés que les outils primitifs, les tombes sans ornements des tumulus du Sénégal et de Gambie. Au cours du millénaire précédant notre ère, les tribus habitant entre ces deux fleuves ont peu évolué.

L'empire du Ghana

Les hommes qui occupèrent le nord du Sénégal et de la Gambie, les Zenagas, étaient d'origine berbère. Le nom Sénégal en provient peut-être, encore qu'aucune explication concluante n'ait pu être donnée. Une autre version répandue veut que ce mot vienne de l'ouolof *sunu gal* («notre pirogue»). Les huttes de branchages firent place à de véritables villages et, plus à l'est, des groupes plus importants s'érigèrent en empires. La région qui s'étend au sud du Sahara, de l'Égypte à l'Atlantique, était appelée Soudan. C'est dans la région située juste à l'est de la grande boucle du Sénégal qu'un puissant groupe ethnique émergea du chaos. Dominant un vaste territoire fertile, la première véritable civilisation ouest-africaine donna naissance à l'empire du Ghana, à la fin du IIIe siècle apr. J.-C. Il s'étendait, à l'ouest de sa capitale Koumbi-Saleh, sur le Mali actuel, débordant sur le pays des Zenagas au nord, sur celui des Ouolofs et des Sérères au sud. L'or, les esclaves et l'ivoire s'y troquaient contre le sel des gisements sahariens.

Situé au carrefour des principales routes commerciales, l'empire du Ghana prospéra et les voyageurs arabes tenaient son roi pour l'homme le plus riche du monde. Cet empire domina une bonne partie du Sénégal et de la Gambie jusqu'au Xe siècle, cependant que se constituait un nouveau royaume, celui des tribus soninkés ou toucouleurs. A partir du IXe siècle environ, les Toucouleurs, implantés dans la vallée du Sénégal, bâtirent le puissant empire du Tekrour.

Dès les débuts de l'empire du Ghana, ses habitants connaissaient l'art de fondre les métaux. On trouva du minerai de fer en quantité sur les rives de la Gambie. Les cercles de mégalithes démontrent qu'une société connaissant le travail du fer vivait entre la Gambie et le Saloum.

L'islam

Les cercles de pierres levées, vraisemblablement érigés vers l'an 75 de notre ère, et l'avènement de l'âge du fer en Afrique de l'Ouest ont précédé la révolution culturelle qui a soufflé sur ce sous-continent. L'islam toucha le Sénégal et la Gambie au XIe siècle. Le conflit entre Arabes musulmans et l'empire du Ghana ne fit qu'accélérer la propagation de cette nouvelle religion lorsque, en 1076, Abou Bakr, chef de l'ordre religieux des Almoravides, abattit l'empire et unit ses forces à celles de l'empire musulman, récemment fondé, du Tekrour.

Pendant près de trois cents ans, l'empire du Mali étendit son ombre sur les principales tribus du Sénégal et de la Gambie, d'abord sous le règne du roi Soundiata, puis sous celui de son petit-fils, Mansa Moussa. Le Mali était terre musulmane et les Ouolofs, les Sérères et les Toucouleurs furent rapidement conquis et convertis.

Entre le cap Vert et le cours du Sénégal, les envahisseurs peuls fondèrent un nouvel empire au XIIIe siècle. Sur la côte, un plus modeste royaume vit le jour au début du XVe siècle. Connu sous le nom de royaume du Djolof, il était sous le joug de la puissante ethnie ouolof. Par la suite, ce royaume éclata en quatre Etats : le Djolof, l'Oualo, le Cayor et le Baol. Pendant ce temps, les Peuls et les Toucouleurs avaient constitué, à l'est, un imamat : le Fouta-Toro.

La religion islamique ne fut pas acceptée de bon gré par les tribus mandés qui vivaient dans la partie sud du Sénégal et de la Gambie. Pendant une époque assez brève, l'empire songhaï, fondé par des tribus mandingue et sosso, s'assura le contrôle du Fouta-Djalon, sur la rive gauche de la Gambie. Comblant le vide laissé par le royaume d'Abou Bakr à l'est du Sénégal et de la Gambie, son territoire s'étendait, vers 1235, du Niger à la côte comprise entre la Gambie et le Sine.

A gauche, carte du monde vers 1500; ci-dessus, esclaves conduits à la vente par les Touaregs.

Au sud, les tribus mandés demeuraient réfractaires à l'islam. Mais, voyant de quels territoires et de quelle puissance étaient nanties les tribus converties à la religion musulmane, les peuplades du sud de la Gambie s'unirent contre leurs voisins du nord, sous la bannière de Suni Ali à partir de 1464, et sous celle d'Askia Mohamed le Grand à partir de 1493. Cependant, à cette même époque, les premiers émissaires européens entreprenaient les explorations qui devaient marquer un tournant de l'évolution du continent.

Africa
do mappamundi de
Juan de la Cosa
piloto de
Christovaô colombo
em 1493 desenhado em 1500
manretania
Carena
africa
ethiopia
mina
montegibelel

golfo arabico Rubro
mare etiopico oriental
super
ethiopia austral

talent de
bie faire

NAVIGATEURS ET MARCHANDS

La première représentation du Sénégal et de la Gambie remonte à l'an 141 avant notre ère. A cette époque, les Romains colonisaient l'Afrique au nord du Sahara et ils y avaient introduit le dromadaire afin de pouvoir ouvrir de nouvelles routes commerciales dans les contrées subsahariennes.

En 150 av. J.-C., Ptolémée avait dressé la carte du monde connu qui donnait une image du cours du Sénégal et de la Gambie, localisant même un établissement appelé Magiora, sur le Sénégal. Cette indication démontre, alors que les Romains repoussaient les tribus sahariennes sans cesse plus vers le sud, que de nouveaux villages se développaient le long des fleuves ouest-africains. On pense que les Phéniciens, de même que les Vikings, ont dessiné, en leur temps, les cartes marines de la côte d'Afrique occidentale, complétant ainsi les cartes des régions intérieures que les Romains avaient dressées, en faisant figurer les lieux habités de la zone sahélienne.

L'islam se répandit en Afrique à partir de 622. Les Arabes mentionnèrent chaque conquête et chaque localité acquise à leur foi. En 1076, l'islam avait gagné la région située à l'ouest et au sud du cours du Sénégal. Avec le développement du commerce et l'émergence d'une certaine éducation, de nouvelles cartes arabes représentèrent de façon détaillée les territoires où la religion de Mahomet avait triomphé. Les missionnaires musulmans, le Coran dans une main, le cimeterre dans l'autre, furent les premiers explorateurs du Sénégal et de la Gambie.

Les cartes enluminées

La première carte fidèle de la région fut dressée vers 1300 par Abraham de Cresques. Celui-ci y transcrivait les récits des navigateurs plus que les réalités géographiques et son œuvre fut dépassée par une carte circulaire, représentant le globe terrestre, dressée en 1307 et baptisée carte de Hereford.

Plusieurs de ces cartes font mention de rois siégeant sur des trônes ornés de pierres précieuses, habitant de riches palais et maîtres de caravanes chargées de trésors. Ces illustrations devaient autant à l'imagination des géographes qu'aux relations de voyages, combien fantaisistes. Ces cartes furent néanmoins étudiées par les explorateurs en puissance, notamment les Dieppois, dont il est dit qu'ils auraient atteint, en 1364, l'île de Gorée, attirés par les légendes selon lesquelles cette partie du continent noir recelait d'immenses richesses en or. Il est de fait que la majeure partie du métal précieux circulant dans le monde connu en provenait.

Un vrai chef, commanditaire d'expéditions ambitieuses, apparut en la personne du prince portugais Henri le Navigateur. L'un de ses lieutenants, Nuno Tristao, mouilla à l'embouchure du Sénégal en 1443 et, trois ans plus tard, il s'aventura au long de la côte, 300 km plus au sud. Un autre, Dinis Dias, remonta le cours du Sénégal en 1444 et son contemporain, Ca'da Mosto, releva que la contrée produisait du coton, du riz, qu'on y trouvait des animaux exotiques et des bijoux en or. Au cours de son périple, en 1465, sur le cours de la Gambie, un chef de tribu lui offrit des esclaves et de l'or. Ca'da Mosto ouvrit ces deux fleuves à l'exploration et au commerce. Le mot Gambie provient probablement du mot *cambio*, «échange».

Le troc incita les marchands indigènes à s'installer sur les rives et les rivages. Les Français remontèrent le cours de la Gambie en 1570 et, en 1588, Antoine, prieur de Crato, reçut d'Élisabeth Ire le monopole du trafic avec le Sénégal et la Gambie.

Le bois d'ébène

Ce sont les marchands portugais qui, les premiers, conçurent l'idée d'envoyer de la main-d'œuvre africaine aux Amériques. La culture de la canne à sucre, que les Arabes avaient introduite en Europe méridionale, s'était tellement développée que les plantations se fondaient à mesure que de nouveaux territoires étaient conquis. Le trafic des esclaves était l'un des vecteurs du «commerce triangulaire» au commencement duquel la bimbeloterie d'Europe était échangée contre des esclaves en Afrique; puis ceux-ci étaient transportés et vendus aux plantations des Caraïbes, d'où les navires repartaient chargés du sucre, du rhum et du tabac destinés aux marchés européens. Chaque côté du triangle était parcouru avec un vent portant et le commerce dépendait de la facilité d'aborder,

Pages précédentes: carte dressée vers 1500. Ci-contre, Henri le Navigateur.

en sécurité, les mouillages d'Afrique de l'Ouest. Chaque établissement littoral, dans les années 1600, avait sa «factorerie», dans laquelle les esclaves étaient rassemblés en attendant d'embarquer sur un navire négrier.

Chaque secteur de la côte était baptisé en fonction des ressources qu'il offrait: côte de l'Or (Ghana), côte des Graines, côtes des Défenses (d'Ivoire), côte de la Gomme (arabique) et côte des Esclaves. De même, certaines tribus furent rebaptisées selon les aptitudes de leurs membres. Les Krous (de l'anglais *crew*, «équipage»), par exemple, étaient renommés pour leurs talents de navigateurs. On a calculé qu'au moins dix millions d'esclaves furent emmenés vers le Nouveau Monde entre 1526 et 1810. Le Brésil en absorba plus de trois millions.

Hollandais, Anglais et Français se commirent aussi sans vergogne dans le trafic du «bois d'ébène» ou, selon les Anglais, de l'«ivoire noir». C'était, en fait, la transposition d'une coutume guerrière qui voulait que fussent réduites en esclavage les tribus défaites, et les Arabes, comme les pillards indigènes, s'y livraient depuis des siècles.

Bien que les Anglais soient arrivés relativement tard parmi les nations qui exploitèrent les richesses du Sénégal et de Gambie (le premier négrier portugais fit voile d'Afrique vers les Antilles en 1510), les marins de la reine Élisabeth rattrapèrent le temps perdu en montant des expéditions appuyées par des navires de guerre. Au temps où les Portugais avaient abandonné le trafic d'esclaves au profit du commerce des épices d'Extrême-Orient, les Anglais et les Français organisaient des transports de «bois d'ébène» au départ des littoraux sénégalais et gambien. Le célèbre corsaire britannique John Hawkins emporta sa première cargaison aux Antilles en 1562. À partir de cette date, la concurrence fit rage entre marchands français, hollandais et anglais.

En 1617, le premier comptoir permanent fut ouvert par la Compagnie hollandaise des Indes occidentales, en complément du point d'appui, jusque-là purement militaire, de Gorée. Vers 1621, les Français prirent pied sur la côte sénégalaise et édifièrent un fort à Saint-Louis. Ils construisirent une esclaverie dans l'île de Yof, au large de la péninsule du Cap-Vert. Les besoins en main-d'œuvre des plantations des Antilles s'accroissaient et de nouveaux comptoirs furent ouverts dans les criques côtières et aux estuaires des fleuves.

L'expansion française fut stimulée, en 1633, quand Richelieu fonda la Compagnie du Sénégal. Les Portugais avaient ouvert un comptoir au sud du cours de la Gambie, à Gedira, avant le milieu du XVIIe siècle, et ce poste avait ensuite servi aux traitants anglais.

Après que les Hollandais eurent implanté des relais entre Geridja et Tankoular, sur la rive droite, les Anglais se mirent, vers 1650, à commercer avec Sukutu. A 400 km en amont de l'embouchure de la Gambie, cette ville du Dyolof comptait, en 1657, 4 000 habitants. L'or de l'intérieur, le fer battu de la haute Gambie, les esclaves et la gomme arabique faisaient l'objet d'un négoce actif avec les traitants anglais, français et portugais.

Depuis 1252, Florence fondait des pièces d'or et le dinar des Almoravides était l'étalon de référence pour les monnaies d'or espagnoles et portugaises. Pour s'approvisionner en métal jaune, plusieurs comptoirs lusitaniens avaient été ouverts le long du Sénégal et les Anglais envisageaient de les imiter sur les rives de la Gambie. A cette époque, l'Ouest africain était la source principale du métal précieux employé en Europe.

Charles II d'Angleterre avait été impressionné par les légendes sur l'Eldorado, cette fabuleuse région aurifère, et le «prince» Rupert partit explorer la côte de Gambie en 1662, s'en prenant d'ailleurs au commerce maritime britannique jusqu'à la fondation de la compagnie des Royal Adventurers Trading in Africa en 1661.

A gauche, intérieur d'un négrier en 1844; ci-dessus, moment d'exercice pour les esclaves.

Les îles fortifiées

Les Portugais baptisèrent d'abord un îlot de l'estuaire de la Gambie du nom d'un matelot qui y avait été inhumé. Cette île de Saint-André devint l'un des bastions de la lutte que se livraient les trafiquants d'esclaves. Un premier fort y fut édifié en 1651 par le duc de Courlande. Pendant neuf ans, basé dans cette île, le duc fit commerce des esclaves, qu'il expédiait à Tobago, dans les Caraïbes. Les corsaires français s'en emparèrent en 1659, mais il la reconquit l'année suivante. En 1661, les Anglais rebaptisèrent la place du nom de l'héritier du trône : l'île James.

Ils en furent à leur tour expulsés par les Hollandais un an plus tard, alors qu'ils avaient à peine eu le temps d'y reconstruire le fort. Mais, la même année, ils l'échangèrent avec les Hollandais contre l'île de Gorée, ce qui leur permit d'y replacer une garnison qui resta dans la place jusqu'à ce qu'en 1695 les Français les en délogent. Les Britanniques prirent leur revanche en 1713 et devaient s'y maintenir jusqu'au jour où, en 1719, le corsaire Hywel Davis pilla le fort.

Six ans après cette mise à sac, l'explosion d'une soute à munitions fit s'écrouler fort James dans les eaux du fleuve. On se rendit alors compte que ce fort était, en fait, inutile, et la place fut abandonnée un demi-siècle

RACINES

C'était en octobre 1681, au plus chaud de la saison des tornades, sur la rive gauche de la Gambie. A travers les trombes de la pluie, on apercevait la masse bossue du fort de l'île James, surplombant les étendues d'eau boueuse. Des soldats anglais montaient la garde sur les remparts, les yeux fixés sur la langue de terre s'étendant devant les constructions de Juffure. A la pointe, le drapeau français flottait au-dessus du mur de torchis d'une fortification construite et deux frégates françaises étaient au mouillage. Ce bastion, Albreda, était sensiblement la réplique des deux postes britanniques, Juffure, et son voisin, Santhiaba. Tous trois avaient été édifiés pour servir d'esclaveries. Les hauts murs abritaient des cellules, une cour et les appartements du traitant. Au centre se dressait une rangée de poteaux métalliques aux anneaux desquels les captifs seraient enchaînés.

La cour était dominée par un mât à la pomme duquel battait le drapeau anglais. A l'origine, il était admis qu'un esclave recouvrait sur l'heure sa liberté s'il en atteignait le sommet malgré les tirs de mousquets. Sur le chemin de ronde étaient pointés des canons. C'était Juffure, un an après sa construction.

Au cours des cent vingt-six années suivantes, des milliers d'hommes, de femmes et d'enfants allaient en franchir les portes pour aller au-devant d'un sort qui commençait par la traversée de l'Atlantique et se terminait dans les champs de canne à sucre des Antilles. Enchaînés dans la cour noyée de poussière, par familles entières, provenant souvent de tribus différentes, ne parlant pas le même dialecte, ne partageant pas les mêmes croyances, ils avaient parcouru de longues distances, liés deux à deux par un joug fait de bâtons fourchus. Ils avaient été capturés par des marchands arabes, par des soldats ou des pillards européens, ou souvent par d'autres tribus africaines. Regroupés dans plus de 500 comptoirs répartis le long de la côte pacifique, ils furent chargés sur des prisons flottantes pour aller travailler dans les plantations d'outre-Atlantique.

L'un d'eux se nommait Kounta Kinte. Pris enfant en lisière de son village, ce jeune Mandingue avait gardé un souvenir vif de son rapt. Il se rappelait avoir été conduit à Juffure par la rivière, et ses derniers pas sur le sol natal l'avaient porté de l'esclaverie à la chaloupe. Il se souvenait de son dernier regard vers la lumière et de la dernière bolée d'air frais qu'il avait inspirée avant d'être jeté à fond de cale par une écoutille, puis des semaines sous les barreaux du pont, presque sans nourriture et sans eau. Kounta Kinte, vendu à un planteur de coton du Sud, sut conserver en mémoire chaque détail. Il transmit ses souvenirs à ses enfants, puis aux enfants de ceux-ci, jusqu'à ce que, dans les années soixante, un écrivain nommé Alex Haley découvrît qu'il descendait de Kounta Kinte.

A. Haley fit un récit haletant de la saga de ses ancêtres. *Racines*, roman et scénario d'un film, fut un succès grâce auquel le berceau de la famille de Haley devint un lieu de recueillement, tant pour les lecteurs du livre que pour ceux dont les aïeux avaient suivi les mêmes routes que Kounta Kinte. Sur la jetée de Juffure, un groupe d'enfants s'assemble chaque fois qu'une pirogue ou une chaloupe débarque des touristes aux portes de l'ancienne esclaverie. A droite du village s'élèvent les ruines du comptoir. Droit devant, là où le sentier se divise pour contourner un vieux canon, la concession de la famille de Kounta Kinte n'est plus qu'un fouillis de huttes basses, couvertes de tôle ondulée mangée de rouille. Les visiteurs se fraient un chemin jusqu'à la case centrale, suivis par les villageois attentifs. Là, un ancien raconte la saga…

plus tard. En trois cents ans, l'île James avait changé au moins dix fois de maître !

De même, une île minuscule, infestée de singes, située près de l'île James et commandant l'entrée en Gambie, fut fortifiée afin de protéger les voies d'accès des navires. L'île aux Chiens, ainsi nommée en raison des singes, fut occupée en 1666 par les Anglais, qui y bâtirent le fort Charles. Alors qu'il subsiste des ruines sur l'île James, on ne trouve aucune trace du fort Charles.

En face de l'île James, de l'autre côté d'un bras étroit de la rivière, s'élevait un autre poste que les Français appelaient Albreda. Ils y avaient construit en 1670 une petite esclaverie, sur la rive droite du fleuve. Vers 1681, les soldats du roi de France fortifièrent la position et ils y tinrent garnison jusqu'en 1857. Juste derrière cette enclave française, les Anglais élevèrent le poste de Juffure, en 1680. Par deux fois, les forces anglaises s'emparèrent d'Albreda, mais furent incapables de conserver plus de quelques mois leur conquête.

Plus au nord, en 1655, les Suédois s'emparèrent de l'île de Gorée, que les Hollandais avaient délaissée pour Rufisque, à quelques lieues de là. Ces derniers avaient également édifié un comptoir sur l'île d'Arguin, au nord de l'embouchure du Sénégal, et, pour leur part, les Français avaient, en 1659, fortifié Saint-Louis. Des échauffourées, nées de contestations commerciales ou de revendications territoriales, éclataient presque chaque mois, et le trouble régna jusqu'en 1677, lorsque l'amiral d'Estrées chassa les Hollandais du Sénégal et de Gambie en annexant Gorée.

La British Royal African Company reçut ses lettres patentes en 1684 et la Compagnie royale du Sénégal fut fondée en 1696. En ce temps-là, il existait une bonne dizaine d'esclaveries fortifiées, disséminées sur le territoire du Sénégal et de la Gambie, à Saint-Louis, Gorée, Rufisque, Portudal, Joal, Albreda, sur l'île James et à Juffure, outre, le long du fleuve, à Podor, Matam et Bakel.

A gauche, chef de village à Juffure; ci-dessus, camp de négriers à Podor, au Sénégal.

A la fin du XVIIe siècle, les Portugais avaient été chassés de leurs comptoirs ouest-africains, ou bien avaient préféré s'installer sur de meilleurs sites. Leurs factoreries avaient été reconstruites ou fortifiées par les Anglais et il en demeure de nombreuses ruines qui témoignent de l'intensité du commerce fluvial au début du XVIIIe siècle. Geridja et Tankoular sont remarquables, sur la rive gauche de la Gambie, ainsi qu'une autre forteresse, à Tendama, à 100 km en amont, et une autre encore à Berfet.

LE RADEAU DE LA MÉDUSE

Un naufrage survenu en 1816 au large des côtes de l'actuelle Mauritanie, au nord du Sénégal, inspira l'une des œuvres les plus célèbres du monde. D'horribles détails filtrèrent en France, au début du XIXe siècle, sur les circonstances de la perte du brigantin *la Méduse*, après son échouage sur un haut fond, lors de son voyage à destination de Saint-Louis, restitué à la France par le traité de Paris, un an plus tôt. Le navire avait appareillé au cours de l'été 1816, emmenant plus de 400 membres d'équipage et soldats, ainsi que le nouveau gouverneur du Sénégal partant prendre son poste. Les canots ne pouvaient embarquer que moins de la moitié des personnes qui se trouvaient à bord.

Quelques rescapés s'agrippèrent à l'épave, dans le vain espoir d'être recueillis, alors qu'ils étaient à l'écart des routes commerciales, cependant que 150 malheureux cherchaient refuge sur un radeau assemblé à la hâte. Seuls 15 de ces derniers vivaient encore lorsque, quelques semaines plus tard, ils furent repêchés.

A l'aide de nombreux croquis, dont certains sont exposés au Louvre, d'études de cadavres réalisées à l'hôpital Beaujon, Théodore Géricault conçut l'une des œuvres marquantes du romantisme. Entre 1818 et 1819, l'artiste travailla sur une immense toile, allant jusqu'à faire reconstituer dans son atelier une réplique du radeau où figuraient tous les détails dont les survivants avaient gardé le souvenir. Géricault demanda même à certains d'entre eux de poser dans ce décor.

Le tableau, conservé au Louvre, montre la pyramide, d'inspiration classique, des morts et des vivants, cramponnés au radeau en perdition. Un tel réalisme choqua d'abord le public lors de la présentation au Salon de 1819. Mais Jules Michelet surnomma

Géricault *«le Corrège de la souffrance»*. Eugène Delacroix s'enthousiasma pour ce tableau, déclarant qu'à ses yeux c'était là un des premiers chefs-d'œuvre du romantisme français. La toile fut exposée à l'occasion d'une exposition qui parcourut l'Angleterre et elle y reçut un accueil triomphal.

D'une aussi belle facture, mais sur un sujet plus facile, Géricault peignit le *Portrait d'un Nègre*, représentant, de façon aussi émouvante que pleine de vie, un jeune Sénégalais. Cette étude, assez classique, est exposée au musée Denon de Chalon-sur-Saône. Cependant, *le Radeau de la Méduse*, dont le premier titre était *Scène de naufrage*, demeure son œuvre la plus célèbre.

L'abolition de l'esclavage

En 1758, les Anglais avaient délogé de Gorée les Français… qui y revinrent en 1763. Les Anglais poursuivirent alors avec une belle ténacité leur trafic d'esclaves à destination des Antilles et se lancèrent à la découverte des terres de l'intérieur. Après avoir assuré leur domination sur le littoral, ils contrôlaient, en 1765, la quasi-totalité du Sénégal. Ce territoire fut érigé en «colonie de la couronne» en 1768.

Saint-Louis fut restitué à la France en 1783 et une expédition, partie de Gorée, vint dévaster le fort de l'île James, contraignant les Anglais à se retirer sur la rive gauche de la Gambie. Après le traité de Paris, la France abandonna toutes ses possessions, à l'exception de l'esclaverie d'Albreda, et ses troupes se cantonnèrent sur la rive droite.

Les années 1800 virent une recrudescence de troubles raciaux et religieux, qui occultèrent le fait que la Grande-Bretagne avait aboli l'esclavage en 1807. Les Français continuèrent le trafic plus de quarante ans, et la Royal Navy ne se priva pas de pourchasser les Français le long des côtes. Cependant, faute de pouvoir disposer de forces suffisamment nombreuses, il s'avéra impossible d'interdire aux trafiquants arabes et aux roitelets locaux la poursuite de cette activité lucrative. La France avait, pour un temps et avant l'Angleterre, fait quelques pas sur le chemin de l'émancipation des Noirs. Des droits politiques leur avaient été reconnus par le décret du 8 mars 1790. L'esclavage dut être rétabli en 1802, après l'abolition proclamée par la Convention le 4 février 1794. Abolition qui n'allait pas de soi, car Brissot (fondateur de la société des Amis des Noirs) avait été accusé en 1793 par le tribunal révolutionnaire d'*«avoir comploté la ruine de nos colonies par la suppression de l'esclavage»*. Au cours des cinq premières années de la lutte que menèrent les Anglais contre ce trafic, plus de cent négriers furent arraisonnés au large des côtes de Gambie, alors qu'ils faisaient voile vers Cuba ou le Brésil.

Des colonies de peuplement furent implantées en Gambie pour accueillir les esclaves arrachés aux négriers. On constata, à cette occasion, que certaines tribus de l'intérieur avaient asservi leurs rivales plus faibles et les vendaient «en bloc» aux négriers français. Cette traite devait s'intensifier jusqu'à ce que les Anglais installent à Bathurst (Banjul) une base militaire, à partir de laquelle ils organisèrent des expéditions punitives contre les marchands de «bois d'ébène». En 1816, le *captain* Alexander Grant signa un traité avec Kobo, chef de l'île de Banjul qui, rebaptisée île Sainte-Marie, deviendrait la capitale de la colonie.

De 1821 à 1843, le siège du gouvernement de la colonie de Gambie fut fixé au Sierra Leone. En 1826, Barra, en face de Bathurst, fut fortifiée par la construction du fort Bullen. En 1828, Grant acquit l'île MacCarthy, plus tard appelée Georgetown. Certains chefs acceptèrent de vendre des terres arables sur la rive nord et l'arachide y fut introduite en 1829.

A gauche, «le Radeau de la Méduse», par Géricault; à droite, à la factorerie de Gorée.

Des vapeurs et des voiliers remontaient régulièrement les quatre grands fleuves du Sénégal et de Gambie. Navigable sur plus de 300 km, la Gambie se rétrécissait en amont de l'île MacCarthy mais demeurait une importante voie de pénétration. Le commerce avec les peuplades plus lointaines fut facilité par l'édification du poste de Georgetown et, au Sénégal, le cours de la Casamance et du Sénégal connurent le même développement. Toutefois, l'exploration réelle du pays ne commença qu'après plusieurs décennies.

LES EXPLORATEURS DE L'OUEST AFRICAIN

Ainsi les géographes, sur leurs cartes d'Afrique,
Masquent les lacunes sous des dessins naïfs,
Et, pour peupler les savanes désertiques,
Dessinent des éléphants où nulle ville n'existe !

Jonathan Swift (1667-1745)

Bien avant que Swift écrivît ces lignes satiriques, les explorateurs européens partis à la conquête de l'Afrique avaient reconnu les basses vallées des fleuves principaux. Des expéditions portugaises, italiennes, françaises et hollandaises avaient dressé la cartographie des rivages de la Sénégambie et de ses fleuves. Depuis la carte de Hereford, datant de 1307, le globe de Lennox, de 1510, et les relevés topographiques des marchands du début du XVIIe siècle, on en était venu progressivement à bien connaître le tracé des rivières, les limites des déserts, l'emplacement des villages indigènes et des établissements des colonisateurs.

Cependant, peu d'hommes s'étaient aventurés plus avant, si ce n'est, comme George Thompson en 1619, pour étudier l'hygrographie. Thompson explora la Gambie jusqu'à Tenda, à 100 km de l'embouchure. A peine un an après, Richard Jackson, s'aidant de la carte dessinée par son prédécesseur, réussit à pénétrer profondément en haute Gambie, entre 1620 et 1624. Parti à la recherche des légendaires trésors qu'on disait enfouis aux sources du fleuve, Jackson décrivit ses voyages dans *la Découverte du royaume de Salomon*, première relation retraçant la vie au cœur du Sénégal et de la Gambie.

Au Sénégal, les Français déployèrent fort peu d'énergie pour reconnaître l'intérieur du pays, bien que les cours du Sénégal, du Sine et du Saloum fussent parfaitement navigables. Les guerriers arabes qui tenaient sous leur coupe les vastes étendues de Mauritanie au nord et les pillards maures à l'est décourageaient toute tentative sérieuse d'exploration. Il faut dire que la contrée était fort insalubre et que toutes sortes de maladies tropicales sévissaient à l'état endémique, décimant ceux qui tentaient d'y établir les bases de départ d'expéditions plus lointaines. Pendant un siècle, après l'odyssée de Jackson en haute Gambie, seuls de très rares Blancs s'engagèrent au-delà des comptoirs des embouchures.

A la fin du XVIIe siècle, les querelles de voisinage entre colonisateurs rivaux refrénaient toute possibilité d'exploration, les terres changeant sans cesse de maître. Les expéditions ne commencèrent réellement que lorsqu'on put penser que les tensions entre Français et Anglais s'étaient apaisées et, en 1723, l'intrépide *captain* Bartholomew Stibbs entreprit de remonter la Gambie pour s'emparer, ici encore, des mines d'or légendaires à sa source.

Douze ans plus tard, un autre explorateur courageux, Francis Moore, raconta ses expéditions en Gambie dans son livre *Voyages au cœur de l'Afrique*, qui fut publié en 1735. En 1745, une colonne militaire britannique édifia l'un des premiers fortins du haut Sénégal, à Podor. En 1790, Daniel Houghton effectua un voyage épique, remontant la Gambie, traversant le Sénégal oriental pour atteindre le poste de Simbing. Il devait mourir dans le désert, assassiné par des brigands arabes. Sa tombe fut retrouvée, six ans plus tard, par le plus fameux explorateur de l'Afrique occidentale, Mungo Park.

Mungo Park à l'assaut de l'inconnu

Le récit des explorations de Mungo Park en Afrique de l'Ouest est l'un des plus passionnants du genre. Il est l'exemple typique de tout ce qu'on peut imaginer de l'Anglais flegmatique, aussi entreprenant qu'obstiné. Park sera le précurseur de cette cohorte d'hommes aventureux qui, quelques décennies plus tard, feront la gloire du règne de la reine Victoria. Ne connaissant rien ou presque de la région qu'il abordait, aidé seulement de cartes archaïques, ce médecin écossais se lança dans l'entreprise terrifiante de reconnaître le bassin immense du Niger. Daniel Houghton avait payé de sa vie cette même tentative et ce fut justement ce drame qui incita l'African Association à patronner l'expédition de Park.

Celui-ci n'était cependant pas un novice et il connaissait la vie tropicale pour avoir servi, à l'âge de vingt et un ans, comme médecin à bord du *Worcester*, affecté à Sumatra, sur la route commerciale des Indes orientales, en 1792 et 1793. Ce jeune praticien avait étudié

Pages précédentes : canonnade entre des navires et un fort. Ci-contre, Mungo Park fait don d'une de ses vestes.

la faune et la flore de Java. Le 22 mai 1795, ayant convaincu l'African Association qu'il était l'homme de la situation, il s'embarqua pour Bathurst, d'où il remonta la Gambie jusqu'à Pisania (aujourd'hui Karantaba). Là, à plus de 300 km de la côte, Park, qui n'avait pas vingt-cinq ans, consacra d'abord quatre mois à l'étude du dialecte mandingue. Puis, enfourchant son cheval, suivi de deux porteurs, il se lança dans l'intérieur inconnu. Un modeste obélisque marque l'endroit d'où il partit, au début de décembre.

Park poursuivit sa route vers l'est. L'année suivante, en 1766, sa petite troupe tomba aux mains des Arabes, quelque part sur le haut Sénégal. Il s'évada le 20 juillet et parvint à Ségou (au Mali), sur les bords du Niger. Plus tard, il s'arrêta, à bout de vivres, au village de Silla. Il en repartit seul pour Kouremale, au sud de Bamako, au cœur du royaume malinké, où il faillit mourir d'une attaque de fièvre. Mais, sept mois plus tard, il fut ramené à Pisania par des indigènes compatissants.

A Pisania, Park recouvra ses forces dans le comptoir où il s'installa pour écrire le récit de sa première expédition. Le livre fut publié en 1799 sous le titre *Voyage dans les contrées de l'intérieur de l'Afrique* et connut un très vif succès. La même année, revenu en Angleterre, Park se maria et le gouvernement lui offrit de prendre la tête d'un groupe de 45 savants pour les conduire sur les pistes qu'il avait suivies au-delà de Pisania. Sept d'entre eux rebroussèrent chemin avant même d'avoir franchi les frontières de la Gambie, mais Park et les 38 autres s'enfoncèrent péniblement dans les terres. En novembre 1805, Park expédia de Bamako, sur les rives du Niger au Mali, son dernier signe de vie donné au monde civilisé. C'était un paquet de lettres, son journal de marche donnant d'innombrables détails sur la vie des indigènes, ainsi que des notes sur la faune et la flore locales.

Continuant leur route, le long du Niger, Park et ses neuf compagnons survivants tombèrent dans une embuscade et furent massacrés. Un esclave, marin d'un des canots sur lesquels l'expédition descendait le fleuve, réussit à rejoindre Pisania où, en 1812, il put enfin faire connaître aux traitants du poste la vérité sur le sort tragique de la colonne.

La relation de cette deuxième mission parut à Londres en 1815 et, quelques années plus tard, le fils de Park trouva la mort au cours d'une tentative pour découvrir la tombe de son père. Mungo Park fut un exemple pour les générations futures, par la constance qu'il manifesta à poursuivre ses buts, par la clarté et l'abondance de ses observations sur les us et coutumes des peuples dont il parcourait le pays et son titre de gloire fut d'avoir démontré que le Niger coule vers l'est, bien qu'il prenne sa source dans le même massif du Fouta-Djalon que le Sénégal et la Gambie.

René Caillié à Tombouctou

En 1816, alors qu'une colonne anglaise atteignait la ville de Bakel, René Caillié tentait sans succès d'entrer dans la cité mythique de Tombouctou, au sud du Sahara central. Quelques années plus tard, entre 1819 et 1822, J. Richtie et G. F. Lyon montèrent une expédition à travers le Sénégal et la Gambie afin de localiser les sources du Niger. A leur

suite, de nombreux autres, soutenus par la reine Victoria, s'aventurèrent dans l'intérieur de l'Afrique : Dixon Denham, Hugh Clapperton, Walter Oudney; et, en 1825, la mission conduite par le major Alexander Gordon Laing atteignit Tombouctou. Entre-temps, René Caillié était, par deux fois, revenu à Saint-Louis afin d'obtenir du gouverneur, le baron Roger, les subsides nécessaires à une nouvelle expédition au centre de l'Afrique. Ce ne fut qu'en 1828 que, déguisé en marchand arabe, il put entrer dans Tombouctou.

A gauche, Mungo Park franchit le Niger; ci-dessus, René Caillié fait route vers Tombouctou.

A cette époque, de nombreux naturalistes parcouraient l'Afrique de l'Ouest afin d'en recenser la faune et la flore. A présent rare au Sénégal et en Gambie, mais répandu au début du XIXe siècle, l'éléphant, le plus grand animal terrestre, peuplait forêts et bassins fluviaux, effrayant les voyageurs, mais excitant l'enthousiasme des zoologues. Un chasseur nommé Schmidt, avec l'appui des autorités françaises, réussit à capturer un éléphant. L'animal fut triomphalement ramené à Paris et exhibé au jardin zoologique. En 1865, « Jumbo » fut présenté au jardin zoologique de Londres. C'était le premier éléphant jamais vu en Angleterre et nul animal ne devait rester plus longtemps en captivité.

Bon nombre d'aventuriers ambitieux se mirent en quête des sources du Niger et de leurs mines d'or, ou, plus simplement, à la recherche de nouvelles terres à découvrir, et cette passion allait perdurer tout au long du XIXe siècle. Le savant allemand Heinrich Barth parcourut toute la région entre 1849 et 1855, de même que le Français Henri Duveyrier au cours des années 1850, tous deux suivis d'un autre Allemand, Gustav Nachtigal, de 1869 à 1874. Gerhard Rohlfs retrouva, quant à lui, les traces des anciennes routes commerciales, entre 1862 et 1878, cependant qu'en 1879 et 1880, Oskar Lenz atteignait la source du Sénégal avant d'en descendre le cours jusqu'à l'embouchure.

Le fameux coureur de brousse sir Richard Burton, qui explora la Gambie en 1863, fit une longue description de ses voyages, intitulée *Errances en Afrique de l'Ouest - De Liverpool à Fernando Po*. Son livre fut publié sous le pseudonyme de F.R.G.S. (en français, l'équivalent serait : membre de la société royale de Géographie). Dans son récit, il qualifiait la région de *« tombeau de l'homme blanc »* ou encore d'*« anti-paradis »* ! Trente-cinq ans plus tard, Mary Kingsley, dans son livre *Voyages en Afrique occidentale*, écrira : *« Si vous décidez de vous rendre dans l'Ouest africain, la meilleure chose à faire est d'y renoncer et d'aller vous promener en Écosse ! »*.

Plus tard, l'arrivée des vapeurs fluviaux et la construction des chemins de fer (la première voie ferrée fut ouverte au trafic entre Dakar et Saint-Louis en 1886) récompensèrent l'obstination des premiers découvreurs de cette partie du continent africain en permettant d'accéder à l'intérieur du Sénégal et de la Gambie.

L'ÉPOQUE COLONIALE

«Ex Africa semper aliquid novi», écrivait Pline l'Ancien. La Rome antique avait rangé l'Afrique du Nord sous ses enseignes, et la conquête, par la France et l'Angleterre, du Sénégal et de la Gambie ouvrit une nouvelle page de l'aventure africaine. Les deux puissances furent confrontées aux mêmes obstacles pendant leurs équipées coloniales, qu'il s'agît d'oppositions de la part des indigènes ou de difficulté à mettre en place les structures administratives.

Né à Lille en 1818, Louis Faidherbe se retrouva en 1852 à la tête du pays dans lequel ses exploits allaient faire sa renommée. Après deux années de service comme directeur adjoint des Travaux publics, il fut nommé directeur, puis promu gouverneur de la colonie. Passant outre les instructions ministérielles venues de Paris, il entreprit de réprimer les révoltes des chefs des tribus toucouleurs, dont el-Hadj Oumar.

Partout au Sénégal, des chefs religieux, tels que Samory et Lat Dior, appelaient à la guerre sainte, le *djihad*, contre l'envahisseur colonial. S'appuyant sur la place forte de Dakar, sur le réseau des garnisons retranchées et des comptoirs, Faidherbe se sentit assez fort pour imposer la pacification aux tribus guerrières.

Marabouts contre soldats

Depuis la propagation de l'islam, les marabouts exerçaient un pouvoir considérable. Dans tout le Sénégal, ils attisaient la colère populaire, que les Français avaient pourtant contenue, jusqu'à ce qu'en 1798 la secte des tidianes, originaire d'Afrique du Nord, soufflât la flamme de la guerre. D'autres confréries, telles que celle des mourides ou la Khadriya, prirent part à ce qui fut appelé la «croisade des marabouts». Les accrochages entre les bandes armées et les soldats se multiplièrent et s'étendirent jusqu'en Gambie, entre 1850 et 1887, encore que là, les affrontements se soient limités à des escarmouches.

La croisade des marabouts eut pour effet de ralentir et même, pendant un temps, de suspendre l'exploration du Sénégal et de la Gambie, même après l'abolition définitive de l'esclavage en 1848. Faidherbe monta plusieurs expéditions dans l'intérieur qui furent l'occasion de sérieuses batailles et qui nécessitèrent l'édification de toute une série de fortins, implantés aux points stratégiques.

En 1857, Faidherbe fonda la ville de Dakar et, cette même année, Albreda fut restituée aux Britanniques. A partir de ce moment, les deux puissances coloniales poussèrent de plus en plus profondément les limites de leur domaine vers un *hinterland* à peine exploré.

Faidherbe entendait procéder au Sénégal selon les méthodes éprouvées au Canada et

aux Indes, et il adapta sa stratégie de conquête en conséquence. Évitant à Napoléon III d'éprouver les déboires et de supporter les frais d'une nouvelle campagne, comme celles du Mexique ou d'Indochine, le jeune gouverneur divisa ses ennemis et les dressa les uns contre les autres, amenant même, en 1870, son plus dangereux adversaire, Lat Dior, à combattre au côté de ses troupes.

Pendant les quarante années qui suivirent 1850, une poussée panislamique dressa les tribus, et parfois certaines familles, les unes contre les autres. Faidherbe dut étouffer de nombreuses révoltes suscitées par les marabouts et, afin d'assurer la sécurité de ses lignes de communication, fit édifier un

Pages précédentes: construction du pont Faidherbe, à Saint-Louis. A gauche, la statue de Faidherbe à Saint-Louis; à droite, «signare» en compagnie d'une servante.

L'ÉPOPÉE DE L'AVIATION

Dans les années trente, la compagnie britannique Imperial Airways ouvrit une ligne vers le sud et vers l'Orient. Les vols réguliers vers New York avaient ouvert à l'Europe les portes du continent nord-américain et, à la fin des années vingt, les compagnies envisagèrent de relier l'Amérique du Sud par la voie des airs. Mais un vol transatlantique sans escale était inconcevable. Le Sénégal et la Gambie étaient situés à peu près à mi-chemin de Paris, de Londres, de Recife, de Rio de Janeiro. Saint-Louis, capitale du Sénégal depuis 1930, et Bathurst (aujourd'hui Banjul), sur la pointe occidentale de l'Afrique, allaient constituer les meilleurs relais pour faire le plein de carburant et assurer le repos des équipages. Jean Mermoz fut le premier aviateur à ouvrir une ligne régulière de Paris à Dakar, puis en Amérique du Sud. Un dépôt de la compagnie Aéropostale fut installé sur la langue de Barbarie, entre Saint-Louis et l'Atlantique. Le courrier était débarqué à la pointe de Guet-Ndar (qu'on nomme encore l'Hydrobase).

La compagnie allemande Lufthansa acquit, en 1932, un terrain au bord du fleuve, dans la banlieue de Bathurst. Elle exploitait déjà une liaison, avec des hydravions et des avions Dornier embarqués et catapultés en mer, entre l'Allemagne et les États-Unis, mais le besoin d'une liaison rapide avec l'Amérique du Sud rendit indispensable l'édification d'un aérodrome à Jeshwang, qui devint la base de la Lufthansa en Afrique de l'Ouest et le demeura quatre ans. Le premier zeppelin y fit escale en 1934, au cours du vol inaugural de la ligne entre Francfort et le Brésil. Les avions et hydravions Dornier de la Lufthansa s'y posèrent jusqu'en 1938.

Les appareils de la British South American Airways qui établirent la liaison avec le Brésil à la fin des années trente faisaient aussi escale à Jeshwang. En 1939, une catastrophe aérienne coûta la vie à 23 personnes et entraîna la fermeture de l'aérodrome. Pendant la guerre, la Gambie s'avéra d'un intérêt stratégique pour la Royal Air Force. Vingt hydravions Sunderland, affectés à la surveillance côtière et à la protection des convois, furent basés sur le plan d'eau de Banjul et deux pistes furent construites à Yundum, à trente kilomètres de la capitale. Cinq ans plus tard, l'aéroport de Yundum, l'unique de la Gambie, reçut la visite du président F. D. Roosevelt, en escale au cours d'une traversée vers le Brésil. Le Sénégal, pour sa part, dispose de huit aéroports.

réseau de forts le long du fleuve. La politique d'«assimilation» qu'il avait prônée fut reprise par son successeur, l'amiral Jauréguiberry, qui, en 1880, étendit le territoire que contrôlait la France jusqu'au bassin du Niger.

Une place revient au plus vaillant adversaire de Faidherbe, el-Hadj Oumar Tall, qui, tout jeune, revint d'un pèlerinage à La Mecque brûlant de convertir son pays païen. Tout au long de sa carrière de combattant, aussi brillante que meurtrière, pendant plus de quarante ans, il convertit à l'islam une grande partie du Sénégal et du Mali. Sa croisade prit fin quand Faidherbe l'écrasa sous une coalition africaine et française.

Faidherbe aurait été fort déçu d'apprendre qu'en 1889, année même de sa mort, les Britanniques avaient pris le contrôle du bassin de la Gambie. La même année, la région de la Casamance, au sud de ce fleuve, abandonnée par les Portugais, fut rattachée au Sénégal qui, depuis lors, enclave la Gambie.

Au début du XXe siècle, la France étendit sa domination vers l'est et le sud, sur le Niger, le Dahomey (l'actuel Bénin), le Tchad, la Côte d'Ivoire, la Guinée, la Haute-Volta et, en direction du nord, sur une partie de la Mauritanie, l'Algérie et la Tunisie, se constituant un empire de quelque 8,5 millions de kilomètres carrés, le plus vaste du continent.

Le général Faidherbe joua un rôle déterminant lorsqu'il fallut financer le premier chemin de fer du Sénégal, entre Dakar, la ville qu'il avait fondée, et Saint-Louis. Dédié à Victor Schoelcher (le libérateur des esclaves en 1848), son livre le plus connu, *le Sénégal, la France dans l'Afrique occidentale*, expose son projet de constituer un État africain francophone et raconte les péripéties de son œuvre en tant que gouverneur du Sénégal.

A gauche, un avion postal des années trente; ci-dessus, un quai de Saint-Louis au temps de sa splendeur.

La colonisation en marche

Depuis le milieu du XIXe siècle, la France avait accordé des privilèges à ses colonies d'Afrique. Une loi fit en 1916 des Sénégalais nés à Saint-Louis, Gorée, Rufisque et Dakar (les «quatre communes») des citoyens français — faveur sans équivalent dans aucune autre colonie. Chaque région put élire un député à la chambre. Le premier de la colonie vint siéger au parlement de 1848 à 1852. Cette institution fut reprise en 1871, mais ce ne fut qu'en 1914 qu'un député africain vint siéger au palais Bourbon: Blaise Diagne conserva son siège vingt ans et fut sous-secrétaire d'État aux colonies du cabinet Laval.

La Gambie connut la même évolution. Cette bande de terre de part et d'autre du fleuve avait été le théâtre de révoltes populaires et de soulèvements religieux jusqu'à ce que les Français et les Britanniques abattissent le fort de Sukuta, près de l'actuelle Banjul, derrière les murs duquel les marabouts s'étaient retranchés. Pour un temps, le siège administratif de la colonie fut installé à Freetown, au Sierra Leone, qui était colonie de la couronne. En 1852, l'embryon de l'actuelle chambre des Représentants, le parlement gambien, accueillit des notables indigènes et anglais et le Sierra Leone cessa de gouverner la colonie. Les Britanniques

avaient, depuis 1807, aboli l'esclavage, mais ce ne fut qu'en 1895 que les chefs de village et de tribu finirent, non sans rechigner, par renoncer à la pratique de l'esclavage de case.

Au tournant du siècle, Français et Britanniques avaient instauré entre les ethnies un climat de paix suffisant pour entreprendre le développement d'une colonie viable. Au Sénégal, la France avait mis un terme aux querelles de frontières et maintenait le calme sous la haute surveillance de troupes cantonnées dans des fortins et grâce aux comptoirs où le commerce fleurissait.

Des spéculations sur les produits coloniaux firent un temps obstacle au développement de la région. Il fallut attendre la construction de la voie ferrée, entreprise par Faidherbe, pour que le territoire s'ouvrît réellement au commerce. Les trains transportaient les produits qui, jusque-là, voyageaient sur les pistes ou les cours d'eau. Après l'achèvement de la ligne de Dakar à Saint-Louis en 1886, un réseau de voies adjacentes fut entrepris afin de relier les principales villes et les ports.

Bien que, pendant la seconde moitié du XIXe siècle, des efforts eussent été déployés pour développer les régions de l'intérieur, il fallut, pour parvenir à un résultat, toute la ténacité de défricheurs souvent appuyés par la troupe. Faidherbe encouragea la culture de l'arachide (introduite au XVIe siècle par les Portugais, en même temps d'ailleurs que le manioc et le maïs découverts au Brésil). Il en fit la principale source de richesse du pays.

Vers l'indépendance

L'Afrique occidentale française (A.O.F.) étaient administrée par un gouverneur général résidant à Saint-Louis jusqu'à ce qu'en 1902 Dakar fût choisie comme capitale fédérale, en raison de sa position centrale sur la côte. En 1920, les communes de Dakar, Gorée, Rufisque et Saint-Louis élurent un conseil colonial qui comptait non seulement des dignitaires et des notabilités locales, mais également des chefs de tribus de l'intérieur.

Pendant la Seconde Guerre mondiale, de nombreux Gambiens s'enrôlèrent dans l'armée britannique pour se battre, notamment en Birmanie, cependant que les tirailleurs sénégalais grossissaient les rangs français. Juste après la guerre, en 1946, l'empire français devint l'Union française. La même année, M. Léopold Sédar Senghor siégeait au palais Bourbon. En 1947, et de nouveau en 1954, la constitution de la Gambie subit une complète refonte.

En 1956, le suffrage universel fut instauré au Sénégal par la loi-cadre dont le but tendait à la constitution, à long terme, d'un gouvernement indépendant. Au-delà de la vision de Faidherbe, qui envisageait la constitution d'une sous-région francophone, insérée dans le flanc de l'Afrique de l'Ouest, et les tentatives du *captain* Alexander Grant de former un État côtier autonome, le creuset était prêt d'où sortiraient deux nations indépendantes.

A gauche, un exemple d'architecture coloniale à Thiès; à droite, Lat Dior au combat (sous-verre de Seck).

SECK

VIVE LA REPUBLIQUE DU SENEGAL

VIVE LE PRESIDENT SENGHOR

L'INDÉPENDANCE

Le Sénégal ne s'était jamais attendu à accéder tout seul à l'indépendance. Dès lors que Dakar avait été la capitale de l'Afrique occidentale française (A.O.F.), à peu près tous les partis politiques locaux envisageaient d'un œil favorable la constitution d'une fédération, sous une forme ou sous une autre.

D'une part, les unités industrielles récemment installées au Sénégal avaient besoin des débouchés de l'arrière-pays que seule une fédération pouvait offrir; Dakar d'autre part était une grande ville et déjà, pour l'Afrique occidentale française entière, elle pesait d'un poids trop lourd. La ville nourrissait une population de bureaucrates à la mesure d'un grand ensemble administratif et, bien que la plupart des étrangers eussent regagné leurs pays, l'un des problèmes du pays, dans les premières années de l'indépendance, fut de résorber cette pléthore de fonctionnaires.

Le Sénégal est devenu juridiquement indépendant le 4 avril 1960, en tant que membre de la fédération du Mali. Celle-ci, constituée par la fusion du Sénégal et du Soudan, était la seule union politique subsistant des 18 États de l'ancienne Afrique occidentale française. Déjà, une large autonomie avait été concédée aux capitales de chaque territoire, mais la Guinée porta un coup fatal à la «communauté franco-africaine» que le général de Gaulle proposait en proclamant son indépendance pure et simple. C'est à ce moment que Sékou Touré (qui allait se faire connaître comme un despote sanguinaire) prononça le fameux discours que le général de Gaulle, en visite officielle à Conakry, tint pour une offense.

Sékou Touré déclara avec arrogance que son pays préférait l'indépendance dans la pauvreté plutôt que demeurer dans la dépendance honteuse de la France colonisatrice. Le retrait total français, qui suivit immédiatement, entraîna le démantèlement des fragiles infrastructures locales (on raconte que certains fonctionnaires emportèrent jusqu'aux ampoules des lampes de leurs bureaux...).

Pages précédentes: manifestation patriotique... non exempte d'un certain culte de la personnalité. A gauche, un défilé; à droite, les drapeaux sénégalais et français flottent devant l'hôtel Indépendance, à Dakar.

La bataille pour le pouvoir

La fédération du Mali, qui tirait son nom de l'ancien empire, succomba au bout de quatre mois et demi aux dissensions que provoquèrent les ambitions des chefs. Cela amena le Sénégal à faire sécession, le 29 août 1960, donnant de fait naissance à deux États souverains, le Sénégal et le Mali. Le premier président de la République, M. Léopold Sedar Senghor, prit le pouvoir dans une atmosphère de crise. Il devait en connaître d'autres au cours de la première décennie d'indépendance, encore qu'à la fin de cette période sa position fût mieux assurée.

En décembre 1962, il dut faire face à une sérieuse attaque contre son autorité de la part de son premier ministre, M. Mamadou Dia. Le président Senghor révoqua M. Dia (qui proclamait la prééminence du parti sur l'État), le fit passer en jugement et lourdement condamner pour haute trahison.

Des troubles beaucoup plus graves éclatèrent en mai 1968, fomentés par une coalition d'étudiants et de travailleurs (en écho à ceux dont Paris était au même moment le théâtre), qui paralysèrent l'action gouvernementale et provoquèrent chez le président Senghor un véritable choc, cependant que son maintien au pouvoir ne dépendait que du soutien de l'armée restée fidèle.

LE POÈTE-PRÉSIDENT

Parmi les hommes d'État africains qui ont conduit leurs pays à l'indépendance, M. Léopold Sédar Senghor occupe une place à part. D'autres ont pu dépasser son prestige sur la scène internationale ou être plus adulés de leur peuple, mais L. S. Senghor est l'exemple d'un homme de lettres qui a réussi en politique. Sa formation intellectuelle lui a donné le sens de la vision historique, ce qui explique qu'il ait perçu le moment où abandonner les rênes après avoir assuré sa succession. Il a tiré gloire de ses origines (dans ses veines coule en effet du sang sérère, mandingue et peul, et son nom vient d'une famille créole portugaise de Casamance), qui illustrent parfaitement le «métissage culturel» que son œuvre défend.

Son éducation chez les pères, puis, à partir de 1928, en France, l'a nourri de culture française. Certains l'ont décrit comme un «Français à la peau noire». D'où le concept de «négritude», dont il guida les premiers pas à Paris, comme en réaction contre la culture française qui l'avait imprégné. Bien qu'elle soit une affirmation de l'existence des valeurs purement africaines, la «négritude» n'a pu effacer la marque du mouvement littéraire bien parisien qui s'est penché sur son berceau. Une part importante de la carrière littéraire, intellectuelle et même politique de L. S. Senghor fut consacrée à promouvoir et à définir la «négritude», terme qui, bien qu'il n'en soit pas vraiment le père, est désormais lié à son nom.

Après ses études, L. S. Senghor demeura en France, où il fut professeur. Partisan du général de Gaulle dès l'origine, il fut fait prisonnier en 1940. En 1945, il fut le premier Africain reçu à l'agrégation de grammaire. Il fut l'un des deux députés du Sénégal et il lui fut aisé de franchir le pas qui allait le porter au sommet de la mêlée confuse des formations politiques sénégalaises. Il fut également président d'un des groupes parlementaires africains et fut nommé ministre du gouvernement de M. Edgar Faure en 1955.

Lorsque son pays accéda à la souveraineté, il fut élu président de la République. Il allait traverser une longue série de crises avant de pouvoir établir sa suprématie. Le haut niveau de conscience politique des élites sénégalaises, de sensibilités variées et changeantes, rendait délicate la conduite des affaires. Le président Senghor sut mettre à profit sa réputation d'intellectuel et sa connaissance des cercles politiques français, mais il n'échappa pas à un certain machiavélisme en pratiquant une «politique politicienne» qu'il affectait de mépriser.

Bien qu'il sût pouvoir compter sur l'appui de la France, il devait s'assurer de la fidélité des marabouts, chefs des confréries musulmanes qui tenaient le monde rural. Si une crise de la production arachidière les éloigna de lui, il eut l'habileté, bien que catholique, de s'ériger en arbitre entre sectes rivales.

L. S. Senghor a toujours prôné la suprématie de la culture, parfois au détriment de l'économie. L'actuel bouillonnement culturel du Sénégal est, pour beaucoup, son œuvre. Il suffit de rappeler le souvenir du festival mondial des Arts nègres, qui déroula ses fastes à Dakar en 1966 et qui demeure la plus réussie des manifestations artistiques en Afrique.

Ses idées l'ont parfois fait paraître au-dessus des réalités, en particulier quand il évoque la «civilisation de l'universel» du P. Teilhard de Chardin. Ses plaidoyers en faveur de la francophonie ont été jugés teintés de colonialisme. Il y voyait un moyen de lier le sort de l'Afrique à celui de l'Europe, selon un autre concept: l'Eurafrique.

En ces deux occasions, il s'était appuyé sur deux des forces vives de la nation. Ce fut d'abord l'allégeance au régime des confréries musulmanes, particulièrement celle que menait le calife général des mourides. En 1968, elles manifestèrent dans les campagnes en faveur du président Senghor contre la population des villes qui était franchement hostile au président. D'autre part, l'armée resserra ses rangs derrière son chef, se sentant tenue par les accords de défense signés avec la France et consciente de la présence de la garnison française basée à Dakar.

La décennie suivante fut marquée par la consolidation du pouvoir en place. Mais le monde étudiant — les syndicats d'enseignants, l'université de Dakar et même les écoles — continuait d'entretenir un foyer permanent d'agitation.

Ayant intégré certains membres de l'opposition et contraint les autres à l'exil, le président Senghor se sentit assez assuré, en 1974, pour autoriser la fondation officielle d'un parti d'opposition, puis d'un autre et finalement d'un troisième, cependant qu'il tentait de capter le centre gauche en changeant en parti socialiste le nom du parti au pouvoir (U.P.S.). De plus, son âge lui fut un atout auprès des électeurs, car les Africains respectent les cheveux blancs.

Quand, à la fin de 1980, il décida d'annoncer au pays qu'il se retirait des affaires publiques, le régime était devenu stable. Les prédictions selon lesquelles la transmission des pouvoirs n'irait pas sans provoquer des violences se révélèrent sans fondement et, au contraire, la passation volontaire des rênes s'opéra dans un calme qui bénéficia à son dauphin : M. Abdou Diouf, technocrate qui comptait, lors de son élévation à la magistrature suprême, dix années d'expérience comme premier ministre.

A gauche, Léopold Sédar Senghor en habit d'académicien; ci-dessus, sir Daouda Jawara, président de la Gambie.

Le nouveau président

Les deux premières années de sa présidence furent, pour M. Diouf, une véritable lune de miel avec la nation. Il fut aidé par le refus du président Senghor de se mêler désormais de la vie publique et par la présence à ses côtés de M. Jean Collin, Français naturalisé sénégalais qui connaissait à fond les rouages de l'administration et de la politique du pays, et devint, au poste de secrétaire général du gouvernement créé pour lui, une éminence grise.

Le démarrage sous de bons auspices de la présidence de M. Diouf fut également dû au fait qu'il fit sauter le verrou, posé par le président Senghor, limitant le nombre des partis politiques. Le Sénégal put alors se montrer sous le jour d'une démocratie pratiquant le multipartisme. Mais cette image fut ternie lors des élections de 1983, qui furent entachées de fraudes sur une vaste échelle. Aux yeux de la plupart des observateurs, le président Diouf aurait, dans tous les cas de figure, remporté la victoire, mais il fut manifestement débordé par les excès de ses troupes. En fait, la majeure partie de la présidence de M. Diouf fut consacrée, du moins au début, à lutter contre la «vieille garde» de son propre parti.

Les élections de 1988, bien que la victoire eût probablement été acquise plus honnêtement qu'en 1983, donnèrent lieu à des explosions de violences de la part de jeunes opposants déçus. Les frustrations nées de la *«détérioration des termes de l'échange»*, selon l'expression de M. Senghor, engendrèrent des conflits sociaux.

Les désordres dans les écoles et à l'université pendant la campagne électorale de 1988 sont significatifs de l'état de tension sociale et politique du pays. Dans plusieurs autres pays africains, le niveau de politisation des étudiants est aussi élevé, conduisant à des confrontations du genre de celles qui ont éclaté au Sénégal. C'est ce qui explique pourquoi d'autres gouvernements du continent tiennent eux aussi sous une poigne de fer ces opposants en puissance. A l'université de Dakar, bien que le campus eût été le théâtre de nombreuses descentes d'une police musclée, les étudiants jouissaient d'une liberté suffisante pour avoir tout loisir de préparer leur inépuisable mouvement de contestation.

Les grèves de 1988 prirent le prétexte d'un incident banal — une mesure disciplinaire contre un étudiant de Thiès — pour dégénérer. Sans doute la revendication de base étaitelle fondée sur ce que le président Diouf, non sans raison d'ailleurs, décrivait comme un problème économique bien plus que politique. La dégradation de l'économie, diminuant les recettes publiques, empêchait d'entretenir et, à fortiori, de renouveler le matériel scolaire; d'autre part, le recrutement de maîtres faiblissait. Enfin, l'absence de débouchés professionnels pour les jeunes diplômés faisait tourner à vide la machine éducative.

La grève des étudiants s'étendit jusqu'à devenir un mouvement général d'hostilité envers le gouvernement. Le chef de l'opposition, M. Abdoulaye Wade, fut arrêté sous l'inculpation d'incitation au désordre. Ce ne fut qu'après son acquittement, en mai 1988, que la tension baissa. Après l'échec d'une tentative de grande réconciliation nationale autour d'une table ronde, le gouvernement reprit les rênes du pouvoir.

La Gambie

La Gambie fut la dernière colonie britannique d'Afrique de l'Ouest à recouvrer sa souveraineté car l'Angleterre doutait qu'elle pût former un État viable. L'éventuel resserrement des liens avec le Sénégal — qui devait même conduire, à terme, à une fusion — fut à l'ordre du jour, mais les contacts pris, sous l'égide discrète des anciennes puissances coloniales, achoppèrent sur la question du partage des pouvoirs. La Gambie devint alors un État pleinement souverain le 18 février 1965 et M. Daouda Jawara fut nommé premier ministre. Anobli par la reine Elisabeth II en 1966, sir Daouda devint président de la République quand celle-ci fut proclamée en 1970. Chef du gouvernement depuis que le Parti populaire du progrès (P.P.P.) avait remporté les premières élections au suffrage universel de 1961, il s'est maintenu au pouvoir depuis.

Ce succès tient au fait que le Parti du progrès plonge ses racines dans le monde rural. Bathurst (rebaptisée Banjul en 1973), et sa banlieue font montre d'autres opinons. Le Parti du progrès s'appuie sur un certain traditionalisme, particulièrement auprès des Mandingues, ethnie majoritaire. Depuis qu'il est au pouvoir, il bénéficie des moyens gouvernementaux pour conserver son emprise.

La seule crise grave à laquelle le président et son parti aient été confrontés fut le coup d'État du 29 juillet 1981, fomenté par des éléments de la *Field Force* (branche paramilitaire de la police, la Gambie n'ayant pas eu, jusque-là, d'armée régulière). Ces troubles montrèrent l'usure du parti. Cette tentative de coup d'État fut réprimée avec le concours de troupes sénégalaises, appelées dans le cadre du traité de défense et de coopération militaire que les deux pays avaient signé. Il n'est pas douteux que c'est leur présence discrète qui a sauvé le régime. L'événement engendra une réaction populaire favorable à l'autorité établie, mais l'image du président Jawara s'en trouva ternie, malgré la victoire du Parti du progrès aux élections.

Une conséquence de cette période trouble a été la formation, en 1982, de la confédération de Sénégambie. Cette confédération, bien que destinée à être limitée, avait de bonnes raisons de voir le jour, les raisons économiques n'étant pas les moindres. Ce fut une vive surprise lorsque le président Diouf mit, en 1990, un terme brutal à cette union, la qualifiant de *«perte de temps et d'argent»*, en représailles à un discours acerbe du président Jawara.

Le président Diouf passe en revue la garde à pied, à Londres.

CHEVROLET
067-CMD-1

LES ÉTATS MODERNES

Juridiquement parlant, la première constitution du Sénégal fut celle de janvier 1959 dont se dota la fédération du Mali, déjà autonome au sein de la communauté franco-africaine. Elle fut amendée quand la fédération devint indépendante, en avril 1960. Mais la première loi organique purement sénégalaise date du vote de l'assemblée nationale, le 25 août 1960. S'inspirant de celle que le général de Gaulle avait fait approuver en France, elle prévoyait la désignation d'un président et d'un premier ministre, et un parlement élu au suffrage universel.

A la suite de la tentative de coup d'État de M. Mamadou Dia, en décembre 1962, la constitution fut remaniée par référendum en mars 1963 : la fonction de premier ministre disparaissait et le président de la République devenait sans partage le chef de l'exécutif.

Un nouveau changement intervint en 1970, rétablissant le premier ministre, principalement pour permettre au président Senghor de se décharger de l'administration au jour le jour du pays sur les épaules de M. Abdou Diouf et de se consacrer aux grandes questions de l'heure, notamment en politique étrangère. Un autre amendement fit du premier ministre, au lieu du président de l'assemblée, le successeur désigné du chef de l'État en cas de vacance du pouvoir.

Après une décennie de tranquillité, en décembre 1980, le président Senghor se démit de sa charge présidentielle. Selon les règles constitutionnelles, le premier ministre devait assurer l'intérim jusqu'au terme normal du mandat du président démissionnaire. M. Diouf s'installa donc au palais de la République le 1er janvier 1981 et un nouveau premier ministre fut nommé, en la personne de M. Habib Thiam.

Celui-ci resta en fonction jusqu'aux élections de 1983, époque à laquelle le poste de premier ministre fut, une nouvelle fois, supprimé. L'expérience avait démontré que cette charge constituait, par les convoitises qu'elle excitait, une pomme de discorde au sein du parti au pouvoir. D'ailleurs, le président Senghor ne l'avait rétablie, en 1970, que pour préparer sa succession et M. Diouf considéra que sa jeunesse la rendait inutile.

Pages précédentes : la garde rouge du Sénégal. A gauche, visite d'ambassadeurs à la ville sainte de Touba ; à droite, soldats se déchaussant à l'entrée d'une mosquée.

Les nouveaux partis politiques

La seule autre modification constitutionnelle majeure concerne les partis. A l'origine, nulle loi n'en restreignait le nombre, encore que, depuis 1966, le Sénégal ait vécu, *de facto*, sous le régime du parti unique.

En 1974, une seconde formation fut autorisée : le Parti démocratique sénégalais (P.D.S.), conduit par M. Abdoulaye Wade, brillant avocat dakarois. En 1976, le président Senghor, toujours en quête de ce qu'il appelait une *« opposition constructive »*, fit amender la constitution et limiter à trois le nombre des partis. La scène politique se partagea alors entre le parti socialiste, dominant, représentant la tendance social-démocrate, le parti démocratique, d'opinions plus libérales, et le Parti africain de l'indépendance (P.A.I.) qui, dissous en 1960, affichait une idéologie marxiste-léniniste. M. Mahjemout Diop, chef du Parti de l'indépendance, revint de son exil au Mali pour en prendre la tête, mais la plupart de ses compagnons de route préférèrent demeurer dans la clandestinité, ce qui provoqua l'éclatement du parti. Par la suite, un quatrième parti, de tendance conservatrice,

le Mouvement républicain sénégalais (M.R.S.), fut reconnu.

Ce «multipartisme limité» prit fin quand, en 1981, le nouveau président Diouf fit abroger la restriction du nombre des formations ainsi que l'obligation qui leur était faite de choisir une idéologie déterminée (et même prédéterminée). Aux élections de 1983, pas moins de 15 partis se disputèrent les suffrages des citoyens. En 1988, ils étaient 17!

De nombreuses tentatives de regroupement des branches de l'opposition, notamment à partir de 1986, échouèrent devant la loi électorale qui interdisait les coalitions et, surtout, en raison des rivalités entre chefs.

L'héritage français

La constitution proclame la primauté des droits de l'homme, l'intangibilité de la personne humaine et la liberté religieuse. La langue officielle est le français. Le président et les 120 députés sont élus au suffrage universel, pour cinq ans, au scrutin à un tour.

Le conseil économique et social est calqué sur le modèle français et la cour suprême cumule les attributions de la cour de cassation, du conseil d'État et de la cour des comptes. A partir de 1988, cette cour fut en outre chargée, aux lieu et place du ministre de l'Intérieur, du contrôle des élections, le corps judiciaire passant pour impartial.

Le pays est divisé en huit régions (Cap Vert, Thiès, Djourbel, Siné Saloum, Fleuve, Casamance et Sénégal oriental), ayant chacune à sa tête un gouverneur. Chaque région se subdivise en départements, sous les ordres d'un préfet, puis en arrondissements et en communes. Aux chefs-lieux de région et de département siège un conseil dont les membres sont élus mais qui comprend également des personnalités représentant certains groupements socio-économiques. Les structures administratives ont été décentralisées et démocratisées par rapport au système colonial.

La question de la presse

Bien que ce principe ne soit pas formellement exprimé dans la constitution, la liberté de la presse au Sénégal est, à peu de chose près, totale. C'est là une tradition historique, toujours respectée et même encouragée tant par le président Senghor que par le président Diouf. La presse ne connaît, en fait, qu'un seul obstacle: la plupart des publications ont une diffusion trop modeste pour être viables.

Il n'existe qu'un seul quotidien, émanation de l'État, *le Soleil*, mais l'opposition fait paraître d'innombrables journaux ou revues (hebdomadaires ou mensuelles) ainsi qu'un journal satirique (*le Politicien* fut le premier du genre et on a vu, ces temps derniers, à l'affiche des kiosques, *le Cafard libéré*). Pour être exhaustif, il faut citer les publications islamiques, représentant les diverses tendances, et quelques jeunes journalistes dont la coopérative édite les magazines indépendants *Sud* (trimestriel) et *Sud-Hebdo*.

Le Sénégal a ouvert des représentations diplomatiques dans une trentaine de pays; il est membre des Nations Unies et des organismes qui en dépendent, ainsi que du Fonds monétaire international. Ses soldats ont servi sous le casque bleu au Congo et au Proche-Orient, notamment dans les rangs de la force d'interposition au Liban.

Le Sénégal fait partie du mouvement des non-alignés; il est associé à la Communauté européenne par les conventions de Lomé. Il siège à l'Organisation de l'unité africaine (O.U.A.) ainsi qu'au sein de plusieurs organisations régionales (C.E.D.E.A.O., C.E.A.O., etc.). Enfin, il est membre fondateur de l'Union monétaire ouest-africaine (U.M.O.A.) et de l'Organisation pour la mise en valeur des fleuves Sénégal et Gambie.

La constitution de la Gambie

Préparée lors de la conférence de Londres de 1964, la constitution de la Gambie était à l'origine de type «westminsterien», consacrant un lien étroit avec la couronne britannique, la reine demeurant chef de l'État.

Sur place, un gouverneur général représentait le souverain. Pendant l'année qui suivit la proclamation de l'indépendance, le poste fut tenu par le dernier gouverneur anglais, sir John Paul, auquel succéda un Gambien, M. Faliluh Singnateh. Le chef du gouvernement était le premier ministre, chef du parti majoritaire à la chambre des Représentants.

Ce régime s'avéra inadéquat, notamment parce que les autres États africains doutaient de la réelle indépendance d'un pays qui conservait à la tête de son exécutif la reine d'Angleterre. Un référendum, organisé en 1965 pour proclamer la république, avait été rejeté par 700 voix de majorité. Quand, en avril 1970, ce même projet fut soumis aux suffrages, le projet fut adopté dans l'enthousiasme. C'est ainsi que, le 24 avril 1970, sir Dawda Jawara devint le premier (et jusqu'à présent l'unique) président de la République de Gambie. La nouvelle constitution républicaine rompait son lien d'allégeance avec la couronne, bien que la Gambie demeure au sein du Commonwealth.

La constitution prévoyait l'élection du président de la République par la chambre. En avril 1982, cette disposition fut modifiée pour adopter, comme au Sénégal, l'élection au suffrage universel en même temps que le principe d'élections législatives tous les cinq ans. Le parlement compte à présent 49 députés: 35 élus du peuple, 5 chefs traditionnels, 8 membres nommés, mais sans droit de vote, et un *attorney general.* Le président choisit un vice-président qui est le chef du gouvernement et, le cas échéant, son successeur.

A gauche, un vétéran; ci-dessus, l'assemblée nationale de Dakar.

Partis et institutions

Le nombre des partis politiques n'a jamais été limité en Gambie. Outre celui au pouvoir, le Parti populaire du progrès, il existe le Parti de la convention nationale (N.C.P.), fondé en 1975 par l'ancien vice-président, M. Sherif Dibba, et le Parti des peuples de la Gambie (G.P.P.), constitué en 1986 par des ministres en rupture de portefeuille.

Une autre formation, animée par de jeunes radicaux, l'Organisation populaire démocratique pour l'indépendance et le socialisme (P.D.O.I.S.) est née en juillet 1986. On a dit qu'elle était inféodée au Mouvement pour la justice en Afrique-Gambie (M.O.J.A.G.), dissous après la tentative de coup d'État en 1981. Aux élections générales de 1987, l'opposition fut battue, comme elle l'avait été en 1977 et en 1982.

La presse gambienne est libre, mais ses moyens financiers sont dérisoires et même le *Gambia News Bulletin*, publication officielle, ne paraît qu'une fois par semaine. La plupart des journaux indépendants sont ronéotypés. Certains sont très vivants, d'autres versent parfois carrément dans la diffamation ! On lança, en 1985, une édition en anglais, langue officielle, du *Soleil* dakarois, baptisée le *Senegambia Sun*, mais ce fut un échec financier et le journal disparut au bout d'un an.

La Gambie est membre des Nations Unies et de ses organisations annexes, de l'O.U.A., de la C.E.D.E.A.O. et d'autres organisations régionales africaines. Elle dispose d'ambassades à Londres, Bruxelles, Washington, Dakar, Djedda et Lagos.

Les relations sénégalo-gambiennes

Après l'échec des divers essais d'union antérieurs à l'indépendance, un traité d'association fut signé en 1967, avec un secrétariat permanent installé à Banjul. Mais la tension monta, dès le début de la décennie 1970, principalement pour des problèmes de contrebande (appelée pudiquement « commerce traditionnel ») contre laquelle la Gambie ne voulait pas lutter en raison du profit qu'elle en retirait, et toutes les tentatives de rapprochement des deux pays semblaient mort-nées.

Bien qu'une Organisation pour la mise en valeur du fleuve Gambie ait été fondée en 1978, les Gambiens opposèrent, aux pressantes demandes sénégalaises de lancer un pont sur le fleuve afin de désenclaver la province méridionale de Casamance, animée de sentiments séparatistes, un inébranlable veto, sauf à construire un (ruineux) ouvrage formant pont-barrage. Ce refus devint le symbole du malentendu sénégambien, au point que certains Sénégalais en vinrent à évoquer ouvertement une possible annexion de leur voisin, petit mais têtu !

Le coup d'État de 1981 à Banjul changea la face des choses. Aux yeux des dirigeants de Dakar et de Banjul, les menaces contre la stabilité des pays militaient en faveur d'une coopération beaucoup plus étroite.

Ce constat fut à l'origine de la confédération de Sénégambie, dont la constitution prévoyait une coopération dans les domaines de la défense et de la politique économique. Elle constituait un canevas, assez théorique, tissé pour la formation d'un gouvernement unique… tout en soulignant que chaque pays conserverait *« son indépendance et sa souveraineté »*. Le président du Sénégal devint celui de la confédération, la vice-présidence revenant à son homologue gambien. Un parlement confédéral, composé de députés de chaque pays, fut institué et, entre 1982 et 1985, de nombreux traités furent signés, concernant la défense, la sécurité intérieure, les relations extérieures, les communications et l'information. Une fois ces institutions mises sur les rails, le secrétariat sénégalo-gambien, devenu obsolète, fut dissous.

Le traité de défense prévoyait la formation d'une véritable armée gambienne et d'un corps de gendarmerie, équipés par la France et entraînés par des Sénégalais, pour remplacer la *Field Force* dissoute après le coup d'État de 1981. La coopération diplomatique devait se manifester, quant à elle, sous forme d'une certaine coordination en politique étrangère et d'ouverture d'ambassades communes. Toutefois, rien de tout cela ne traduisait un réel abandon de souveraineté.

A gauche, kiosque à journaux à Dakar; à droite, une militante du parti socialiste.

UNE MOSAIQUE DE CROYANCES

De toutes les religions pratiquées dans la région, l'animisme est la plus ancienne et le christianisme la plus récente, mais la plus répandue est l'islam, qui affirme regrouper plus de 90 % de la population.

L'animisme

L'animisme est la croyance, vieille comme le monde, qui considère que toute chose ici bas possède une âme ou des pouvoirs. Un arbre, un animal ou même un rocher recèlent une force spirituelle propre. Certaines créatures revêtent une importance particulière. Dans la région de Kaolack, par exemple, le lézard (margouillat) est tenu pour une divinité et nul ne se hasarderait à lui faire du mal.

A strictement parler, l'animisme en tant que religion a disparu, sauf dans quelques recoins lointains de Casamance, du Sénégal oriental ou de Gambie. Cependant un fonds de paganisme survit, même parmi les musulmans et les chrétiens, et transparaît parfois sous la religion nouvelle. Quand la médecine, les prières ou les pratiques mi-magiques, mi-religieuses des marabouts s'avèrent impuissantes, bien des gens se tournent vers les féticheurs ou les sorciers.

Chez les Lébous de la presqu'île du Cap-Vert, par exemple, la cérémonie rituelle du *ndeup* est organisée de temps en temps, sans date fixe. Le *ndeup* est une thérapie collective mystique destinée à exorciser le démon logé dans le corps d'un malade mental. Il se déroule en plein air, souvent dirigé par des femmes qui dansent au son du tam-tam. Il est patent que des traces de rites païens se retrouvent dans les liturgies modernes. Les saints musulmans et chrétiens s'apparentent souvent aux divinités archaïques, d'où le double culte qui leur est rendu.

L'arrivée du christianisme

Débarquées en terre d'Afrique avec les premiers colons, les religions chrétiennes sont longtemps restées confinées entre les murs des comptoirs de traite ou des fortins des soldats. Le christianisme n'a commencé de se répandre que fort tard parmi la population autochtone. Au début du XIXe siècle, une petite mission catholique française s'installa au cap Vert, où les Lébous s'étaient érigés en république indépendante.

Ailleurs, les missionnaires furent durement combattus : le christianisme était considéré comme un moyen de coercition de l'envahisseur européen, alors que l'islam s'identifiait à l'esprit de résistance des tribus et des roitelets locaux. Ce n'est qu'après la défaite de Lat Dior, en 1886, que l'Église s'établit à Gorée, sur la Petite Côte, à Saint-Louis et dans les localités gambiennes de Banjul, Georgetown et Basse Santa Su. C'est la Congrégation de la propagande de la foi (aujourd'hui : pour l'évangélisation des peuples), fondée à Rome au XVIIe siècle, qui envoie les missionnaires *« enseigner toutes les nations »*. Le Sénégal et la Guinée ont été le champ d'action des pères du Saint-Esprit, congrégation fondée en 1841 par le père Libermann, tandis que les pères blancs exerçaient leur apostolat au Soudan. En 1926, l'encyclique *Rerum Ecclesiae*, publiée par Pie XI, donna la charte des Missions. Ce pape porta à l'œuvre du clergé indigène, mise en route en 1822, un intérêt décisif, et il fonda

Pages précédentes : musulmans en prière dans la rue. A gauche, église de l'intérieur du pays ; à droite, musulman égrenant son chapelet.

l'agence Fides. Les religieux (religieuses de l'Immaculée Conception de Castres, par exemple, à Dakar et à Rufisque) ont d'ailleurs assuré une bonne part de l'œuvre d'alphabétisation. Le premier évêque indigène fut Mgr Faye, sacré évêque de Ziguinchor en 1939. Auparavant l'Église était missionnaire et dépendait donc directement du pape.

Aujourd'hui, les églises chrétiennes sont solidement implantées, mais elles sont très minoritaires, leurs fidèles ne représentant que 5 % de la population. Au Sénégal, le catholicisme prédomine parmi les chrétiens avec la cathédrale de Dakar, sous la houlette du cardinal Thiandoum. Dans nombre de chapelles, à travers le Sénégal et la Gambie, il est possible d'assister à des services célébrés selon une forme liturgique et musicale typiquement africaine. Le plus connu est celui du monastère bénédictin de Keur Moussa, à 60 km de Dakar, où la messe est accompagnée d'instruments traditionnels, balafons et koras. Les messes de Keur Moussa sont souvent suivies et certains n'hésitent pas à les enregistrer.

En Gambie, sous l'influence britannique, l'église anglicane est la plus nombreuse. La petite cathédrale anglicane de Banjul, qui semble une église de la campagne anglaise, ne peut se mesurer à la grandiose cathédrale du Souvenir Africain de Dakar.

L'islam

Les Almoravides, venus du Maroc par la Mauritanie, ont déferlé sur le Sénégal voici plus de mille ans. L'islam, avec ses préceptes et ses rites simples, s'est vite enraciné. Au XIXe siècle, les chefs les plus prestigieux de la résistance aux colons, tels el-Hadj Oumar Tall et Lat Diop, furent en même temps des chefs religieux. Il faut toutefois noter que les Français, qui s'étaient abstenus d'évangéliser l'Afrique du Nord (ce fut en particulier la politique de Lyautey au Maroc), eurent pour première politique de favoriser les Noirs musulmans. Ils préféraient leur confier les postes importants d'interprètes ou de maîtres d'école plutôt qu'aux animistes fétichistes.

L'islam en Afrique noire fait montre de certaines spécificités. L'une d'elles est l'existence des marabouts, à la fois prêtres, sages, prophètes et mystiques. Les marabouts (le mot vient de l'arabe *marabutin*, qui désigne les Almoravides) sont en quelque sorte le prolongement de la tradition indigène qui veut que la vie sociale soit dirigée par un conseil d'anciens (ces conseils, pareils à ceux de la Grèce antique, sont considérés par certains comme un héritage de l'Égypte pharaonique). Ces «anciens» apprirent à lire dans les sourates du Coran. Dans une société de culture orale, cette science conférait un pouvoir touchant à la magie. Ainsi devinrent-ils ces marabouts, dont les plus célèbres sont révérés par tous et souvent consultés par les puissants. Il n'est donc pas surprenant que, de toutes les forces de la nation, les marabouts forment celle que le gouvernement traite avec le plus d'égards.

L'autre trait typique de l'islam sénégalais est l'existence de confréries, rassemblant les disciples (*talibés*) d'un grand marabout (calife). L'admission au sein de ces sociétés religieuses est soit héréditaire (par exemple, les Mbackés sont par tradition mourides, les Sys sont tidianes, etc.), soit volontaire. Bien que leur sphère d'influence soit parfois localisée, les confréries du Sénégal et de Gambie sont multiraciales et tout un chacun peut s'enrôler sous la bannière du marabout de son choix. On a même vu des Européens rejoindre les rangs des mourides ou des layènes.

Il n'existe pas de conditions d'admission. Les disciples contribuent selon leurs moyens, apportant argent ou denrées, champs ou services. Leur obole peut aussi consister à travailler pour rien dans les champs du marabout. De plus, le *talibé* assiste aux pèlerinages et aux cérémonies que sa confrérie organise, et observe les préceptes qu'édicte son maître. Les membres s'assistent les uns les autres, aussi bien matériellement que spirituellement.

La plus importante et la plus ancienne du Sénégal est la confrérie des mourides, fondée au XIXe siècle par le cheik Amadou Bamba. Celui-ci, adversaire acharné de la politique coloniale, fut déporté, puis exilé. Ses descendants, les Mbackés, sont demeurés les chefs et, s'il existe des dissensions sur certains points du dogme au sein de la famille, le calife général Abdou Khadre Mbacké est reconnu comme la source de toute autorité. Un sous-groupe, les *baye falls*, est accepté malgré leur comportement et leur accoutrement extravagants, en raison de leur piété et parce qu'ils sont d'infatigables auxiliaires, assurant aussi bien les travaux des champs que le service d'ordre des pèlerinages. En outre, ils sont de remarquables collecteurs de fonds.

A gauche, «baye fall» assurant le service d'ordre à Touba; ci-dessus, arrivée d'un train de pèlerins pour le «magal» de Touba.

Le mouridisme prône la valeur du travail, un peu à la manière de l'éthique protestante. La majorité des paysans et des propriétaires terriens, dans les zones consacrées à l'exploitation de l'arachide, sont des mourides. Les Français ont encouragé cette activité en accordant des terres arables aux fermiers, cependant qu'ils conservaient la haute main sur la fabrication et la commercialisation de l'huile. Les plus pauvres paient de leur personne, pour un salaire de misère, comme ouvriers agricoles des marabouts. C'est ainsi qu'ils méritent une place au paradis d'Allah.

Le déclin de la production arachidière et l'épuisement des sols ont contraint de nombreux mourides à l'exode rural et, dans les villes, ces déracinés conservent leur société structurée, notamment l'obligation d'assistance envers ceux qui sont dans le besoin.

Dans les rues de Dakar, les vendeurs à la sauvette sont en majorité des mourides et ils sont souvent patronnés par un grossiste, lui-même mouride. Trois fois l'an, à la fin du ramadan, à la fête du mouton (Tabaski) et lors du *magal* (pèlerinage) de Touba, l'activité commerciale de la capitale marque une pause, car les boutiquiers mourides partent s'acquitter de leurs devoirs religieux.

Le pèlerinage annuel des mourides, le plus important de la région, est le *magal* (le retour). Il commémore le retour du fondateur, le cheik Amadou Bamba, dans la ville sainte de Touba qu'il fonda dans les années 1880. En 1895, Bamba fut déporté dans l'île de Mayombé, au large du Gabon, et finit sa vie à Djourbel, interdit de séjour à Touba.

Comme les autres fêtes musulmanes, le *magal* est mobile. Il a lieu le dixième ou le onzième jour du onzième mois du calendrier islamique. Son apothéose est la longue nuit de prières dans la grande mosquée ou dans les jardins de certains marabouts. Par centaines de milliers, les pèlerins se rendent à Touba, à pied, en voiture, par autocars entiers ou par trains spéciaux que la régie d'État met en place. Les non-musulmans sont tolérés mais l'hôtel le plus proche est à Djourbel, et routes et voies ferrées sont quasi impraticables tant le trafic est dense.

Les visiteurs doivent bien entendu s'abstenir de boire de l'alcool et de fumer. En cas d'infraction, les *baye falls*, armés d'un gourdin, affublés de leur tenue hétéroclite, agitant bâton et calebasse (pour boire ou recueillir les aumônes), interviennent sans tendresse. Ces *baye falls* étaient, à l'origine, les *talibés* du cheik Ibra Fall, l'un des disciples préférés du cheik Amadou Bamba. La légende veut qu'Ibra Fall et ses *talibés* aient été dispensés des cinq prières quotidiennes en raison de leur zèle. Ce mouvement a connu un regain de vitalité, attirant nombre de jeunes, pas mécontents d'afficher un comportement singulier. De nombreux *baye falls* travaillent aux champs ou quêtent dans les rues en psalmodiant des versets du Coran.

L'autre secte importante, celle des tidianes, fut fondée par un chef religieux originaire d'Algérie, le cheik Ahmed el-Tidiani, au début du XIXe siècle, et elle parvint à son apogée sous la conduite d'el-Hadj Malick Sy. Sa ville sainte est Tivaouane.

Autre confrérie venue du nord, la Khadriya, fondée par le cheik maure Saad Bou, a gardé son quartier général à Nimzatt, en Mauritanie.

Enfin, les layènes, secte petite mais active, sont implantés principalement dans la presqu'île du Cap-Vert, autour de Dakar. Son centre spirituel est le village de Yoff, près de l'aéroport international. À peu près tous les habitants de ce village ont ajouté à leurs noms de famille le patronyme de Laye, synonyme de Dieu. Dans la presqu'île, de nombreux lieux sont tenus pour sacrés par les layènes, notamment une grotte, à Yoff, dont on dit qu'il s'y produit des miracles, ainsi que des mégalithes sur lesquels serait reproduite l'effigie du fondateur, Seydina Limamou Laye. Les layènes se remarquent à leurs vêtements blancs et au fait qu'ils célèbrent les mariages collectivement.

A gauche, femme guérisseuse au cours d'une séance de « ndeup »; à droite, le cheik Abdou Khadre Mbacké, chef des mourides.

LES PEUPLES

Selon feu le cheik Anta Diop, historien sénégalais, le berceau des principales tribus qui s'installèrent au Sénégal et en Gambie fut l'Égypte. Pour asseoir cette théorie, le cheik Diop se fondait sur nombre d'indices archéologiques ou linguistiques et sur diverses sources, de la tradition orale africaine aux écrits des Grecs ou des Arabes.

Les principales tribus de Sénégal et de Gambie, au nombre d'une demi-douzaine, se subdivisent en une vingtaine de groupes ethniques. Il s'est produit, au fil des générations, un brassage tel qu'il est souvent difficile, pour un observateur extérieur, de distinguer, par exemple, un Sérère d'un Toucouleur. Pour les Sénégalais et les Gambiens, le problème est plus simple.

Bien qu'ils soient fiers de leur commune identité nationale et conscients des liens tissés entre les groupes ethniques — la tradition du *gamou*, qui pourrait se traduire par cousinage, renforce les attaches —, les Sénégalais et les Gambiens ne perdent jamais de vue leurs origines. Chaque ethnie se reconnaît à des attitudes, des expressions, des manières.

Un Sérère ne manquera pas de rappeler en riant à un Toucouleur qu'en d'autres temps il aurait été son esclave. Les noms des familles sont matière à plaisanteries. Lorsqu'un Seck rencontre un Guèye, il ne se passe guère de temps avant qu'il ne se moque du second et de sa voracité devant un plat de riz. Ironie sans conséquence : il est préférable d'être accueilli par une plaisanterie, fût-ce à ses dépens, plutôt que de manière froide et distante. Les groupes ethniques qui peuplent le Sénégal sont, pour la plupart, les mêmes que ceux de Gambie. La seule exception concerne les Akous, qu'on ne trouve qu'en Gambie.

Les Ouolofs

Ce groupe important, qui compte environ deux millions de sujets, est répandu à travers tout le Sénégal et la Gambie. L'ouolof, devenu la langue vernaculaire principale de ces pays, est parlé par près de 80 % de la population. On pense que les Ouolofs ont essaimé dans le centre du pays entre le XIIe et le XVe siècle, lorsque se constitua l'empire du Djolof. Avec les Mandingues, ils furent parmi les premiers à se convertir à l'islam.

Les Ouolofs étaient régis par un système de castes qui subsiste de nos jours, encore qu'il soit moins rigide. Au sommet de la pyramide trônent les *guers* (nobles) et les *badolos* (à mi-chemin entre les paysans libres et les bourgeois). Plus bas dans l'échelle sociale se trouvaient les artisans, dont le métier se transmettait de père en fils; ce groupe comprenait les forgerons, les tailleurs et les griots, ou ménestrels. Tout en bas venaient les *thiams*, ou esclaves.

En principe, les mariages entre castes étaient interdits. Ils étaient même proscrits entre certaines catégories d'artisans. Encore que cette prohibition soit battue en brèche, d'aucuns n'hésitent pas à s'élever, même dans les villes, contre un projet de mariage entre personnes de castes différentes.

Dans leur passé récent, les Ouolofs se sont montrés d'excellents agriculteurs, particulièrement doués pour la culture de l'arachide (parfois même aux dépens d'autres cultures vivrières, pourtant aussi nécessaires). A l'inverse des autres ethnies, ce sont les hommes qui travaillent aux champs alors que les femmes vaquent aux soins du ménage et gardent les enfants.

Pages précédentes : des ethnies se côtoient sur un marché. A gauche, un Toucouleur; à droite, jeune Sérère.

Les Lébous

Parfois décrits comme un sous-groupe des Ouolofs, les Lébous se concentrent dans la région du cap Vert. On pense qu'ils sont descendus du nord voici quatre siècles. Ces agriculteurs et pêcheurs avisés s'étaient, dans le passé, taillé une réputation de naufrageurs et de pillards. Les Lébous sont les seuls à être organisés en mini-gouvernement reconnu par les autorités de la région du cap Vert, selon une tradition qui remonte au début du XIXe siècle, lorsque le pouvoir colonial consacra la légitimité de la république léboue naissante, avant la fondation de Dakar.

Les Peuls sont principalement des bergers nomades et leurs troupeaux de zébus à bosse sont essentiels dans leur mode de vie. Bien que le bétail ne soit jamais abattu pour sa viande, le prestige du propriétaire est à la mesure de la taille du troupeau. Rien n'est épargné afin d'augmenter le troupeau, et les mariages entre familles riches donnent lieu à des échanges de bétail qui constitue la dot.

Les Toucouleurs, seconde tribu des Halpoulars, sont également bergers mais ils sont de plus en plus nombreux à abandonner pour la ville un Sahel inhospitalier. Ils ont été parmi les premiers à se convertir à l'islam et à peu près tous sont demeurés musulmans.

Les Halpoulars

Ce groupe important, dont les membres se reconnaissent à leur peau légèrement cuivrée, est divisé en deux tribus fortes de 600 à 700 000 individus chacune : les Peuls et les Toucouleurs.

On trouve les Peuls, en particulier, près du cours du Sénégal, mais ils se sont répandus à travers toute l'Afrique occidentale, où ils sont appelés Foulas, Foulanis, Foulbés ou Poulos. En Gambie, ils sont nombreux dans la haute vallée du fleuve. Leur origine est inconnue mais, selon certaines hypothèses, ils pourraient venir d'Afrique de l'Est, de Nubie ou d'Éthiopie, ou de plus loin encore.

Les Saracolés

Ces hommes au teint plus clair descendent de ceux qui, au XIVe siècle, fondèrent l'empire du Ghana, lequel s'étendait de l'actuel Ghana jusqu'au Sénégal et au Mali. Leurs traits principaux sont le goût pour la chose guerrière, la volonté d'indépendance et l'attirance pour les voyages. Beaucoup de Saracolés ont été contraints de s'expatrier, parfois jusqu'en Europe, où ils constituent, notamment en France, l'un des groupes sénégalais les plus nombreux. Ils ont la réputation d'être pleins de ressources, d'avoir un sens élevé de la solidarité. Ils sont profondément attachés à la religion musulmane.

Les Sérères

Par ordre d'importance, le deuxième groupe ethnique du Sénégal et de Gambie est constitué par les Sérères, à la peau très noire, qui sont concentrés dans les régions de Thiès et du Siné-Saloum, où ils vivent dans les zones boisées et cultivent la terre. A l'image des Diolas, ils sont nombreux à avoir embrassé la foi chrétienne, encore que leur vie courante demeure marquée par la tradition animiste. Leur cérémonie du *pangal*, au cours de laquelle ils vénèrent les âmes des ancêtres, est une des fêtes animistes les plus pérennes. Le président Senghor est issu de cette tribu.

Il n'est pas surprenant, dans ces conditions, que les récents attentats nationalistes contre le gouvernement central soient principalement le fait des Diolas.

Les Bassaris

Le troisième groupe ethnique du Sénégal et de Gambie, groupe demeuré profondément attaché à la religion animiste, est la petite tribu des Bassaris, qui vit autour du parc national de Niokolo-Koba. Leurs cases couvertes de chaume et les cérémonies hautes en couleur qui les réunissent ont rendu leur image familière.

Les Diolas

Également animistes, les Diolas se subdivisent en plusieurs sous-groupes qui tous habitent la région de Casamance. De petite taille, le teint très sombre, ils cultivent le riz et vivent dans les régions forestières. Malgré les agressions dont ils étaient victimes de la part d'autres tribus, notamment des Mandingues, et, plus tard, des Portugais et des Français, ils ont survécu en se retirant dans les forêts et défendent farouchement leur indépendance.

Ci-contre à gauche, femme malinké; à droite, un Diola. Ci-dessus à gauche, un Maure; à droite, jeune femme peule.

Les Mandingues

Ce groupe, moins nombreux mais qu'on ne peut ignorer (il compte environ 300 000 âmes), se compose des descendants de ces guerriers musulmans qui se sont répandus en Gambie et en Casamance après l'effondrement de l'empire du Mali. On trouve les Mandingues en Guinée, au Mali et en Gambie. Ceux qui font partie de la caste des griots jouent d'un instrument qui ressemble à une harpe ou à un luth, la *kora*, et, sous leurs doigts, des artistes réputés, tels que Mory Kante, l'ont fait connaître à l'occasion de très nombreux concerts ou au cours de tournées en Europe.

Akous, Maures et autres peuples

Descendants d'anciens esclaves venus de Sierra Leone, les Akous ne sont présents qu'en Gambie. Ils sont anglophones.

Les Maures au teint clair, d'origine berbère, sont reconnaissables à leur ample vêtement bleu pâle. Certains franchissent les frontières de leur patrie, au nord du Sénégal, afin d'y paître leurs troupeaux de chèvres et de moutons. De nombreux autres sont artisans, notamment bijoutiers ou marchands.

Ainsi que dans la plupart des États de l'Afrique de l'Ouest, le Sénégal et la Gambie comptent une colonie, influente quoique peu

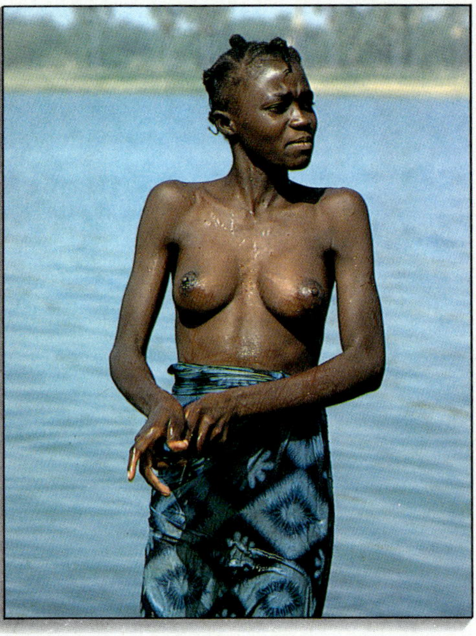

nombreuse, de Libanais, qui se consacre au commerce, grand (banque, concessions automobiles) ou petit (les omniprésents restaurants à *chawarma*). Il existe également un nombre restreint de Français dont la plupart ne font que de brefs séjours.

Cohabitation et violences tribales

Dans les siècles passés, le Sénégal était un pays déchiré par les luttes entre tribus, l'une supplantant l'autre, lui imposant ses coutumes avant d'être, à son tour, soumise par une troisième plus puissante. Avec l'avènement de l'islam, une certaine stabilité de peuples et de territoires entre musulmans et non-musulmans régna. L'arrivée des colons fit de ces populations une vraie nation.

Avec les années de paix, il s'est produit un brassage tel que la cohésion et la tolérance mutuelle sont devenues la règle. Mais ce bel équilibre a volé en éclats au début de 1989. Nouakchott, capitale de cette Mauritanie qui jouxte la frontière nord du Sénégal, comptait plusieurs centaines de Sénégalais fournissant une abondante main-d'œuvre. Depuis longtemps cette communauté noire se considérait, non sans raison d'ailleurs, comme victime d'une discrimination de la part de ses «frères» maures. En même temps, plusieurs milliers de Maures vivaient à Dakar, parmi lesquels beaucoup de bijoutiers, mais aussi d'innombrables boutiquiers tenant des épiceries à tous les coins de rue.

Ces infatigables Maures, que les Sénégalais appellent, avec un accent de mépris, les Naars, vendent leurs produits au besoin par quantités minimes (une cigarette à la fois, le café en poudre par cuillerées) et, surtout, font métier de prêteurs à la petite semaine, souvent usuriers... Leur prospérité, au milieu d'une économie naufragée, avait déjà attisé la colère de la populace.

Une bagarre liée à des questions de bornage de champs sur le fleuve, à la frontière, entre bergers maures et paysans sénégalais, tourna à l'échauffourée. A Nouakchott, des Sénégalais furent assaillis par une foule surchauffée. Des rumeurs selon lesquelles ces pogromes contre leurs concitoyens avaient reçu l'aval, au moins tacite, du gouvernement mauritanien parvinrent à Dakar où des bandes de jeunes descendirent dans la rue, mirent à mal tout ce qui ressemblait à un Naar et pillèrent les boutiques maures. Dans les jours qui suivirent, les émeutes firent rage, tant à Dakar qu'à Nouakchott. La grande mosquée de Dakar fut envahie par des milliers de Maures venus chercher asile dans l'attente d'un rapatriement vers le nord. La troupe rétablit l'ordre dans les deux capitales, mais les pertes en vies humaines se comptaient par centaines. Par la suite, alors que les deux pays étaient au bord de la guerre, presque tous les Sénégalais de Mauritanie et les Maures du Sénégal furent évacués vers leurs patries d'origine, cependant que la frontière était verrouillée pour un temps qui paraît définitif.

A gauche, jeune femme ouolof; à droite, une jeune Bassarie.

ALÉAS ÉCONOMIQUES

Si J. E. Carter, qui fut président des États-Unis d'Amérique, a bâti sa fortune sur l'arachide, les paysans du Sénégal et de Gambie, dont la récolte est presque la seule source de revenus depuis l'introduction de cet oléagineux dans la région, ont bien du mal à en tirer leur subsistance. Le Sénégal et la Gambie comptent parmi les nations les plus pauvres du monde. Le produit national brut a été estimé pour 1985 en Gambie à 320 $ par tête, au Sénégal à 370 $... contre 17 600 $ aux États-Unis. L'Américain dispose d'un revenu moyen 80 fois supérieur à celui du Gambien.

Cette pauvreté générale est parfois difficile à comprendre, notamment dans la grouillante capitale sénégalaise, avec ses hauts immeubles et son trafic. S'il n'y avait pas le visage noir des vendeurs à la sauvette de noix de cola, de bonbons, de cornets de cacahuètes, à chaque coin de rue, les mendiants infirmes dans leurs carrioles à roulettes, on pourrait se croire dans n'importe quelle ville de province! On admet mal une telle misère quand passe la femme d'un ministre, à l'arrière d'une limousine rutilante pilotée par un chauffeur en livrée. Pourtant, ne vous laissez pas surprendre par ces apparences; c'est l'Afrique. Le mendiant dépenaillé a peut-être un proche parent qui occupe une luxueuse villa de la banlieue chic de la capitale, pourvue de tout le confort. Son père ou son frère sont peut-être en Europe, balayeurs des rues ou débardeurs, gagnant de quoi envoyer un mandat mensuel aux leurs.

Même s'il est né dans une ville, un adolescent peut fort bien être envoyé dans le lointain village, berceau de sa famille, pendant la saison des pluies, où il vivra dans une case de *banco* (torchis de paille hachée et de terre séchée), sans eau ni électricité, pour garder le troupeau ou surveiller la moisson qui lève. La clef de la survie, c'est d'être prêt à faire n'importe quoi, dans ces pays dépourvus de sécurité sociale. Être le parent, même lointain, d'un homme riche ou influent, est une assurance contre le chômage ou la maladie.

Pages précédentes: chargement d'arachide sur les rives de la Gambie. A gauche, chantier de travaux publics au Sénégal; à droite, portage des sacs d'arachides sur un «secco».

Les ressources naturelles de la région sont, pour le moins, limitées: une frange côtière le long de l'Atlantique pour le tourisme, du phosphate et un gisement de fer — inexploitable car trop coûteux à transporter. Peut-être existe-t-il aussi, non exploité à ce jour, du pétrole au large des côtes?

Le Sénégal, riche de son passé de chef-lieu de l'Afrique occidentale française, le plus grand des deux États, possède des infrastructures et une industrie relativement développées. Mais les deux pays sont dépendants de l'agriculture et tous deux ont souffert de graves difficultés au cours des années quatre-vingt.

La côte atlantique

Une façade ouverte sur l'Atlantique confère un avantage sur les autres pays, plus pauvres encore, de l'intérieur du continent. Près de 100 000 pêcheurs tirent leur subsistance de la mer, grâce à leurs pirogues motorisées (les villages de pêcheurs de la côte nord forment un monde à part et les étrangers n'y sont pas les bienvenus).

La baie de Soumbedioune, à Dakar, est l'endroit idéal où découvrir la variété des prises: requins-marteaux, thons, daurades, crevettes, moules géantes, langoustes et araignées de mer. Grâce à une flottille de pêche industrielle, les fruits de mer comptent pour une part grandissante dans les exportations. Le Sénégal a négocié des accords avec les pays de la Communauté européenne et les licences accordées aux bateaux européens sont une source de devises. Mais de nombreux navires pillent les réserves halieutiques, échappent aux patrouilles côtières et exportent leurs prises clandestinement.

Les comptoirs du littoral, sur l'île James, à Gorée ou à Saint-Louis, ont constitué les noyaux du Sénégal et de la Gambie. Les cargaisons déchargées à Dakar approvisionnent aussi bien le pays lui-même que les voisins enclavés, comme le Mali, et c'est d'ailleurs ainsi qu'une grande partie des importations de la Gambie finissent sur les marchés du Sénégal ou de l'intérieur du continent.

Normalement, ce commerce suit les voies officielles : transport par chemin de fer sous contrôle des autorités, notamment de la douane. Mais un vaste réseau de contrebande se perpétue. L'express Dakar-Bamako, ce tortillard qui serpente paresseusement jusqu'à la capitale malienne (1200 km en trente-six heures... quand il respecte les horaires) n'est rien d'autre qu'une moderne caravane et chaque arrêt est l'occasion d'un intense négoce de poisson, sec ou frais, de fruits, de légumes, mais aussi de savon, parfum et autres pacotilles. Chaque compartiment prend l'allure d'une échoppe de bazar !

Le tourisme

Un chaud soleil en hiver, un peuple accueillant, des kilomètres de plages désertes sont autant d'atouts susceptibles d'attirer les touristes. C'est d'ailleurs devenu l'une des sources principales de devises en Gambie, encore que son développement ne soit pas toujours allé sans hiatus. Des crédits accordés par le gouvernement pour la construction d'hôtels n'ont pas toujours été affectés aux programmes prévus... ni toujours remboursés.

Cet afflux de visiteurs, dans les années soixante-dix, a provoqué des difficultés d'ordre social (prostitution et petite délinquance) et économique, car, bien souvent, les hôtels importaient l'intégralité de ce que leur clientèle désirait. En un sens, la chute brutale du nombre des vacanciers, après les remous provoqués par le coup d'État de 1981, a eu des effets bénéfiques en contraignant les professionnels à réfléchir à l'avenir du tourisme. Ce phénomène, auquel s'est ajouté la rigueur du programme de redressement imposé par la Banque mondiale, a entraîné une réorganisation de cette industrie.

La survivance du passé colonial est encore perceptible, et l'on constate que les visiteurs anglais sur les plages de Banjul sont en proportion aussi nombreux que les Français au

Sénégal. Dans ce dernier pays, la part du tourisme dans l'économie nationale est moins importante, de l'ordre de 2 % de l'activité, mais il est plus divers, de l'hôtel de grand luxe pour hommes d'affaires aux villages de vacances de la Petite Côte.

Le Sénégal a mené une expérience réussie avec la création des «campements», construits et gérés par les villageois eux-mêmes, ouverts aux touristes qui veulent partager le mode de vie des populations, ou du moins s'en faire une idée. Ces campements sont, pour la plupart, implantés en Casamance, et l'office du tourisme, à Ziguinchor, fournit tout renseignement utile.

charrue primitive attelée à un cheval dans le meilleur des cas. Bien souvent, le seul instrument aratoire est la houe (*daba*). Ces houes, aux mains des solides femmes mandingues du Sud, se révèlent d'excellents outils.

L'abondance de la récolte dépend des pluies, ce qui conduit les paysans à cultiver d'abord les céréales dont ils se nourriront (mil dans le nord, riz ou sorgho dans le sud), et seul le surplus, s'il y en a, sera vendu. Au Sénégal et en Gambie, la culture de l'arachide est reine. Toutefois, la graine n'est pas celle, sélectionnée, qu'on déguste grillée à l'apéritif (arachide dite «de bouche») mais celle, plus fruste, qui fournit l'huile de table.

Le monde rural

En retrait de la frange littorale, où vivent malgré les tentations de la ville les trois quarts de la population, l'agriculture n'offre qu'un niveau de vie précaire. Il existe bien quelques grandes exploitations pilotes, bien équipées, et un colossal programme d'irrigation de la basse vallée du Sénégal doit être mené à bien dans le but de faire de la région un complexe agro-industriel.

Mais, en majeure partie, les paysans ne disposent que d'un matériel sommaire, une

A gauche, la réparation des filets de pêche; ci-dessus, la piscine d'un hôtel.

Après la récolte, d'octobre ou novembre à la saison des pluies suivante, en juin, on peut voir au bord des routes ou sur les berges des cours d'eau d'énormes tas d'arachides (les *seccos*) qui attendent leur transport par camions, par wagons ou par barges jusqu'aux huileries. A certains endroits, on a essayé la culture du coton et des projets ponctuels s'efforcent d'encourager la culture d'autres denrées: noix de cajou, fruits et légumes, etc.

Difficultés économiques

Si l'on sait que l'économie régionale repose sur la production agricole et dépend des prix instables du marché mondial, on comprend les aléas auxquels le Sénégal et la Gambie sont confrontés. Leurs difficultés viennent, pour une part majeure, du fait que les dépenses publiques dépassent régulièrement les recettes fiscales et du fait que la valeur des importations excède largement celle des exportations. Ces pays exportent ce qu'ils produisent et importent ce qu'ils consomment. Cela a été vrai, en tout cas, jusqu'à la fin des années soixante-dix.

Les raisons de cet état de fait pourraient donner matière à d'interminables discussions. Les variations des cours mondiaux des matières grasses et de l'arachide ont leur part dans ce désordre, sans doute plus même que

la sécheresse persistante. Ajoutons à cela des gestionnaires incompétents ou corrompus.

Quoi qu'il en soit, vint le jour où les banques refusèrent tout nouveau crédit, se rendant compte que les fonds avancés ne servaient pas à colmater une fuite passagère, mais bien plutôt à alimenter un tonneau des Danaïdes.

N'ayant plus un dalasi en caisse, Banjul fut, pendant quelques mois, quasi à sec d'hydrocarbures, faute de pouvoir acquitter les factures des compagnies pétrolières. Au Sénégal, ces mêmes compagnies ne répondaient plus aux appels d'offres de l'administration. Les deux gouvernements lancèrent un cri d'alarme au Fonds monétaire international et à la Banque mondiale. Le remède ne fut pas identique dans les deux pays. Le dalasi gambien fut fortement dévalué alors qu'au Sénégal, le franc C.F.A. conservait sa parité (1 pour 0,02) avec le franc français. Mais tous deux pratiquèrent des coupes claires dans leurs dépenses publiques.

L'affectation de nouveaux crédits en faveur du monde rural et une bonne pluviométrie pendant quatre ans (de 1985 à 1988) vont peut-être fournir aux gouvernants des deux pays l'occasion de faire la preuve de leur réelle volonté de redressement.

La confédération

Les innombrables véhicules qui faisaient la queue pour emprunter le bac de la route transgambienne et les heures interminables qui se perdaient lors des contrôles douaniers apportaient une preuve tangible qu'une union économique des deux pays était une nécessité. Pourtant, il n'y a guère de coïncidence entre cette situation déplorable et le retard apporté, pour des considérations politiques, à la mise en place de l'éphémère confédération. Tout arbitraire qu'elle soit, la frontière fait de la France le plus important partenaire commercial du Sénégal et le Royaume-Uni celui de la Gambie.

Le système économique du Sénégal, traditionnellement protectionniste (les droits de douane ont de tout temps constitué l'essentiel des recettes budgétaires), opposé à celui, plus libéral et plus léger, de la Gambie, avec, entre les deux, une longue frontière aussi étanche qu'une passoire, a bien évidemment donné naissance à une contrebande démesurée. La confédération ne put rien faire pour y mettre fin, malgré une ébauche d'union douanière, et les produits que les cohortes de marchands achètent au débarcadère du bac de Banjul sont destinés, non pas à la vente sur place, mais bien au marché sénégalais. Les trafiquants raflent les denrées de première nécessité: riz, huile de cuisine, concentré de tomate, qui seront revendues le double de l'autre côté de la frontière.

Peu de gens croient qu'une véritable coopération puisse voir le jour, même à long terme. En attendant, le Sénégalais et le Gambien savent bien que Dieu seul peut faire pleuvoir.

A gauche, un tailleur au travail; à droite, le travail domestique.

GORA
MBENGUE
1983

CHAWARMA
ARAFA
Coca-Cola

MŒURS ET USAGES

Peut-être aurez-vous de la peine à le croire, lorsque vous serez harcelé par une horde de gamins dans les allées du marché de Dakar, mais les gens du Sénégal et de Gambie comptent parmi les plus accueillants et ils pratiquent une courtoisie raffinée. Celle-ci est fort différente de l'étiquette occidentale. N'oubliez cependant pas que vos hôtes connaissent mieux nos règles de conduite que vous ne connaissez les leurs!

S'il vous arrive, en toute innocence, de «mettre les pieds dans le plat», votre gaffe sera aussitôt pardonnée. Gardez les yeux et les oreilles grand ouverts et vous serez reçu avec générosité. Mais surtout, ne perdez jamais votre sens de l'humour.

Les contacts humains

Arrêtez-vous un instant, au cours de vos excursions dans Dakar ou Banjul, pour observer du coin de l'œil deux hommes, de préférence d'un certain âge, qui s'abordent. Ils joignent leurs mains et vous pourrez alors goûter, même sans rien y comprendre, tout le charme de la litanie rituelle des salutations. Cela commence par une répétition, à l'infini, du nom de famille des interlocuteurs:

— *Diallo!*
— *Guèye!*
— *Diallo!*
— *Guèye!*

Puis, chacun détournant les yeux pour regarder dans le vide, derrière l'épaule de l'autre, le dialogue s'engage:

— *Comment allez-vous?*
— *Bien* (ou: *La paix seulement*).
— *Votre famille?*
— *Ça va.*
— *Tout va bien?*
— *Tout, Dieu merci!*
— *Comment va votre femme?*
— *Bien.*
— *Les enfants?*
— *Bien aussi.*
— *Votre travail?*
— *Pas de problème.*
— *Comment va votre mère?*

Pages précédentes: couple aisé accompagné du griot familial (sous-verre). Ci-contre, une journée tranquille à Saint-Louis.

Et ainsi de suite. Toute la famille y passe, puis les gens du quartier, ceux du village, *ad libitum*... Mais cela n'est pas fini car, ensuite, les rôles s'inversent et le questionneur devient le questionné! Chez les gens du Sénégal du Nord, la procédure — car c'en est une — peut durer de longues minutes... puis reprendre par la suite au beau milieu de la conversation!

C'est là une manière de réaffirmer les rapports entre familles, entre tribus, entre ethnies, plus qu'entre individus. Toute sociologie mise à part, cette tradition fait des Ouolofs éparpillés en Afrique francophone la cible de mille plaisanteries, au point que leurs voisins prétendent que la courtoisie sénégalaise exige qu'on s'informe de la santé des chèvres ou des poulets!

Les détails de ce protocole, aussi nombreux que compliqués, ne sont pas de mise avec un visiteur occasionnel. Il faut retenir, principalement, que les relations humaines, en particulier familiales, sont beaucoup plus étroites qu'en Europe. Présenter ses parents âgés à une famille sénégalaise, par exemple, est tenu par elle comme un grand honneur.

Les tam-tams et les danses qu'on peut découvrir au hasard d'une rue célèbrent probablement un baptême auquel toute la famille, même la plus éloignée, et tout le voisinage sont conviés. Ne craignez pas d'y aller et de dire un aimable bonjour à tous. Vous risquez au pire d'être entraîné dans le cercle des danseurs, au milieu des cris et des applaudissements, et contraint d'exécuter quelques pas en mesure!

D'autre part, avant d'aborder le sujet qui vous préoccupe, votre interlocuteur, même le plus occasionnel, tiendra à ce que vous échangiez avec lui les salutations protocolaires. Vos amis, comme vos relations professionnelles, s'attendent que vous leur serriez la main. Peu importe qu'il soit baragouiné, un «*Nanga-def!*» avec un Ouolof, ou un «*Kassoumaye!*» avec un Casamançais, sera accueilli avec plaisir, même si vous confondez les deux dialectes...

La vie de famille

Aux yeux d'un voyageur européen non averti, la société locale paraît faire à la femme une place à la fois forte et misérable. Pourtant, un coup d'œil sur les jeunes filles rieuses, délurées, dans les campagnes, ou sur les majestueuses «madames» qui trônent derrière leur étal au marché, vous feront entrevoir un tout autre aspect de la vérité.

Il n'est pas rare qu'un homme ait plus d'une femme, ce qui ne manque pas de fournir un inépuisable sujet de comédies ou de drames. Il peut s'agir d'un mariage polygame ou d'un banal concubinage, à haut risque pour la femme. Dans les villes, cette situation entraîne souvent de sévères difficultés: jalousies de femmes, difficultés financières inextricables pour l'homme qui se croit obligé par son rang de prendre une deuxième ou une troisième épouse qu'il faut payer d'autant plus cher qu'elle est plus jeune. Quelques romans sénégalais, et, parmi les meilleurs,

Une si longue lettre de Mariama Ba ou *Xala* d'Ousmane Sembene, illustrent ces conflits.

Dans les campagnes, en revanche, partager un mari peut se révéler le seul moyen de limiter les grossesses, de faire face aux besoins de la famille et aux travaux des champs. Il faut se rappeler, quand on voit la multitude d'enfants, que le travail du père est souvent le seul moyen de subsistance et que la mortalité infantile est très élevée.

Les femmes restent proches de leur famille d'origine, même après leur mariage. Il est fréquent qu'elles conservent leurs noms de jeune fille ou qu'elles s'en servent en même temps que de celui de leur mari. Mary Joof, en Gambie, et sa sœur sénégalaise Marie Diouf (noms strictement homophones, qui s'écrivent différemment selon la langue des anciens colons) ne changeront sans doute pas de nom après leur mariage, mais elles se présenteront volontiers comme étant Mrs Jallow ou Mme Diallo.

De façon générale, non seulement dans les milieux traditionnels, et surtout dans la haute société, le mari paie à sa belle-famille une dot, parfois considérable, pour compenser le départ de celle qui devient sa femme. Les unions sont arrangées par les familles, mais il est rare qu'elles soient conclues sans l'accord des promis. La fille demeure plus ou moins en tutelle jusqu'à son mariage.

Les Sénégalais et les Gambiens sont en majorité musulmans, mais à peu près aucune femme ne porte le voile. Seules les Beydanes, originaires de Mauritanie, sont cloîtrées au domicile conjugal. Le sort des femmes varie selon qu'elles vivent en ville ou en brousse, dans le nord ou dans le sud, mais de manière générale elles disposent d'une réelle indépendance économique vis-à-vis de leurs maris. Elles voyagent, font du commerce à leur convenance et ont la haute main sur la maisonnée. Un Sénégalais, quel que soit son âge, réfléchit à deux fois avant de contredire sa mère et même le plus occidentalisé des Ouolofs s'avouera désarmé devant la rouerie ou les artifices de séduction de sa femme ou de sa maîtresse.

Tout cela fait que, pour une femme seule, voyager au Sénégal et en Gambie ne comporte pas de grand risque; elle y sera moins harcelée que, par exemple, dans un pays méditerranéen. En ce qui concerne l'habillement, il n'existe aucune restriction contre les bras ou les épaules nus, encore que les Africains aient du mal à comprendre qu'un individu puisse prendre plaisir à s'étendre, à demi nu, au soleil! La plupart des femmes portent un «mouchoir de tête» mais n'attendent pas des touristes féminins qu'elles portent une coiffure. En revanche, une femme ne doit pas montrer ses jambes au-dessus du genou et seuls les très jeunes garçons sont en culotte courte en public.

Au moins dans les villes, une femme seule risque fort de faire l'objet, à tout moment, de pressantes propositions. Ce n'est jamais agressif, plutôt sur le ton de la plaisanterie. Dans tous les cas, ne soyez pas surprise si l'on vous pose des questions sinon intimes, du moins directes sur votre mari: *«Es-tu mariée?»* ou: *«Où est ton mari?»*

Mésaventures

Les Sénégalais du Sud, en particulier les Diolas de Casamance, sont d'humeur facile et leurs manières sont proches des nôtres. Les Ouolofs en revanche, ethnie dominante dans le nord, ont un caractère plus rugueux et peuvent faire preuve d'un sens de l'humour assez particulier. Pourtant, ils admettent jusqu'à un certain point l'insolence «institutionnalisée», notamment de la part de leurs griots.

A la suite de la longue crise économique que le pays a connue, une sorte de mendicité organisée s'est développée dans Dakar, au grand dam des Sénégalais d'âge mûr. Il est fréquent d'être abordé par des individus qui réclament de l'argent ou tentent de vous dérober sac ou portefeuille. Dans ce cas, repoussez votre interlocuteur par une plaisanterie: *«Ce n'est pas à moi!»*, ou encore: *«La prochaine fois!»*. Un *«non»* sec sera tenu pour une insulte et vous vaudra bien des désagréments, qu'il s'adresse à un admirateur de votre montre-bracelet ou à la maîtresse de maison qui vous repasse un plat.

Les mendiants pullulent dans les rues, souvent rongés par la tuberculose, la poliomyélite ou la lèpre. Ils ont leur place dans la société musulmane, qui recommande la pratique quotidienne de l'aumône (un délicieux roman d'Aminata Sow Fall, *la Grève des battus*, raconte les effets dévastateurs d'une grève des mendiants).

Mais soyez prudent avec l'inconnu qui se colle à vos pas. Dakar est plein de ces escrocs de plus ou moins bonne mine, qui racontent avec force détails qu'on leur a volé leur portefeuille sur la route de l'aéroport et qu'il leur faut 1 000 F pour rentrer chez eux! Il y a aussi les vendeurs à la sauvette (les *bana-banas*) qui vous poursuivent pour vous vendre leur camelote à «prix d'ami» (pépite d'or en cuivre, diamant du Zaïre en verre ou émeraude de Sierra Leone taillée dans le culot d'une bouteille!). Ne parlons pas des tire-bourses... encore que le vol soit sévèrement réprimé et qu'on ait déjà vu un voleur, pris sur le fait, se faire lyncher.

Hors des lieux touristiques de Dakar, on a toutes les chances d'être accueilli avec gentillesse. Le jeune garçon qui vous propose de guider votre visite du marché de Banjul s'attend, sans nul doute, à un cadeau (le *bougna*) mais il a aussi en tête l'histoire d'un *young boy* chanceux invité en Europe par des étrangers avec qui il s'était lié d'amitié au cours de leur séjour en Gambie, et il rêve d'une semblable aubaine...

A gauche, un crâne rasé de près; ci-dessus, confection de coiffures plus élaborées.

ARTS ET ARTISANAT

Par rapport à d'autres pays du continent africain, le Sénégal et la Gambie offrent relativement peu de curiosités naturelles. Mais la culture, au sens le plus large du terme, est vivante. On en voudra pour exemple les campements installés dans les villages de Casamance où, loin de l'anonymat des hôtels de luxe, le touriste partagera la routine quotidienne des villageois, comprendra leurs coutumes, participera à leurs cérémonies et à tous les moments de leur existence. Selon les autorités sénégalaises, cette cohabitation a le mérite de plonger l'étranger au cœur de la vie locale et de lui éviter les préjugés, plus ou moins fantaisistes, qu'il pourrait nourrir vis-à-vis de l'Afrique.

Les traditions orales

On pourrait dire que quand un vieillard meurt, c'est un livre qui disparaît! De fait, l'histoire et la culture africaines se sont perpétuées, en majeure partie, grâce à la transmission de bouche à oreille, de génération en génération, depuis la nuit des temps. Au Sahel, les griots (*gewel*) et les conteurs ont pour rôle essentiel de préserver et de transmettre les souvenirs de la famille, du clan ou du village.

Au Sénégal et en Gambie, les familles nobles (en ouolof, les *geers*) se sont attaché les services d'un griot. Il est l'historien, le musicien, le généalogiste et, dans certaines familles, la fonction se transmet de père en fils. Grâce à la pérennité des mots, chaque groupe conserve son histoire, ses traditions, son mode de vie et de survie, ses règles de morale. La parole resserre les liens.

La connaissance de leur histoire, pour les Sénégalais et les Gambiens, ne peut se concevoir sans avoir recours à la notion de tradition orale, et il y aura toujours une légende, venue du fond des siècles, pour expliquer les phénomènes naturels. Voici, par exemple, comment le poète Birago Diop raconte l'origine des Mamelles, ces deux collines jumelles qui se dressent aux Almadies, au bord de l'Atlantique, dans la banlieue de Dakar.

« Il était une fois un paysan, nommé Momar, qui avait deux femmes bossues. Khary, sa première femme, n'avait qu'une toute petite bosse et, cependant, elle enviait les femmes normalement constituées. Coumba, la seconde, était toute bancroche, mais son cœur était bon et généreux. Malheureusement, Khary n'était pas sensible à la gentillesse de Coumba et ne lui pardonnait pas de s'être accommodée de son infirmité. Un jour, alors que Momar et Coumba dormaient sous un tamaris hanté par les génies, une vieille femme apparut à Coumba et lui enseigna un tour de magie qui lui enlèverait sa bosse et l'attacherait au dos d'un démon. Dès que Khary eut vu ce qui était arrivé à sa rivale Coumba, elle n'eut de cesse que celle-ci lui livre son secret et elle voulut aussitôt en faire usage. Hélas! le démon qui avait déjà eu à faire avec Coumba, trop heureux de trouver à son tour quelqu'un pour se décharger de son fardeau, attacha au dos de Khary, à côté de sa bosse, celle de Coumba! La pauvre Khary, de désespoir, se jeta dans les flots et se noya. Mais la mer, près du rivage, n'était pas assez profonde pour recouvrir entièrement les deux bosses, qui surnagèrent. Ce sont ces protubérances qu'on appelle aujourd'hui les Mamelles. »

Pages précédentes: le peintre sénégalais Souleye Keita. A gauche, sous-verre de Gora Mbengue; à droite, l'actrice séneglaise Younoussé Seye.

Musique et danse

Dès 1960, le gouvernement sénégalais s'est attaché à promouvoir la culture des groupes ethniques. La même politique fut suivie, à une échelle plus modeste, en Gambie.

Le théâtre national Daniel-Sorano a été construit à grands frais, avec pour vocation première de recenser et faire revivre la musique ainsi que les danses traditionnelles et de les mettre au goût du jour afin de toucher le grand public. Grâce à ses troupes de ballets, Linguère et Sira Badral, qui parcoururent le monde, le théâtre Sorano prit en Afrique la tête du mouvement et s'y maintint plusieurs années. La compagnie nationale d'Art dramatique s'est produite dans les principales manifestations internationales et s'est rendue célèbre en présentant *la Tragédie du roi Christophe*, de l'Antillais Aimé Césaire, *l'Os de Mor Lam*, de Birago Diop, et *l'Exil d'Alboury*, du cheik Ndao.

Les spectacles musicaux et chorégraphiques qui se donnent dans les grands hôtels sont, eux, d'une authenticité discutable. Les groupes dits traditionnels donnent aux visiteurs un aperçu assez bâtard de leur culture : la musique n'est plus diola, sérère ou ouolof, elle est simplement « sénégalaise »...

Les chants et les danses populaires racontent la vie de tous les jours : les femmes aux champs, les hommes qui bâtissent une case, les enfants qui jouent. Les moyens modernes de communication, radio ou télévision, diffusent une culture plus urbaine, ouverte aux influences occidentales, mais les émissions dramatiques sont sans cesse plus nombreuses. La musique populaire, marquée par celles d'Amérique, de France ou de Cuba, a pris depuis les années soixante-dix une allure de plus en plus authentiquement africaine.

Si les griots conservent leur rôle (les puissants apprécient qu'ils chantent les louanges de leurs familles aux grandes occasions), une nouvelle génération de musiciens populaires a vu le jour. Les instruments traditionnels, comme la *cora* (luth à 21 cordes), le *balafon* (xylophone) et le *xalam* (sorte de harpe), sont aujourd'hui à l'honneur. Un certain nombre de groupes et de chanteurs, comme Youssou Ndour et le Super-Étoile de Dakar, Super-Diamono, Xalam, Baba Maal et Ismael Lo, se sont fait un nom hors des frontières.

Les lettres

Dakar, par son rang de capitale de l'Afrique occidentale française, a longtemps été à l'avant-garde de la vie culturelle. L'ancien chef de l'État, M. Léopold Sédar Senghor, a été un farouche défenseur des valeurs africaines. Il a chanté la négritude, sur le berceau de laquelle se penchèrent, dans les années quarante, les écrivains antillais Aimé Césaire et Léon Damas. A la même époque, le cheik Anta Diop échafaudait la théorie de la primogéniture de la civilisation africaine dans l'histoire du monde.

En 1966, le festival mondial des Arts nègres eut lieu à Dakar. Le gouvernement avait mis toutes ses forces au service de cette manifestation et les maisons d'édition africaines connurent de beaux jours. On vit même le ouolof, principale langue vernaculaire du pays, écrit en caractères arabes, ce qui témoigne de l'influence de l'islam.

Mais la littérature de langue française, qu'il s'agisse de poésie, de romans, de livres d'histoire, est de loin la plus importante. La nouvelle génération d'écrivains, notamment Boubacar Boris Diouf, est plus engagée que celle de ses aînés. Les femmes ne sont pas absentes. Mariama Ba et Aminata Sow Fall sont aujourd'hui à la pointe du mouvement.

La Gambie, beaucoup plus petite, n'exerce sur les lettres qu'une influence modeste, mais les traditions orales y sont aussi vivaces et nécessaires.

A gauche, le chanteur dakarois Youssou Ndour sur scène; ci-dessus, griot jouant du « tam-tam parlant ».

La peinture et ses traditions

Avant l'indépendance, la peinture sénégalaise n'était connue, hors des frontières, que par quelques toiles de Papa Ibra Tall, futur directeur de la manufacture nationale de Tapisserie et d'Arts décoratifs.

Dans les premiers temps, l'art local empruntait beaucoup à l'Occident. A partir de 1967, le Centre de recherche sur l'art nègre, émanation de l'école des Arts, a beaucoup encouragé l'expression d'un style africain moderne, connu maintenant sous le nom d'« école de Dakar ». Ses représentants les plus éminents sont Abdoulaye Douta Seck, Maodo Niang et Amadou Ba. Les réalisations graphiques de l'école de Dakar plongent leurs racines dans le concept de négritude et dans la notion de « retour aux sources authentiques » qui souffla sur l'Afrique et sur la diaspora noire à la fin des années soixante. Les œuvres de P. I. Tall et de Pierre Lods illustrent cette tendance.

De nos jours, la génération des jeunes peintres sénégalais s'écarte de cette voie, jugée trop empreinte de tradition, pour s'orienter vers une vision sans contrainte d'un monde abstrait, ne se pliant à aucune définition. Les couleurs doivent parler plus que les formes. Souleye Keita, el-Hadj Sy et Soulou Mbaye incarnent ce courant.

A côté de cette inspiration académique, un art naïf existe, qui jaillit à chaque coin de rue. Les façades des salons de coiffure, les carrosseries des «autocars rapides» et tous les espaces libres sont couverts de fresques, de dessins représentant, de manière assez fruste, des scènes de la vie courante.

Ces graffitis, nés eux aussi d'une longue tradition, sont célèbres, surtout à Rufisque et à Saint-Louis où la présence française a été la plus longue. On y remarquera, par exemple, les thèmes du mari ridicule, du chasseur fuyant devant le lion après avoir jeté son arme. Ils sont le fonds commun de ces peintres autodidactes qui composent leurs œuvres sur une plaque de verre. Cette technique est appelée *sower* (déformation de «sous-verre»). Ses maîtres sont Babacar Lo et surtout Gora Mbengue.

Le cinéma

La production cinématographique sénégalaise tient du miracle puisqu'il n'existe ni studio ni débouchés! Pourtant, les cinéastes locaux comptent parmi les plus connus du continent grâce, entre autres, au gouvernement qui a alloué des crédits, ouvert une salle de projection, une cinémathèque et une société de distribution. Les auteurs de films sont aussi assistés par le ministère français de la Coopération, qui leur a ouvert les portes des installations techniques françaises. Mais d'abord et surtout, le développement du septième art est le fruit des efforts inlassables et de la détermination de ses pionniers.

L'un d'eux est l'écrivain et metteur en scène Ousmane Sembene, qui a passé plus d'un quart de siècle à perfectionner sa technique. Plus que tout autre, il a contribué à promouvoir le cinéma africain dont ses confrères Paulin Vieyra, Ababacar Samb, Mahamat Johnson Traoré sont, avec lui, les ambassadeurs à travers le monde.

La Société nouvelle de production cinématographique (S.N.P.C.) a été fondée en 1984 afin de rassembler des moyens financiers. Une coproduction avec l'Algérie et la Tunisie a permis de réaliser, avec un vif succès, le film *le Camp de Thiaroye* pour lequel Ousmane Sembene et Thierno Faty Sow ont reçu le prix spécial du jury à la Mostra de Venise en 1988.

Sur la scène du théâtre Daniel-Sorano, à Dakar.

ALIMENTATION ET GASTRONOMIE

Sans se contenter des ressources locales ni renier leurs traditions culinaires, les Sénégalais ont toujours su faire preuve d'imagination pour se doter d'une alimentation variée, empruntant aux influences arabe, française, portugaise, antillaise et, plus récemment, vietnamienne autant qu'à leurs propres sources.

De même, par la cohabitation de races, par le développement des moyens de transport et par le brassage des populations, des mets d'autres pays ou d'autres groupes ethniques ont été introduits, avec des variantes, dans la gastronomie sénégalaise. Le couscous, par exemple, dont la semoule se fait ici avec du mil, en ajoutant des produits locaux, tels que les feuilles de laurier (*lala*), dans le ragoût, ce qui en fait un plat typiquement sénégalais.

Riz, mil et poisson

Situé dans la zone sahélienne, le Sénégal produit des céréales qui, comme le mil et le sorgho, résistent à un climat sec. Le riz (*tiep*) se cultive dans les régions humides ou irriguées (vallées du Sénégal et de la Casamance) et il est en passe de supplanter le mil dans l'alimentation quotidienne. Il est bien plus facile à préparer que le mil, qui exige de longues heures de cuisson.

Le plat national est le riz au poisson (*tiep-bou-diene*), servi immanquablement au repas de la mi-journée, en particulier dans la région de Saint-Louis. Toutefois, le mil reste l'ingrédient indispensable de certains mets, tels que le *ngalakh*: mil, pâte d'arachide, «pain de singe» (fruit du baobab) sucré et parfumé à l'eau de fleur d'oranger; le *chakri*: boulettes de mil cuites à la vapeur et écrasées dans du lait caillé; ou le *lakh*: bouillie de mil abondamment sucrée. Les grands pots qu'on voit, par rangées entières, sur les étals des «madames» au marché, contiennent toutes sortes de mil: mil mi-cuit, farine de mil, mil non décortiqué, mil cassé (ou petit mil), etc.

Le poisson, partout abondant, accompagné de toutes sortes de légumes, fournit une alimentation équilibrée. Les plus communs sont le barracuda, le mérou, le colin (*tiof*), le mulet (*dem*), la perche du Nil ou capitaine, l'espadon, la lotte et la sole.

En outre, on trouve d'énormes crevettes, des crabes, des langoustes, des araignées de mer, des oursins, sans oublier les huîtres de palétuvier (qu'on transplante des racines de cet arbre dans les *bolons* vers les viviers de la pointe des Almadies afin que, lavées par les vagues de l'Atlantique, elles soient consommables sans risque). On peut goûter ces fruits de mer fraîchement pêchés, grillés au feu de bois, frits, sautés, en ragoût, cuits à l'étouffée avec des épices, farcis «à la saint-louisienne» ou, pour les huîtres, toutes crues.

A gauche, le thé à la menthe se verse à l'arabe; à droite, dans un bistrot de Dakar.

Séché au soleil (attention aux odeurs!) ou fumé, le poisson se conserve sans qu'il soit besoin de le congeler. Il faut toutefois se méfier de la présence, dans le *tiep-bou-diene* de Saint-Louis, du *yète*, ce mollusque séché dont le fumet puissant peut n'être pas du goût de tous!

La viande la plus couramment consommée est celle du mouton, parfois aussi celle du bœuf. Seuls les chrétiens et les animistes, soit environ 10 % de la population, mangent du porc. Dans les petits estaminets appelés dibiteries (de *dibi*: découper et griller la viande), on sert des brochettes (*kebabs*) de mouton, de bœuf ou de foie, accompagnées d'une sauce fortement pimentée. Choisissez votre morceau de viande en entrant et surveillez-en la cuisson et l'assaisonnement.

Le long de la côte de Dakar à Saint-Louis, au creux des dunes, on trouve les *niayes*, jardins potagers qu'irriguent des puits et de petits canaux, où croissent à profusion choux, carottes, oignons, poireaux, navets, potirons, aubergines, épinards, ail, persil, menthe, coriandre et surtout tomates dont les gens du cru ne sauraient se passer. On y trouve également les denrées qui entrent dans la cuisine locale telles que *bissap* (gingembre), *lalo* (feuilles séchées de baobab), *gombo* (sorte de petit cornichon à consistance gélatineuse) utilisé dans la *soupikandia*.

Repas de fête et boissons

A l'occasion de fêtes, les coutumes imposent de servir certains plats déterminés: le *ngalakh* figure au menu de la Korité (fin du ramadan) avant la grande prière à la mosquée; le *lakh*, bouillie de mil arrosée de lait caillé sucré (*sow*), est le hors-d'œuvre du repas de baptême. A la Tabaski, fête musulmane du mouton qui commémore le sacrifice d'Abraham (qui est l'un des prophètes de l'islam), un mouton est égorgé et mis à la broche pour être partagé en famille et avec les amis.

Les boissons locales, qui se substituent au vin interdit aux musulmans, sont le *bissap*, à base de fleurs séchées d'oseille sauvage, le *ginger*, tiré de la racine du gingembre, le *ditakh*, infusion d'un fruit vert, riche en vitamine C, la citronnelle et le *kinkéliba*, décoction que l'on boit au réveil, à qui l'on reconnaît de puissantes vertus diurétiques.

Le thé, venu de Chine mais préparé à la manière maure, est offert à la fin du repas. Un fils de la famille fait infuser un mélange de thé et de feuilles de menthe dans l'eau d'une bouilloire qui chauffe sur un fourneau malgache (sorte de mini-barbecue). Il le sert avec dextérité, versant de très haut le thé dans des tasses minuscules, et la force du jet dissout le sucre en formant à la surface du breuvage une légère mousse blanche à travers laquelle on boit. On prétend que si le thé est convenablement servi, cette mousse fine forme une étoile. Ce rite doit être observé trois fois de suite et l'invité doit boire les trois tasses. La première est forte et assez amère, la seconde délicieuse, mais la troisième est écœurante, tant elle est montée en sucre et tant est fort le goût de la menthe.

En Casamance, la boisson traditionnelle est le vin de palme, c'est-à-dire la sève du palmier à huile. Bu frais ou légèrement fermenté, c'est un breuvage roboratif. Distillé, il devient le *cana*. A l'état pur, le *cana* est un véritable poison et il doit être édulcoré avec un sirop. C'est alors une sorte de punch.

Les spécialités gambiennes

La cuisine gambienne a été moins influencée par les Arabes et par l'Occident, mais la présence des Yorubas et des très anciens immigrants venus de Sierra Leone lui a donné une certaine spécificité. Le mélange des ethnies fait que la plupart des plats et des boissons qu'on consomme au Sénégal sont à l'honneur en Gambie, quoique sous un nom différent.

Le *benachin* (de *bena*: un, *chin* ou *kin*: pot — c'est-à-dire: mets présenté en un seul plat, alors que les Sénégalais servent le riz et la sauce séparément) correspond au *tiep-bou-diene*, à ceci près qu'il est parfois à base de viande au lieu de poisson (en ouolof, il devient le *tiep-bou-yap*). Le *domoda*, fort prisé des Mandingues, gros producteurs d'arachides, rappelle ce plat universellement répandu en Afrique de l'Ouest, le *mafé*, sorte de couscous d'arachides pilées. Le *sissay yassa* est le yassa de poulet du Sénégal (poulet mariné dans du jus de citron, assaisonné d'oignons et de piment, puis grillé). Ces recettes constituent la base de la gastronomie gambienne.

L'huile de palme entre dans la confection du *plasas* (déformation de la «sauce à palabre» de Sierra Leone, qui vient elle-même du portugais *palavra*), ragoût à base de poisson fumé et de légumes verts, en honneur chez les Akous. Le poisson frais abonde et on peut en manger à satiété. Il faut toutefois être prudent avec les huîtres de palétuvier qui ne sont pas, comme à Dakar, lavées à l'eau de mer.

Les *niama-niamas* (amuse-gueule) sont une spécialité qu'on déguste à toute heure. Ce sont les *acras* (*oleleh* en Gambie), à base de *niébés* (petit haricot marqué d'une tache noire), les pastels (petits beignets farcis de chair de poisson, épicés), les boulettes de poisson ou de viande, la *fataya* (beignets de viande d'origine libanaise) et, bien entendu, les cacahuètes (*guiertés*) grillées qui se consomment toutes chaudes le jour même.

A gauche, l'enseigne d'un bistrot de Dakar; ci-dessus, le produit de la pêche.

Ni les Gambiens ni les Sénégalais ne consomment de pâtisserie. A la fin du repas, il est d'usage d'offrir une tranche d'ananas ou de papaye, une orange épluchée, coupée en quartiers, ou l'un des délicieux fruits du pays: mangue, melon d'eau, goyaves, fruit de la passion, pamplemousse, citron, banane ou le curieux corossol (gros fruit dont la peau se hérisse de piquants et dont la chair, assez cotonneuse, est d'un goût délicat).

L'usage ancestral impose l'hospitalité la plus large, ce qui signifie que les repas et les rations sont copieux, propres à rassasier une nombreuse assistance... et le commensal qui arrive à l'improviste. Le plat principal est apporté aux convives, disposé sur un large plateau, le riz couronné par les légumes, et l'aspect en est toujours soigné. Il doit exciter autant la vue et l'odorat que le goût et l'appétit! Le plateau est déposé sur une natte, à même le sol, et les commensaux s'assoient en rond, en tailleur, pour y faire honneur. L'usage veut qu'on ne se serve que de la main droite, et un rince-doigts est placé à côté de chaque convive. On cueille un peu de riz qu'on façonne en boulette et qu'on porte à la bouche. Si vous n'y parvenez pas, votre hôte vous apportera une cuiller. Les meilleurs morceaux de la viande ou du poisson, les plus beaux légumes sont découpés par la maîtresse de maison qui les pousse ensuite devant ses invités. Sauf s'il s'agit d'un méchoui, il est de mauvais goût, pour un invité, de se servir lui-même de viande ou de poisson.

L'influence française, sans être prépondérante, a cependant donné aux Sénégalais le goût du pain, des salades et des hors-d'œuvre. Les habitudes culinaires anglaises n'ont pas déteint sur les Gambiens, mais elles ont laissé des traces dans la cuisine des hôtels de tourisme. Ceux-ci ont une fâcheuse tendance à n'offrir que des viandes d'une affligeante banalité, nappées de sauces fades, garnies de légumes soigneusement hors de saison...

Il est également déplorable que la carte des restaurants et des hôtels offrent si peu de plats traditionnels locaux. On trouve parfois au menu un *benachin*, un *tiep-bou-diene*, un *domoda*, un *mafé*, un *yassa* ou un poisson farci. Mais on n'est jamais sûr qu'ils soient réellement bons car ils sont souvent mal ou trop cuits, confectionnés par des hommes plutôt que par des femmes qui, seules, ont le tour de main et l'expérience des quantités requises. Le touriste gourmand devra se mettre en quête de petits bistrots ou avoir la chance d'être invité à un repas en famille.

Quelques recettes

Les deux recettes qui suivent donnent les quantités «africaines», donc évaluées assez largement, pour une belle famille.

Le yassa de poulet. Ingrédients: deux poulets, six citrons verts, six gros oignons, un piment rouge, du sel, du poivre noir, des feuilles de laurier et de l'huile d'arachide.

Préparation: couper chaque poulet en huit morceaux. Presser le jus des citrons et y mêler sel, poivre, piment et laurier. Découper les oignons en lamelles, en couvrir les poulets et arroser avec deux grosses cuillerées d'huile. Laisser mariner dans le jus de citron pendant au moins deux heures, si possible une nuit entière. Essuyer les morceaux de poulet et les faire griller légèrement, de préférence au feu de bois ou de charbon de bois.

Faire chauffer l'huile dans une cocotte, y verser les oignons et la marinade et laisser cuire cinq minutes. Verser ensuite les poulets et ajouter un verre d'eau. Vérifier l'assaisonnement.

Couvrir et laisser mijoter trois quarts d'heure. Servir avec le riz.

Le bénéchin ou tiep-bou-diene. Ingrédients : 1,5 kg de tiof ou autre poisson blanc, coupé en tranches, 125 g de purée de tomate, 400 g d'huile, deux piments, 125 g de poisson

séché (si possible), 250 g de carottes, un petit chou, 300 g de manioc, 300 g de patates douces, 200 g de citrouille, 200 g de navets, le tout épluché et coupé en morceaux, 200 g d'aubergines non pelées, trois gros oignons, deux gousses d'ail, du persil, du sel, du poivre noir, des feuilles de laurier. Un petit morceau de *yète* (coquillage séché odoriférant si vous en trouvez et si vous aimez...!), 1,5 kg de riz, de préférence en brisures.

Préparation : hacher la moitié d'un piment, faire revenir les oignons, l'ail et le persil.

A gauche, buffet au bord de la piscine; ci-dessus, le restaurant de la plage dans le port de Gorée.

Mêler le tout dans une cocotte avec une pincée de sel afin d'obtenir une sorte de pâte. En farcir chaque tranche de poisson. Couper les oignons en lamelles et les faire revenir doucement dans l'huile.

Ajouter le poisson séché, puis les tranches de poisson farcies et laisser frire jusqu'à ce qu'elles soient dorées. Retirer le poisson et verser la purée de tomate diluée dans 3 l d'eau. Faire bouillir et reverser les tranches de poisson et les légumes. Assaisonner, saupoudrer de poivre et laisser mijoter doucement, à couvert, pendant vingt minutes. Retirer de nouveau le poisson en tranches, puis les légumes. Attention, le manioc demande plus de temps de cuisson que les autres légumes. Placer poisson et légumes dans un plat et verser dessus un peu de bouillon.

Garder au chaud jusqu'à ce que tout soit bien cuit. Quand tout a été retiré du bouillon, mettre à part un peu de ce jus et faire cuire le riz dans ce qui reste (il doit y avoir, à ce moment, environ deux fois plus de liquide que de riz).

Faire mijoter jusqu'à ce que le liquide soit entièrement absorbé. Verser le riz sur un grand plateau et disposer artistement le poisson et les légumes tout autour. Servir avec les quartiers de citron et du jus de citron dans un flacon à part.

LES SPORTS

Dès qu'il se trouve un endroit plat et dégagé, on peut voir des enfants, des adolescents disputer, pieds nus, des parties acharnées de football. A Dakar, le parc des Sports et surtout le stade de l'Amitié, récemment construit par les Chinois, comme à Banjul le Box Bar Stadium, sont régulièrement le théâtre des matches des coupes africaines. Ce sport attire les grandes foules, et les billets d'entrée sont à un prix accessible à tous.

Si le football est aujourd'hui le sport le plus populaire, le plus traditionnel est la lutte. A l'époque de l'empire du Mali, au XIe siècle, elle était réservée aux hommes de sang royal. Aujourd'hui, de nombreux villages possèdent une arène où des combats, dans lesquels toutes les prises sont permises, se déroulent rituellement le samedi ou le dimanche après-midi. Pendant que les lutteurs échangent coups de poing et de pied... ou morsures jusqu'à ce qu'un d'eux tombe à terre, les spectateurs — les femmes ne sont pas en reste — vocifèrent, applaudissent, hurlent ou sifflent à tout va. La plupart des hôtels et des agences de tourisme offrent l'occasion d'assister à ce spectacle.

Jeux de balle

Il est possible de pratiquer, au Sénégal et en Gambie, la plupart des sports, mais ce n'est pas toujours facile car les installations sont peu nombreuses. Dans la banlieue de Dakar, sur la route de Cambérène, il existe un golf de 18 trous et le club Méditerranée dispose, à Cap Skiring, d'un parcours compact de neuf trous. Deux autres terrains sont en projet. En Gambie, on peut jouer au Golf Club de Fajara, qui offre un terrain bien dessiné, avec des *browns* au lieu de greens.

Les amateurs de tennis sont mieux lotis, encore que la plupart des courts disponibles soient ceux des hôtels ou des ensembles touristiques. Il existe deux clubs à Dakar, le Tennis Club dakarois, au Marinas de l'hôtel de Ngor, et le cercle de l'Union. L'université, sur la corniche de Fann, possède quelques courts. A peu près tous les hôtels du bord de mer qui comptent plus de 20 chambres ont un court. En Gambie, le tennis se pratique au club des Cèdres, à Serekunda, et au Reform Club, en ville.

Les hôtels proposent un large éventail: voile, planche à voile ou de surf, water-polo, ski nautique, plongée, volley-ball, squash, golf, équitation et randonnées équestres, marche à pied, cricket, football, pêche, chasse, promenades en pirogue et safaris. Souvenez-vous que l'effort physique sous les tropiques est éprouvant. Il faut, par exemple, s'alimenter en sel, par absorption de pastilles, après la sudation. Il est recommandé de porter chapeau et lunettes fumées.

Sports nautiques

Les Gambiens et les Sénégalais naissent bons nageurs et il suffit, pour s'en convaincre, de regarder un moment les gamins qui, inlassablement, plongent du haut des rochers ou des jetées pour jouer dans les vagues. Les piscines des hôtels sont en principe réservées aux clients mais, dès lors que le pays dispose de plages s'étendant sur des dizaines de kilomètres, les familles ont coutume de passer la journée du dimanche au bord de l'eau, à leur endroit préféré. Sauf aux rares points où la plage est indiquée comme étant sûre, il importe de se méfier des courants et des vagues, même si l'on est bon nageur.

Pages précédentes: lutteurs en pleine action. A gauche, un lutteur se rafraîchit; à droite, gymnastique sur une plage du Sénégal.

LE RALLYE PARIS-DAKAR

Depuis plusieurs années, le jour de Noël, des centaines de concurrents provenant d'une douzaine de pays convergent vers Paris afin de participer à une compétition automobile dont les risques et les difficultés ont fait la célébrité. Le Paris-Dakar est une épreuve impitoyable de résistance et d'endurance pour les hommes et leurs engins, épreuve qui dure vingt et un jours sur un parcours de 10 200 km à travers huit pays.

Depuis qu'un petit groupe de Français épris d'aventure a ouvert la voie, en 1978, le rallye en est venu à attirer les plus grands pilotes. Les emblèmes de grandes sociétés décorent les 250 voitures, les 170 motos et les 70 camions de soutien logistique de la caravane. Pour Peugeot, qui entretient un vaste réseau commercial en Afrique, les places que ses voitures ont remportées ont contribué à établir la réputation de la marque.

Parmi les incidents qui ont émaillé l'histoire, encore brève, du rallye, on se souviendra de celui survenu à M. Mark Thatcher, fils malchanceux de l'ancien premier ministre britannique. En 1986, le fondateur de la course, M. Thierry Sabine, se tua dans un accident d'hélicoptère. En 1988, le nombre des accidents, entraînant la mort de huit personnes, amena le pape lui-même à critiquer les lacunes du service de sécurité.

La route s'élance d'abord, via Barcelone où la caravane embarque sur un bateau, jusqu'à Tunis, avant de s'enfoncer, plein sud, vers le Fezzan, en Libye, où le colonel Kadhafi offre le carburant et autorise exceptionnellement — alors que c'est interdit dans son pays — les participants de la course à consommer de l'alcool. De Ghadamès, à la frontière tuniso-libyenne, la piste court vers Sebha et Termit, au cœur du Sahara. De là, on gagne la ville-oasis d'Agadès, au Niger, après la traversée du massif de l'Aïr et une incursion dans le désert du Ténéré. Puis les engins descendent vers Niamey, Gao et Tombouctou, au Mali.

Après Tombouctou, la course s'échauffe et la caravane se dirige vers la capitale, Bamako. Il reste alors trois jours, et non des moindres, pour que les rescapés atteignent, par la basse Mauritanie et le Sénégal oriental, leur destination finale : Dakar. Environ la moitié des véhicules qui ont pris le départ y parviennent !

Champagne, lauriers et trophées attendent les vainqueurs de chaque catégorie et tous les participants reçoivent l'accolade des survivants du rallye le plus exténuant du monde.

A la pointe de l'anse Bernard, à Dakar, la piscine olympique de l'hôtel Savana surplombe la plage. Il en existe d'autres. En Gambie, les plages de Cape Saint Mary et de Barra Point sont belles et sûres, et l'hôtel Atlantic de Banjul dispose d'une piscine et d'une plage privée, ainsi que la plupart des hôtels sur la côte.

Les hôtels des grandes villes offrent généralement une gamme d'activités sportives, souvent centrées sur la piscine ou la plage. L'un des jeux favoris au Sénégal, mais inconnu en Gambie, est la pétanque, et le terrain de boules est omniprésent sur les lieux de vacances. Le volley-ball et le tennis de table ont leurs adeptes partout et quelques établissements ont même un terrain de squash.

Les sports nautiques se pratiquent à peu près partout: plongée, ski nautique, voile, surf, parachute ascensionnel. On peut louer les équipements à Dakar à l'Océan, au Lagon, au Marinas, au cercle de la Voile ou au club nautique de la plage de Hann. A Banjul, on peut s'adresser à l'hôtel Atlantic ou à un établissement du littoral. Saint-Louis et Dakar sont des escales pour les voiliers. Banjul s'apprête à devenir un port de relâche avec ses installations de Denton Bridge.

A gauche, Jacky Ickx au Paris-Dakar; ci-dessus, compétition de lutte au stade de Dakar.

La pêche sportive

Les eaux qui baignent le Sénégal et la Gambie sont parmi les plus poissonneuses du monde. La pêche sportive est l'une des distractions les plus courues et on peut louer des bateaux pour s'attaquer aux gros et aux «tout-gros», tels le marlin bleu, le barracuda, l'espadon-voilier, la bonite, le tarpon, la coryphène, le capitaine et le capitaine plexiglas, l'otolithe, la carpe rouge, le poisson sabre, la grande carangue et la guinée du Sénégal. Tous ces poissons se pêchent à la traîne.

La raie guitare, la raie papillon, le machoiron, le mérou bronzé (*tioff*) et la carpe blanche sont au contraire des poissons «à soutenir».

Dans le nord du Sénégal, les meilleures zones de pêche se situent, dans le nord, à l'ouest de la pointe des Almadies. Le plateau continental est large de cinq milles et l'on y trouve, à assez faible distance des côtes, thons, marlins et espadons. Au nord et au nord-est de cette pointe, la fameuse fosse de Kayar abrite des espèces de tout-gros intéressantes, comme le tassergal (*bluefish*). Au sud-est de Dakar, la Petite Côte, au plateau continental large (plus de 75 km au large de Joal), abrite de nombreuses espèces combattives dont les requins et les espadons voiliers. Dans le sud du pays, à proximité du parc du

Delta, dans le delta du Siné-Saloum, à l'endroit où se mêlent les eaux douces et salées. La lagune est immense et, par endroits, se transforme en véritable bras de mer. On y pêche, ainsi que le long des côtes, à bord de pirogues sénégalaises.

La chasse

Si la chasse est populaire au Sénégal, la Gambie n'offre que peu d'occasions de la pratiquer.

Dans le sud du Sénégal, le long de la frontière nord de la Gambie, les territoires de chasse sont gérés en exclusivité par Jet Tours. Ils sont constitués d'une savane sahélienne arbustive, entrecoupée de champs d'arachide ou de mil, propices à la prolifération du gibier, en particulier pour les francolins écailleux, les tourterelles, les gangas.

En Casamance, la zone de chasse de la Kayanga est située à 110 km au sud de Tambacounda. C'est une zone vierge, qui réserve de bonnes surprises aux amateurs de gibier sauvage. C'est une zone excellente pour tous les gibiers.

Le territoire de chasse de Kaolack convient particulièrement à ceux qui désirent combiner chasse et pêche, au campement tout proche de Keur Saloum.

Dans l'est du Sénégal enfin, la zone de Koussanar englobe 180000 ha de terres amodiées, où vivent de nombreux perdreaux, mais où prospèrent aussi des phacochères. Avant la location des terres, les Dakarois la considéraient comme la meilleure zone pour les francolins écailleux.

L'équitation

En Gambie, les chevaux sont rares. En revanche, au Sénégal, l'équitation est une discipline courante. A l'Hacienda, près de Dakar, existe une école, et les hôtels Palm-Beach, Saly et le club Aldiana, sur la Petite Côte, possèdent leurs propres écuries. A Mbour, le domaine de Nianing offre également des possibilités, de même qu'au ranch de Doli, dans la région de Djourbel. A Camp Retba, près du lac du même nom, à 40 km de Dakar, un centre équestre permet de longues randonnées à cheval dans les dunes du bord de mer.

Ci-contre, course de pirogues à Saint-Louis du Sénégal.

NICKE NDIAYE
EL HADJ MAMADOU KA

LA FAUNE

Les touristes ne devraient pas se décourager en sachant que la faune ouest-africaine est moins riche que celles d'Afrique de l'Est ou du Sud. Il existe plus de 20 parcs nationaux, réserves d'animaux, forêts classées ou autres zones protégées, un peu partout en Sénégambie. Le Sénégal, notamment, possède l'une des plus importantes réserves de faune d'Afrique, le parc national de Niokolo-Koba.

Plus de 450 espèces y ont été recensées et presque tous les grands animaux de la brousse, de la forêt primaire et des zones subsahariennes, se rencontrent dans les intéressantes réserves de l'Ouest.

La frontière méridionale du Sahara, qui traverse le nord et l'est de la région, forme le Sahel et l'extension progressive, à une vitesse inquiétante, de cette contrée semi-désertique a profondément perturbé la faune qui, autrefois, la peuplait. Voici quelques millénaires, l'écosystème différait fort de l'actuel. Le Sahara et les régions limitrophes abritaient à l'époque une flore et une faune abondantes.

Une grande partie de l'Afrique de l'Ouest était à l'image de ce qu'on peut voir habituellement de l'autre côté du continent, en Afrique de l'Est. Les éléphants, les buffles, les girafes, les lions et les troupeaux de gnous foisonnaient. On retrouve les preuves de cette présence sur les gravures rupestres préhistoriques qui ont été découvertes dans les massifs montagneux du désert (Hoggar, Aïr, etc.). Chassant en forêt et en savane afin d'assurer sa subsistance, l'homme de l'âge néolithique errait, au gré des migrations saisonnières, parmi toutes sortes de plantes, d'arbres, habités par toutes les variétés d'oiseaux et de bêtes sauvages. Mille ans de sécheresse ont ruiné la végétation et provoqué l'exode massif des espèces animales.

Puis le Sahel prit la forme que nous lui connaissons. De vastes espaces, autrefois riches d'une épaisse végétation, ont été noyés sous les sables poussés par les vents du Sahara. Le lit des rivières et quelques arpents de terre encore fertile subsistent, permettant à la faune de se reconstituer partiellement.

Pages précédentes: gazelle dans les hautes herbes. A gauche, une peau d'ocelot; à droite, lion du parc de Niokolo-Koba.

Les zones côtières et les estuaires abritent une variété complexe de plantes et d'animaux aquatiques qui grouillent dans les marais couverts de mangroves et, dans le nord, les oasis sont le domaine des palmiers et des dromadaires.

La mouche tsé-tsé a exterminé, par myriades, ces malheureux herbivores. Victimes d'un braconnage intensif, chassés par les changements climatiques, les vastes troupeaux de gnous ont disparu et, sauf en quelques rares endroits isolés, la faune africaine «classique» s'est évanouie. La fondation de nombreux parcs naturels et réserves a sauvé la faune de l'extinction.

Animaux des sables

Il n'est pas facile de fixer les limites des domaines respectifs des animaux. L'habitat normal des bêtes dites «du désert» a débordé sur celui des autres, plus tributaires de l'eau. Le voyageur a du mal à surprendre la faune des régions désertiques, à l'exception des vautours qui décrivent de grands cercles, haut dans le ciel, ou des nuages des vols d'oiseaux migrateurs.

Les étendues où poussent palmiers doums et palmiers constituent le royaume des gazelles, des hippotragues, des hyènes rayées ou tachetées, des chacals, des civettes et des servals. Le vautour barbu et la chauve-souris tournent au-dessus des têtes. Les dunes, mouvantes, offrent un abri à de multiples créatures venimeuses, comme la vipère à cornes, le serpent à sonnette et des scorpions.

A la frontière des étendues sablonneuses, dans les petites oasis, des animaux à demi domestiqués, tels que les dromadaires et les chèvres, croissent à l'ombre des palmiers, broutant une maigre végétation. Dans les monticules rocailleux, le porc-épic nocturne partage son antre avec l'étonnant daman (qui appartient à la famille de l'éléphant, alors qu'il n'atteint pas 45 cm!). Les autres familiers du désert sont le fennec, les chacals et les lézards.

Moins communs, dans cet environnement inhospitalier, sont le bubale, au long museau, l'ourébi, couleur de noisette, et le rare addax, avec ses longues cornes torsadées en forme de lyre, qui préfère les terrains rocheux les plus arides. Un autre habitant de ces contrées hostiles est l'oryctérope (ou cochon de terre), qui se nourrit de termites, ces insectes de la taille d'une fourmi qui bâtissent des termitières qu'on voit partout en brousse. Une termitière peut mesurer plus de quatre mètres de hauteur et abriter plusieurs millions d'insectes. Il faut être prudent lorsqu'on veut les examiner de plus près (ou grimper dessus!) car leurs anfractuosités sont le repaire de serpents, mambas ou pythons, qui n'aiment pas être dérangés. Les termites sont aussi le mets de prédilection de cet animal cuirassé d'écailles qu'on dirait sorti de la préhistoire : le pangolin fourmilier.

Pour voyager dans le Sahel et camper à la belle étoile, il faut prendre certaines précautions: secouer ses vêtements et ses chaussures avant de les enfiler; vérifier qu'il ne s'y est glissé ni scorpion, ni araignée, attirés par la chaleur du corps humain. Là où l'eau affleure, les libellules et les papillons grouillent, mais également les insupportables moustiques. Les lotions et crèmes anti-insectes sont indispensables et il importe de se rappeler que le sable et la poussière sont le royaume des fourmis et de toutes sortes d'insectes agressifs.

La savane

La savane, constituée surtout d'herbe à éléphant brunâtre, est le domaine d'une faune diverse. Phelsumes et lézards multicolores (les «margouillats») se dorent au soleil sur les rochers, guettés par l'œil infaillible des vautours palmistes au plumage noir et blanc.

Dès qu'il se trouve un point d'eau, le robuste dattier du Sénégal prolifère aux alentours, donnant abri à des multitudes d'oiseaux tels que le sénégali amaranthe, le cordon bleu, le toucan, le monseigneur et le tisserin dont les nids pendent au bout des basses branches. Un autre arbre, favori du tisserin, en particulier du tisserin alecto, est l'acacia qu'on rencontre partout dans la brousse. Se dressant comme des géants au-dessus d'une mer de pailles jaunes s'élancent les baobabs trapus et les immenses kapokiers. Là, on découvre les calaos, les veuves, les martinets et les coucous émeraude tapis sous les frondaisons.

Paradant au long des pistes, les serpentaires (ou secrétaires) chassent les écureuils, les gerboises, les petits reptiles alors que, sur chaque étendue d'herbe verte, les hérons garde-bœufs se disputent sauterelles et autres insectes que lèvent les lents déplacements des troupeaux de zébus au pâturage.

Les branches mortes des palmiers sont le perchoir habituel des pies-grièches ou des pics-verts dorés, plus rares. Les bulbuls, les pipits, les bergeronnettes et les gobe-mouches abondent dans la brousse, se mêlant aux pluvians d'Égypte, aux alouettes, aux pintades et aux troupes piaillantes des merles. Telle une sentinelle veillant sur son territoire d'herbe rase, le marabout aux airs sentencieux guette attentivement la malheureuse grenouille ou quelque petit reptile qu'il happera de son bec en fer de lance. Les taches de couleur, au sommet des arbres, trahissent la présence de perroquets gris ou de perruches à tête rose.

Le long de l'eau

Les embouchures des quatre fleuves du Sénégal et de Gambie, avec leur couverture de mangroves, leurs marais et leurs marigots, sont le paradis de toutes sortes d'animaux terrestres et d'oiseaux. Certains sont difficiles à repérer en raison de la végétation dense mais, là où la brousse s'arrête au bord de l'eau, les observateurs attentifs pourront apercevoir un phacochère. D'une hauteur au garrot de près de 1,50 m, pesant jusqu'à 100 kg, le phacochère est capable de causer de graves blessures d'un coup de défenses.

En retrait des rives, on peut tomber sur une biche ou un cobe onctueux. Pour cela, le meilleur endroit est une berge escarpée du cours d'eau, au moment où les bêtes viennent boire. Le grébifoulque du Sénégal est originaire de cette région.

A gauche, pélicans dans le parc du Djoudj ; ci-dessus, crocodile du Nil dans la Gambie.

Coiffée d'une curieuse crête, la huppe ou sa cousine, plus rare, la huppe verte, sont communes près des mares. L'ibis aux couleurs brillantes niche dans l'entrelacs des racines des palétuviers et on distingue parfois, en un éclair, le minuscule chevrotain, ce lointain parent du cerf, encore plus petit que la biche-cochon, qui fréquente également ces parages pour se désaltérer. Là, les francolins piètent sous le soleil, les échassiers fouillent la vase et, de temps à autre, un martinet jaillit d'une touffe de roseaux.

Dans l'intérieur des terres, lorsque les rivières serpentent en bolons, les méandres ont fini par constituer des îles. La plupart sont entièrement couvertes d'une végétation luxuriante et de hauts arbres. Elles sont généralement bordées d'une frange de mangroves et à peu près inaccessibles, mais les espaces dénudés des bancs de sable permettent parfois d'y faire accoster une pirogue. Une promenade en bateau au milieu de ces îles est une excellente occasion de découvrir les colonies de babouins, les familles de singes verts (ou vervets) au plastron blanc, les singes rouges (ou patas) au dos rouge et, plus rares, les colobes à queue touffue.

Les pintades, en troupes innombrables, s'envolent en piaillant des basses branches dès que quelqu'un s'approche. Souvent, un crocodile rêve sur un banc de vase; mais il devient rare près des embouchures. Il en existe trois espèces dans cette partie de l'Afrique de l'Ouest. Le plus commun est le crocodile du Nil, qui peut atteindre cinq mètres. Le crocodile nain et le gros-nez sont plus rares ou, du moins, plus difficiles à identifier.

On trouve aussi des hippopotames, encore qu'ils soient surtout familiers des mares et des rivières de haute Gambie et du parc de Niokolo-Koba. Les berges abritent tout un peuple de serpents et d'iguanes (varans et gueules-tapées). Ces lézards géants, qui peuvent atteindre 1,20 m, ainsi que les pythons, sont d'excellents nageurs et il n'est pas rare

de les voir traverser un cours d'eau. En s'éloignant de l'eau, la brousse se fait plus dense et on y trouve de petites antilopes.

Le guib et l'ourébi sont communs dans les galeries forestières. Dans ce même environnement, le phacochère abonde, encore qu'il se raréfie en raison de la chasse qui lui est livrée parce qu'il ravage les cultures. C'est aussi le royaume des babouins, dont on voit les hordes traverser les pistes, courant d'un couvert à l'autre.

L'avifaune des forêts comprend des aigles et des faucons. Les observateurs attentifs distingueront le busard, le milan, la buse, l'aigle pêcheur et l'autour. Plus près de l'eau, on remarquera des balbuzards ou des outardes.

Parcs et réserves

Le parc national de Niokolo-Koba, au Sénégal oriental, est le lieu d'Afrique le plus proche où l'on trouve les grands animaux du continent noir dans leur habitat naturel. Premier parc naturel du Sénégal, il rivalise avec les vastes réserves d'Afrique de l'Est.

Les lions du parc sont parmi les plus gros connus et le magnifique éland de Derby est la plus grande antilope du monde. Au cours de safaris dans le parc, on les aperçoit l'un et l'autre, de même que des buffles, des gazelles et des antilopes-cheval (cobes). Les panthères sont rares mais leurs proies de prédilection abondent: cobes de Buffon, hippotragues, bubales ou cobes onctueux. On y trouve aussi diverses familles de singes, des hippopotames, des crocodiles et des phacochères. Plus de 300 espèces d'oiseaux y vivent, de même que 70 espèces d'animaux terrestres et au moins 60 espèces de poissons.

Le Sénégal compte six autres parcs nationaux, y compris la réserve du lac de Guiers, renommée par les nombreux échassiers, canards, râles et bergeronnettes qui y ont élu domicile. Celui du Djoudj est célèbre par ses flamants roses, ses pélicans, ses grues couronnées et ses cigognes. Le parc de la langue de Barbarie est remarquable pour deux raisons: les milliers d'oiseaux migrateurs qui y font halte en hiver et les plages où les tortues de mer viennent pondre. Le parc du delta du Sine-Saloum est, quant à lui, connu pour les oiseaux migrateurs qui y hivernent et les oiseaux de mer qui envahissent l'estuaire.

Le parc national de la basse Casamance attire par la variété de sa faune, du rarissime éland de Derby, du cobe de Buffon aux innombrables singes; il y a été construit une douzaine de miradors. Le parc des îles de la Madeleine protège une colonie d'oiseaux marins en voie d'extinction.

En Gambie, la seule réserve naturelle ouverte aux visiteurs est celle d'Abuko (les autres sont surveillées par des gardes), mais des régions forestières ont fait l'objet d'un classement: la forêt de Bijilo, sur la côte, et cinq autres, encloses, en haute Gambie: Salaji, Nyambai, Kabafita, Furuya et la plus vaste, Kiang Ouest. L'Unesco a classé les parcs du Djoudj et de Niokolo-Koba dans le patrimoine mondial.

A gauche, chimpanzés réintroduits en Gambie; à droite, des baobabs.

LE BAOBAB

Loin d'atteindre la taille du kapokier, géant qui peut dépasser 60 m, le baobab s'élève rarement au-dessus de 20 m. En revanche, son tronc dépasse souvent 9 m de diamètre. Ses branches anguleuses ressemblent à des racines, ce qui a donné naissance à des légendes qui racontent qu'un jour le diable a déraciné l'arbre pour le replanter la tête en bas.

En raison de ses capacités à retenir l'eau dans les fibres de son bois, il possède, aux yeux des habitants du Sahel, des vertus magiques. C'est aussi en raison de la consistance pulpeuse de son fruit que les Africains le surnomment «l'arbre à pain de singes». Il est peu de villages qui ne soient groupés autour d'un vénérable baobab et l'on pense que certains dépassent mille ans. Les superstitions les entourent car les baobabs, en prenant de l'âge, ne grandissent plus mais au contraire se ratatinent, à la différence de tous les autres arbres!

Le baobab est une manne et on tire parti de tout. Ses grandes fleurs blanches au parfum subtil servent de décoration pour les fêtes. Ses feuilles se consomment crues ou cuites. Quand elles sont réduites en poudre, on les emploie, sous le nom d'*alo*, dans la pharmacopée traditionnelle pour soigner les rhumatismes et les inflammations. Son fruit, au goût sur, se consomme sous forme de sorbet ou de boisson fraîche. La pulpe est connue comme remède contre diverses affections, notamment les troubles circulatoires, et la coque du fruit, une fois séchée, tient lieu d'article de vaisselle. Dans cette région où sévit le paludisme, l'écorce est réputée avoir des propriétés identiques à celles de la quinine et les graines, riches en phosphate, entrent dans la fabrication de savons et d'engrais.

On fabrique aussi, à partir de l'écorce, des instruments de musique comme du papier d'emballage et les fibres peuvent se tresser pour confectionner des cordages ou même du fil à tisser.

Les nomades se réfugient souvent, lors des intempéries, à l'abri d'un tronc creux. Après sa mort, il fournit du bois à brûler ou des planches pour la confection de pirogues ou de radeaux de pêche car son bois est très léger. On le surnomme, à certains endroits, «l'arbre-bouchon».

Mais son usage le plus noble est, lorsqu'il est assez grand, assez vieux et assez creux, de devenir un tombeau. Dans certaines communautés, les membres de la caste des griots ne peuvent être ensevelis ailleurs qu'au creux d'un tronc qui devient ainsi un mausolée.

Océan Atlantique
Rosso
Sénégal
Podor
Dagana
Richard Toll
PARC NATIONAL
DES OISEAUX
DE DJOUDJ
Ross
Béthio
Lac de
Guiers
RÉGION
DU
St Louis
PARC NATIONAL
DE LA LANGUE
DE BARBARIE
Rao
Vallée du Ferlo
Louga
Tata d'Albouri
Ndiaye
RÉGION D
Lompoul
Dara
Linguère
Kébémer
Darou
Marnane
Darou
Ndiaye
SÉNÉGAL
Mékhé
Darou
Mousti
Velingara
RÉGION
Tivaouane
Dagoudane
Pikine
Malika
Thiès
Touba
M'Backé
Cap Vert
DE
Bambey
Dakar
Yoff
Rufisque
Cap Manuel
Kolobane
Djourbel
Bargny
Mbar
Fissel
Nguékokh
THIÈS
Gossas
Ribo Escale
Mbour
Fatick
RÉGION DU SINE SALOUM
Nianing
Guinguinéo
Kaolack
Joal-Fadiouth
Birkelane
Megalithic site
Kahone
Foundiougne
Kaffrine
Ndangane
Saloum
Koungheul
Ndofane
Koumpento
PARC NATIONAL
DU DELTA
DU SALOUM
Diombos
Sokone
Nioro du Rip
Kuntaur
Koutango
Médina-
Sabak
Gambia
Georgetov
Barra
Kerewan
Banjul
Mansa Konko
Cape St Mary
GAMBIE
Bintang-Bôlong
Gambia
Brikama
Jattaba
Séléti
Tambakounda
Sillakounda
Sindian
RÉGION DE LA CASAMANCE
Kolda
Bignona
Soungrougrou
Sédhiou
Casamance
Ziguinchor
Diattakounda
Cap Skirring
S. Domingos
GUINÉE BISSAU
Cap Roxo
Rio Cacheu
PARC NATIONAL DE
BASSE-CASAMANCE
Cacheu
Bissora
Baixos do Sul

Le Sénégal et la Gambie
80 km
MAURITANIE
MALI
SÉNÉGAL
GUINÉE
RÉGION DU SÉNÉGAL ORIENTAL
PARC NATIONAL DU NIOKOLO KOBA
LEUVE
OUGA FERLO
Bogué
Kaédi
Ngoni
Mbout
Guirvas
Matam
Maghama
Fourdou
Ranérou
Sélibabi
Mboune
Bakel
Sénégal
Kayes
Nayé
Loumbi
Goudiri
Kolomba
Koussanar
Tambacounda
Gouloumbou
Missira
Gambia
Dialakoto
Basse Santa Su
Médina Gounas
Vélingara
Kounkané
Koulountou
311
Assirik
414
Goléakouto
Saraya
Rio Geba
Salémata
Youkounkoun
Kédougou
Koundara
Fongolembi
Kandika
Gabú
Koliba (Tominé)

ITINÉRAIRES EN GAMBIE

La première impression que donne la Gambie est celle d'un pays pittoresque sans doute, mais un peu archaïque. Qu'on descende d'avion au petit aérodrome de Yundum, avec ses banquettes de ciment disposées en plein air pour retirer les bagages, ou que, venant du Sénégal, on débarque du bac qui a traversé le fleuve, tout paraît vieillot, étriqué, et cependant attendrissant. On n'y voit guère de signes de profonde misère, mais pas de marques de grande opulence non plus. Les gens sont d'un abord aimable; ils ont l'air paisible, en tout cas si on les compare aux habitants de Dakar, qui présentent l'apparence du citadin pressé.

En particulier, si vous arrivez du Sénégal, vous serez frappé par les traces de l'héritage que le colon britannique a laissées. L'uniforme bleu marine des agents de police, les placards publicitaires pour les cigarettes blondes si typiquement britanniques, les pare-soleil des vendeurs de rues, le bistrot Fish & Chips Express de Banjul, avec sa devanture de panneaux de bois couverts de bougainvillées, tout cela rappelle constamment d'où vient le mode de vie du pays. Sous cette apparence, ce vernis si *british*, les racines de la culture africaine subsistent. Les mosquées, les marchés, un certain rythme de vie tranquille en général, sont les mêmes que de l'autre côté de la frontière.

Encore que les touristes n'y fassent généralement que de brefs séjours, c'est dans cette petite capitale sans grâce que les traces de la colonisation sont le mieux visibles. Le champ de foire au gazon pelé du centre de la ville reste le théâtre habituel des parties de cricket dominicales. Si vous déjeunez à la Braustube, près du palais de justice, vous pourrez fort bien avoir pour voisin de table un avocat gambien portant simarre noire et perruque de filasse, qu'on dirait sorti tout droit de la cour de justice d'Old Bailey à Londres.

A vingt minutes de voiture, sur la côte atlantique, les ensembles hôteliers composent un tout autre monde, plus cosmopolite, avec leurs piscines, leurs installations de sports nautiques, leurs boîtes de nuit. Chacun d'eux possède sa personnalité, ses caractères propres.

Selon la nationalité de la clientèle, chaque établissement façonne son style. Les Allemands et les Scandinaves ont été, avec les Anglais, les premiers à découvrir la Gambie touristique. Les Français viennent, de plus en plus nombreux, y faire une escale au cours de leur périple à travers le Sénégal. Que vous recherchiez la solitude ou la compagnie, vous trouverez l'endroit qui vous convient sur les longues plages de sable blond avec les vagues de l'Atlantique qui s'y brisent en rouleaux frangés d'écume blanche.

Et puis... il y a le fleuve, ce long fleuve tranquille dont les méandres ont modelé la forme du pays. Une randonnée en voiture tout-terrain ou en pirogue vous vaudront des aperçus sur la faune et la vie quotidienne des villages de brousse. Pour petite qu'elle soit, la Gambie offre des trésors.

Pages précédentes: on met le linge à sécher, sur l'île de Gorée; course de pirogues sous le pont Faidherbe, à Saint Louis; costumes d'initiation bassaris. Ci-contre, la Gambie, fleuve qui a modelé le pays.

BANJUL

Banjul, encore dénommée Bathurst sur les panneaux indicateurs des pistes de haute Gambie, est la capitale. On en évalue la population entre 44 000 et 60 000 habitants. Comme la ville est bâtie sur l'**île Saint Mary**, encerclée par l'océan Atlantique, l'estuaire du fleuve, **Oyster Creek** et un dédale de marigots couverts de mangroves, on voit mal comment elle pourrait s'étendre !

C'est pourquoi un grand nombre de Gambiens aisés et de résidents étrangers ont cherché à se fixer sur la terre ferme, où l'espace n'est pas chichement mesuré, notamment autour de **Bakau**, de **Fajara**, de **Kotu Beach** ou de **Kololi**. Les moins aisés et les immigrés des pays voisins ont, pour leur part, choisi de s'installer aux alentours de **Serekunda**. Si bien que les « banlieusards » sont aujourd'hui plus nombreux que les citadins proprement dits. On estime, par exemple, la population de Serekunda à 80 000 habitants.

A gauche, en Gambie, les parasols poussent sur les arbres ! Ci-dessous, pause déjeuner au marché de Banjul.

Banjul est le siège du gouvernement, la capitale de la banque et du commerce. Aux yeux mal dessillés d'un observateur non averti ou d'un étranger fraîchement débarqué de son avion, la ville paraît minable, poussiéreuse, avec ses rues criblées de nids-de-poules. En même temps, elle donne une réelle impression de douceur de vivre. Partout la foule se presse, mais sans précipitation. Les gens vont, viennent, font du commerce, règlent leurs petites affaires, se promènent. L'artisan le plus sédentaire, attablé devant sa machine à coudre sous l'auvent d'une boutique de tissus, ou le marchand ambulant derrière son étalage posé à même le trottoir, auront déménagé vingt minutes après que vous les aurez aperçus afin d'essayer de trouver d'autres clients… un peu plus loin.

Le brassage des races est aussi prononcé en ville que dans le reste du pays : Akous, Peuls, Diolas, Mandingues, Saracolés, Sérères et Ouolofs se croisent dans cette cohue bon enfant. Certains sont immédiatement reconnaissables à leur stature, à leur vêtement, aux cicatrices rituelles qui ornent leur visage, d'autres sont moins faciles à distinguer. Et il s'y mêle les Maures, les Libanais, les Yorubas, les Guinéens, les Maliens… et les Européens.

Le charme de Banjul opère, malgré sa poussière et les carences de l'entretien. Les rues ont besoin d'être refaites, mais le ralentissement de la circulation qui en résulte, même aux rares endroits sans piétons, donne le temps de regarder au-delà des peintures défraîchies, des murs croulants et des fenêtres arrachées à leurs gonds. Une chaude lumière éclaire les petites cours intérieures des maisons, les arches des escaliers, les treillis aux murs, les vérandas, les arbres en fleurs, les colonnettes des auvents, les vêtements hauts en couleur, les coiffures extravagantes des femmes, surtout dans les ruelles reculées de la basse ville.

L'attrait de Banjul se situe sur un plan intimiste. La vraie richesse de la Gambie est son peuple, la douceur de vivre de ces gens qui vaquent paisiblement à leurs occupations, leur nature qui supporte en souriant, heureuse, les petites misères du quotidien et surtout la chaleur de leur accueil.

L'architecture coloniale

State House, palais de la présidence de la République, et le bâtiment annexe, qui abrite les services gouvernementaux, sont visibles de l'autre côté des ombrages qui bordent la pelouse râpée de **MacCarthy Square**, cœur de Banjul, avec ses grilles de fer forgé, son minuscule kiosque à musique, son terrain de cricket... et les éventaires des marchands à la sauvette, sans cesse pourchassés par la police, mais de retour dès que l'alerte est passée !

La petite **église anglicane**, dans Independance Drive, près de MacCarthy Square, est émouvante dans sa modestie. Tout près d'elle, le **National Museum**, également petit mais fort bien entretenu, expose de nombreux objets dont l'intérêt, du point de vue ethnologique, archéologique et historique, est indiscutable. La **cathédrale catholique**, au carrefour de Picton Street et de Hagan Street, est bien plus imposante et opulente que son homologue anglicane et son architecture intérieure vaut une visite pour en admirer les plafonds et les vitraux. La nouvelle **grande mosquée**, sur Box Bar Road, résolument moderne, brille de toute sa splendeur.

Les villas et maisons à étage qui subsistent expriment le style créole. Elles sont le pendant des constructions victoriennes ou géorgiennes qu'on trouve à Freetown, en Sierra Leone, avec leurs balcons ouvragés, leurs persiennes et les lucarnes percées dans les toits à forte pente. Souvent sur pilotis, couvertes d'une tôle ondulée qui se désagrège, avec leur étage en bois, on devrait plutôt les appeler les maisons de style kréo ou akou. Si l'on fait abstraction de leur façade décrépite et de leur peinture écaillée, elles sont pleines d'un charme désuet.

Banjul est une ville basse, sans relief. On n'y trouve guère de ces villas luxueuses ou de ces gratte-ciel dont Dakar s'enorgueillit. Même la pyramide à arcs-boutants de l'agence locale de la **Banque internationale pour le commerce et l'industrie** (B.I.C.I.), dans Wellington Street, se blottit si près de ses

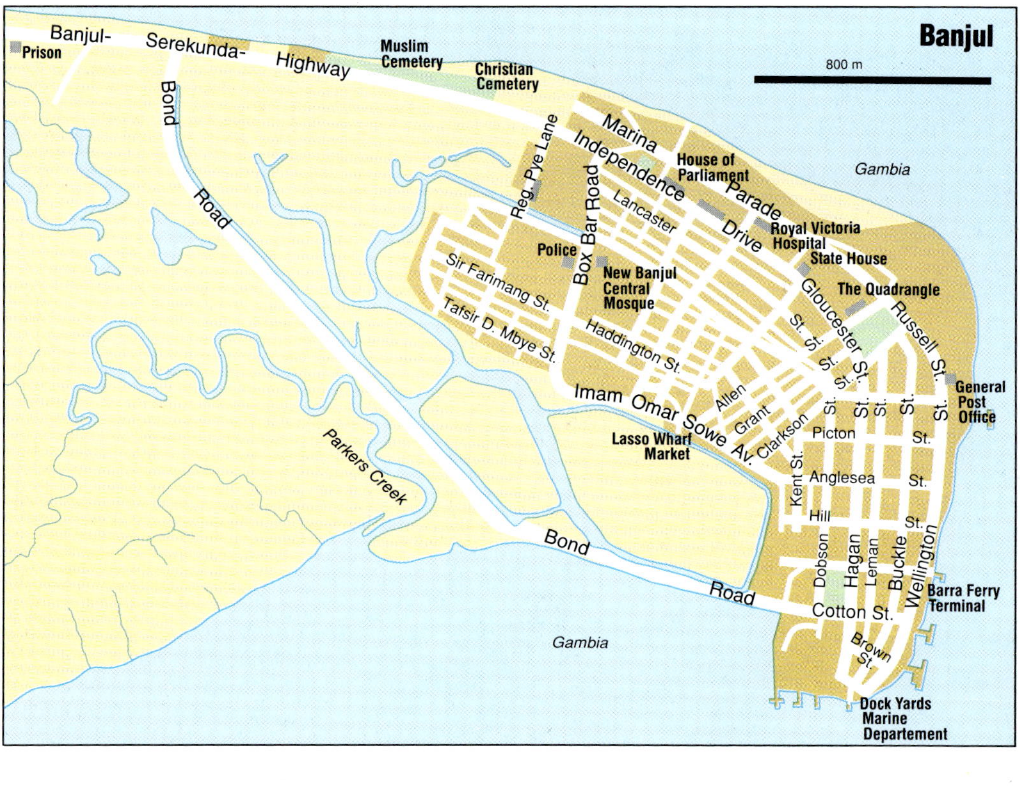

voisins qu'on ne la remarque guère, contrairement à ses sœurs sénégalaises de Ziguinchor ou de Kaolack.

Le cœur de l'activité commerçante se situe derrière la nouvelle façade, édifiée par les Chinois dans Russell Street, de l'**Albert Market**. Ce marché haut en couleur a été ravagé par un incendie en 1987 et son nouveau fronton évoque les amoncellements de produits locaux ou d'importation qui s'entassent à l'intérieur, dans le labyrinthe de ses allées. Friperie, perles de verroterie, noix de cola, tresses artificielles destinées à enjoliver les coiffures, édulcorants pour la peau (*khessal*), thé, fruits, légumes et innombrables autres denrées s'offrent à profusion. Ce marché existe depuis le milieu du XIXe siècle et il faudra plus qu'un incendie pour le faire disparaître.

Les échoppes de tissus libanaises, dans **Russell Street**, **Cameron Street** ou **Wellington Street**, regorgent de coupes, de rouleaux, de fins de séries de toutes longueurs et de tous coloris, dont les Africains savent astucieusement tirer parti. Mais il faut chercher pour trouver les métrages qui conviennent aux vêtements européens. Des étoffes légères sont disponibles à des prix défiant toute concurrence. Des tailleurs, installés sur les trottoirs à l'ombre des auvents, réaliseront, en un temps record et avec soin, la tenue de votre choix, au tiers des prix qui se pratiquent en Europe. Il faut toutefois longuement marchander !

Les vendeurs d'étoffes et de vêtements gambiens proposent surtout des vêtements en batik, des chemises peintes à la main (« *En Gambie, pas de problème* » est une des devises favorites) ainsi que des chapeaux de brousse dont seuls les Européens se coiffent. La Bibliothèque nationale fait porter à son personnel un uniforme rouge et blanc du plus bel effet et l'on rencontre parfois des Africains ou des Noirs américains vêtus de boubous de batik.

Les bistrots

La **Braustube**, dans Leman Street, brasserie mi-allemande mi-libanaise, possède un bar et un restaurant climatisés et une

La résidence du président de la République.

terrasse. Aux murs, les caricatures pyrogravées, passablement grotesques, d'un dénommé Tonton dont d'autres œuvres, de la même veine, forment le décor de la salle à manger du restaurant **le Relais** à Mbour, au Sénégal.

L'**African Heritage**, au premier étage de l'immeuble à arcades juste après le supermarché de la C.F.A.O., fait preuve de plus de recherche. Il dispose d'une vaste véranda sur pilotis, au premier étage, qui s'ouvre d'un côté sur les boutiques et la cohue de Wellington Street. Plusieurs tables y sont installées, ainsi que dans les salles, hautes de plafond et plus fraîches, à l'intérieur, dont l'ornement principal est une magnifique table de réfectoire venue, par on ne sait quel cheminement, du lointain Kenya. L'établissement est tenu par un couple afro-danois qui, outre repas et boissons, propose des produits de l'artisanat local. Vêtements, bijoux, gravures et dessins exposés sont des pièces originales, ce qui explique leur prix. Cette exposition est ainsi à la fois permanente et facile d'accès. Si la saison s'y prête, on aperçoit les marsouins qui jouent dans les eaux de l'estuaire. A tout moment passent le bac de Barra, les pirogues des pêcheurs ou les cargos qui font escale en Gambie.

L'**hôtel Atlantic**, sur Marina Parade, propose trois restaurants. On atteint cet établissement, le plus grand et le plus luxueux de la ville, après avoir dépassé l'immeuble des Nations Unies, la Présidence derrière ses grilles et ses gardes, l'hôpital Victoria et quelques villas de style colonial, avec leur façade de bois, leurs pilotis destinés à assurer la ventilation, charmantes malgré leur grand âge et leurs jardins à l'abandon. En revanche, les jardins et les bâtiments de l'hôtel sont parfaitement tenus. A droite du hall, la British Airways a ouvert une agence et, un peu plus loin, les vastes salons **Tesito** accueillent parfois des expositions d'art local ou les œuvres d'artistes de passage.

Pour sortir des sentiers battus, dans les deux *chawarmas houses* libanaises de Cameron Street, les sandwiches, faits de pain sans levain garnis de viande épicée, sont offerts à bas prix. Toujours dans la

Une habitation familiale à Banjul.

couleur locale, il existe à chaque coin de rue, surtout autour de l'**Albert Market**, des *tangama* (restaurants à grillades) où prendre, pour presque rien, un *benachim* ou un *domoda* au fumet puissant.

Ceux qui séjournent quelque temps, comme nombre de résidents, peuvent faire appel à ce qu'on nomme un *bowling*. Une cuisinière, généralement gambienne, se charge de fournir, moyennant un prix soigneusement débattu, des repas complets. C'est ainsi qu'un commerçant libanais transforme, pour un soir, sa boutique en salle à manger et réunit, pour moins de dix francs par tête, ses amis autour d'un énorme riz au curry, terriblement épicé, précédé d'arachides grillées à l'apéritif, mais surtout accompagné, tout au long de la soirée, des potins du jour...

Les marais magiques

Une curiosité à ne pas manquer, lors d'un séjour à Banjul, est la promenade dans les vastes marécages qui s'étendent de part et d'autre de **Bond Road**, à la sortie de la ville. On découvre, par les sentiers percés dans l'enchevêtrement des mangroves, des trésors inattendus, à marée haute ou basse. Au hasard d'un méandre, on tombe sur une vieille coque mélancolique achevant de pourrir parmi les nénuphars, un arbuste qui se dresse, de façon incongrue, hors de la cale béante d'une épave, des échassiers, des pélicans, des hérons blancs ou cendrés, toutes sortes de mouettes qui paraissent jaillir de l'eau étincelante sous le soleil ou de la vase noire et brillante.

Le meilleur moyen de connaître Banjul est de se promener au gré des ruelles, au-delà de **Lasso Wharf** ou de **Box Bar Road**. Il faut savourer les perspectives noyées de soleil et surprendre les détails charmants ou bizarres qui apparaissent malgré la poussière. Banjul est une petite ville, mais, à l'image de la mercerie de Mme Blain, près d'**Albion Street**, elle recèle mille surprises. Choisissez un chauffeur de taxi peu pressé; il faut une lente approche afin de saisir toutes les nuances, et Banjul mérite qu'on fournisse cet effort.

Ci-dessous à gauche, fauteuil artisanal; à droite, le débarcadère du bac de Barra.

LE LITTORAL

Le littoral de la Gambie déroule ses plages de sable immaculé, bordées d'une frange de cocotiers dont les palmes se penchent sur une eau d'un bleu intense. Les rouleaux qui se brisent sur les grèves attirent le baigneur mais il faut faire preuve de prudence car un brusque à-pic et de puissants courants rendent la baignade assez dangereuse. Ces périls étaient déjà connus des premiers colons et les faisaient demeurer sagement à terre, à l'écart de ces lames dont la puissance aurait réduit leurs embarcations à l'état d'épaves. Aujourd'hui encore, seuls les pêcheurs indigènes savent franchir cette redoutable barre.

Le courant chaud de Guinée balaie la côte et les alizés du nord-est rafraîchissent la végétation tropicale qui croît tout au long des quelque 65 km des plages les plus occidentales d'Afrique. Poussés par un vent portant, les premiers navigateurs avaient recherché les embouchures des rivières et les lagunes pour s'abriter des tornades de l'hivernage (saison des pluies d'été). Voyant s'ouvrir devant eux un estuaire large de cinq kilomètres, il n'est guère étonnant que ces aventuriers aient choisi la Gambie comme port de reste et aient implanté leurs comptoirs sur les berges d'une des plus importantes voies de pénétration en Afrique de l'Ouest.

Sur la rive gauche du fleuve, la côte, au-delà de Banjul, s'allonge sur huit kilomètres vers l'ouest avant de s'incurver vers **Cape Point**, au sud. Des plages de sable argenté s'étendent à perte de vue, souvent bordées de palmiers ou fermant une lagune couverte de mangroves, ponctuées de-ci, de-là, par un village de pêcheurs, par le déversoir d'un marigot ou d'un ruisseau. Lorsqu'on se promène sur ces grèves désertes, la vie se manifeste seulement quand une flottille de pirogues revient à terre, chargée du produit de sa pêche, ou qu'un berger conduit un troupeau de zébus qui viennent lécher le sel séché sur les rochers.

Une randonnée vers le sud le long de ces plages, en sortant des faubourgs de la capitale, offre de belles perspectives.

Pages précédentes : pilote de bac sur la Gambie. A gauche, vendeur de cacahuètes; à droite, une plage de Gambie.

Bakau

Après les marécages salés (*tans*) qui encerclent Banjul, au-delà de **Denton Bridge**, qui enjambe **Oyster Creek**, le secteur de **Bakau** forme une zone étendue, relativement construite, en retrait de plusieurs plages enserrées au pied de falaises. Bakau, qui signifie « grand lieu », comporte de nombreux ensembles résidentiels, un supermarché, le centre des télécommunications de Gamtel et plusieurs petits marchés typiquement africains le long d'**Atlantic Boulevard**. Sur la bande de terre, entre cet axe routier et la mer, s'élèvent des hôtels, des villas luxueuses qui dominent des plages le long desquelles on peut pêcher.

A Bakau se trouvent également les **ambassades du Royaume-Uni** et **des États-Unis**, l'ensemble immobilier de **New Town**, le stade omnisport construit par les Chinois et les bureaux de l'agence de voyages **West African Tours**.

Le long de cette avenue, des restaurants sont répartis entre les six grands hôtels qui ont été édifiés : le **Cham's**

African et l'**International Fare** de l'hôtel Romana, le **Chinese Rice Bowl**, le **Marie's Pub** et le charmant **Sambou's Bar & Restaurant**, dans un jardin fleuri.

Un peu plus loin, sur Cape Point, entre le restaurant **Cape Saint Mary** et la résidence du haut commissaire britannique ont été édifiés des pavillons tout blancs, aux noms évocateurs d'Hibiscus ou de Jacaranda, non loin de l'**hôtel Cape Point** et de l'**hôtel Sunwing**. Plus au sud, en bordure de la route de Bakau, la minuscule **église Saint Peter** domine la plage du village de pêcheurs. Après avoir dépassé le marché et l'**hôtel Romana**, on peut voir sur la gauche les bungalows à toits de chaume de l'**African Village** et du **Tropic Gardens**. Juste à côté, dominant la falaise de Bakau, se dresse l'**Atlantic Guest House**.

Faites une promenade le long d'Atlantic Boulevard; dépassez les échoppes où l'on vend les tissus de batik, les groupes des femmes qui proposent des cacahuètes grillées, les gamins vendeurs de noix de cola, les étals où sont exposés les masques africains sculptés, louez une bicyclette pour visiter la ville et jeter un coup d'œil sur l'étang aux crocodiles sacrés de **Katchikali**, au cœur de la ville indigène.

Après Bakau, la baie s'oriente vers **Fajara**, où est située la résidence du président sir Daouda Jawara, ainsi que le célèbre **hôtel Fajara**, dont dépend le club de golf. Presqu'en face se trouvent le restaurant **Two Jays** et le **Fajara Club**.

Selon l'humeur, vous trouverez ce club, dont il est possible d'être membre à titre temporaire, soit aussi charmant que banal, soit aussi banal que déprimant! Le bar et le hall sont décorés de trophées sportifs et de photographies d'avions et d'équipages de la Royal Air Force qui ont fait escale en Gambie. L'ambiance tient à la fois du club colonial de l'ancien temps et de la salle des fêtes de village. Il est bon de se rappeler qu'il existe, lorsqu'on est lassé de l'atmosphère anonyme et impersonnelle des bars des hôtels internationaux.

En bordure de la piste de latérite qui prolonge l'Atlantic Boulevard, il existe deux bistrots de plage à proximité de

l'**hôtel Bungalow Beach**, vaste complexe de bâtiments modernes à étages. La boutique touristique bien fournie constitue un réel attrait. Sa visite est d'ailleurs proposée dans la plupart des excursions organisées dans ce quartier.

Le grand **hôtel Kombo Beach** fait partie de la chaîne Novotel et, derrière **Kotu Beach** se trouvent l'**hôtel Bakau** et son restaurant renommé, tout près des locaux de la police chargée du tourisme. Enfin, il ne faut pas manquer de rendre visite au charmant **hôtel Francisco**, dont le jardin tropical entoure un confortable bar restaurant.

Entre Kotu Beach et **Kotu Point**, où l'édification d'ensemble hôteliers est en coues, coule le **Kotu Stream**, marigot à la saison sèche, torrent en hivernage. Près de **Kotu Point** s'ouvre, selon un calendrier fantaisiste, un **casino** et, à proximité, des baraquements cachés dans les dunes proposent des tissus de batik, des sculptures artisanales et des imitations de montres Cartier.

Une longue route, entre brousse et pâturages, conduit au plus grand et au plus prestigieux hôtel du pays, le **Senegambia**. Une construction aux lignes futuristes entoure la piscine et l'esplanade qui dessert les bungalows ravissants, noyés dans un jardin tropical luxuriant, et une petite plage privée.

Très différent du bar du Senegambia, le **Dolphin Restaurant & Bar**, merveilleusement décoré et situé de l'autre côté de la route, sert à sa clientèle une cuisine authentiquement africaine, mais les propriétaires anglais vous offriront aussi bien un vrai *breakfast* ou une cuisine purement occidentale. Dans le même quartier, il existe un petit marché artisanal, un restaurant africain typique et le célèbre **bar Uncle Dembo's**. Le long de **Senegambia Beach**, on trouve plusieurs bistrots, tels que le **Chat'n'Take** ou le **Rose**, où l'on déguste, du moins dans ces deux-ci, d'excellentes langoustes.

Mer et rivages

Il est possible de louer des vélomoteurs, des bicyclettes ou des scooters des sables, à l'heure ou à la journée, ce qui

permet d'explorer, plus loin sur la plage, au-delà du lotissement de **Kololi Beach**, la **forêt de Bijilo Beach** où, la chance aidant, on peut voir des singes et des calaos bicornes. La région de Bijilo abrite non seulement des myriades d'oiseaux de forêt, mais aussi toutes sortes de mouettes et d'échassiers.

Après avoir fait le tour de la longue bande sablonneuse de Bijilo et de sa plage, on atteint **Bald Cape**, qui fait face aux **îles Bijilo**. De ce promontoire, admirez la langue de sable corallien, avec les pirogues des pêcheurs de Brufut, les cases aux toits de palmes, et la ligne verte des cocotiers qui se découpe sur le bleu de la mer, le bleu du ciel et la barre blanche, presque indiscernable dans le lointain, des brisants au large de la plage en pente douce. Un peu plus au sud, on parvient à **Salitor Point**, d'où l'on a une très belle vue sur la lagune et la grève. Il y existe un campement où pique-niquer et acheter quelques boissons.

Les pique-niques, au bord de la mer ou en brousse, sont prisés et la plupart des hôtels et des agences de voyages en proposent. Pour une excursion d'une journée, la formule *bush & beach* comprend en général une longue randonnée, pendant la matinée, à travers brousse et savane, avec des arrêts aux campements des Mandiagos qui récoltent le vin de palme, suivie, sur le coup de midi, d'une halte au bord de la mer. Souvent, le guide, qui n'est pas astreint à un horaire rigide, choisit une plage proche d'un village de pêcheurs. Cela donne l'occasion d'assister au retour des pirogues, ployant sous leurs prises (avec souvent des requins... et des tortues) qu'on hale sur le sable. Les boissons et le repas ont été chargés dans les véhicules, avec un barbecue, et le groupe peut ainsi goûter un poisson tout frais pêché ou même une langouste grillée au feu de bois. Après une visite du village et des fumeries de poisson, on s'en retourne avant la nuit.

Un pêcheur de requins...

Les villages de pêcheurs

La vie dans les villages, le long de la côte, est tournée vers la mer. Chaque village possède sa plage et ses pirogues taillées aussi bien pour la course que pour la pêche.

Ce ne sont pas seulement les pirogues aux flancs bariolés, hissées sur le sable blanc, à l'ombre des palmiers, qui offrent une vision enchanteresse; ce sont aussi les prises qu'il faut admirer. Brillants de leurs derniers feux dans le soleil qui décline, le labre, le poisson volant, le perroquet, le mérou, le silure, le mulet, le maquereau ou la brème frétillent en éclairs d'argent lorsque les pêcheurs les déversent des pirogues. C'est le moment d'acheter ce qu'on mettra au barbecue ou de suivre une femme de pêcheur jusqu'à sa fumerie-sècherie pour y faire emplette de filets de dorade ou de thon rouge.

Une route longe la côte sur une assez longue distance avant de s'infléchir vers l'intérieur et de traverser les villages de Ghanatown, Brufut, Tanje, Tujereng, Sanyang, Gunjur et Kartong. **Gunjur**, à 50 km au sud de Banjul, est le village de pêcheurs le plus important de Gambie. Au XIXe siècle, c'était une ville sainte, où vivaient plusieurs marabouts vénérés et, aujourd'hui encore, la petite mosquée au sommet de la colline rassemble les fidèles venus parfois de très loin. Le grand arc de cercle sablonneux et l'accès facile à la haute mer y ont attiré les pêcheurs du Sénégal ou d'autres villages tels que Brufut et Ghanatown.

A l'origine, les pêcheurs avaient construit des cases à l'ombre des concessions des marabouts, mais grâce à des subventions, ces artisans se sont installés de façon durable et ont aménagé un vrai centre d'activités commerciales. Les cases en *banco* à toit de paille ont été remplacées par des maisons en dur, avec des boutiques et des écoles. Les marabouts accueillent les pèlerins, mais les lieux sont encombrés par les fumoirs à poisson et par les alignements hauts en couleur des pirogues tirées au sec.

La modernisation de Gunjur a effacé ce qui fait le charme habituel des villages de pêcheurs, le long de la côte. Les moteurs hors-bord ont fait disparaître voiles et pagaies. De même, camions et camionnettes ont pris la place des longues files des *bana-banas* (petits marchands) et des femmes à la stature altière portant sur la tête une calebasse emplie de poissons. Même les méthodes de pêche ont évolué et le gouvernement encourage de nombreux projets destinés à développer cette industrie. On a édifié des fumeries et des chambres froides; une flottille de chalutiers, construits par des chantiers locaux, écume désormais les mers, au large de la Gambie, dans ces eaux qu'on dit les plus poissonneuses d'Afrique de l'Ouest.

Dans de nombreux villages du bord de mer, on pratique la pêche pour assurer sa subsistance et on cultive, autour des habitations, de petits lopins de terre où l'on fait pousser les oignons, le manioc, les haricots et les tomates qui complètent, avec le riz, l'alimentation quotidienne. Les pêcheurs se sont faits auxiliaires du tourisme et les visiteurs sont souvent ravis qu'on leur organise un barbecue sur la plage. Le programme débute généralement après la tombée du jour, avec l'arrivée d'une pirogue illuminée qui émerge de l'eau noire dans l'écume et débarque sur la grève une troupe de danseurs qui font aussitôt la démonstration de leur talent.

Jouets de fabrication artisanale.

Rites, sports et fêtes

Les Gambiens aiment les fêtes et les grandes manifestations. A certaines occasions, les adolescents promènent la nuit à travers les rues des modèles réduits d'avions, de bateaux ou d'immeubles, les «fanaux», éclairés de l'intérieur par des bougies et ornés de drapeaux. Sur la plage viennent courir les athlètes locaux, qui préfèrent la nature à la piste du stade de Banjul. Les Gambiens sont aussi de bons nageurs et des champions ont représenté leur pays aux jeux Olympiques.

Plusieurs villages côtiers du sud sont des lieux saints. A **Folonko**, près de **Kartong**, entre mer et lagune, les pèlerins viennent se baigner; une aspersion d'eau assure la victoire aux lutteurs et rend leur fécondité aux femmes stériles. Folonko est pareil aux autres hameaux du voisinage, avec cette particularité que les crocodiles ont élu domicile dans le marigot.

Plus haut sur la côte, à proximité de Brufut, **Sanimentereng** est une enclave animiste en pays musulman. On y voit une sorte de temple en *banco*, un très vieux baobab, un étang sacré et un autel sur lequel fidèles et pèlerins déposent leur offrande. **Ghanatown**, tout proche, doit son nom aux marchands de poisson ghanéens qui s'approvisionnent auprès des fumeries et des sècheries.

Bien plus près de Banjul (13 km), **Bakau-Kachikaly** est un autre lieu saint, avec son marécage dont les eaux, malgré les crocodiles, ont des vertus magiques.

Il n'est pas rare de se voir proposer, dans un village, de prendre part à une réjouissance populaire: un baptême, un mariage, la nomination d'un chef coutumier, une fête musulmane comme la Tabaski. Il vaut mieux effectuer cette visite en petits groupes ou lors de tours organisés (le *Village Festival* de Gamtours, par exemple) pour assister aux exhibitions des danseurs masqués, mêlant les acrobaties aux danses tribales. L'une des troupes de danseurs les plus fameuses, qui se produit souvent dans les hôtels, est le Damel, et le clou de son spectacle est la danse *dagga*.

Hibiscus en fleur.

Brikama

l'intérieur des terres, en retrait du village de Gunjur, le long d'une route de latérite, s'étend la ville la plus importante de la région. La plupart des excursions partant pour la Casamance, au sud, ou pour la haute Gambie, à l'est, traversent **Brikama**. C'est une escale à ne pas manquer, car la ville, célèbre pour son marché, est un centre artisanal actif.

Brikama est connue comme la ville des sculpteurs et l'on peut, après un marchandage acharné, acheter, moyennant un prix modique, un masque de bois ou un groupe de gazelles que ces artistes réalisent avec autant de goût que d'habileté. Brikama est chargée d'histoire puisqu'elle fut détruite par les pillards musulmans en 1854 et 1874.

Revenant vers la côte, à Gunjur, la route du sud devient de plus en plus difficile. A huit kilomètres se trouve **Sanyang Point**, d'où l'on peut apercevoir, par très beau temps, la Casamance. On revient alors vers **Tanje**, localité dont la spécialité culinaireest le *bongafish* (poisson à chair grasse du genre capitaine) fumé.

Le spectacle de la mise à l'eau, sans efforts apparents, d'une flottille de pirogues dans une mer écumante, le déploiement soudain des voiles latines dès que la barre rugissante est franchie, donnent envie de se joindre à ces hardis marins. Ce projet est réalisable, pour peu que les pêcheurs en aient le temps ou que la somme offerte les tentent. Mieux vaut tout de même s'adresser à un organisateur averti, si l'on souhaite une promenade le long de la côte.

Denton Bridge, à cinq kilomètres de Banjul, est le point de départ de nombreuses excursions nautiques au large ou bien, au contraire, dans le dédale des marigots à mangroves que la langue de sable des plages sépare de la mer. On peut louer des bateaux de pêche et, souvent, les hôtels organisent, à la demande, des balades en mer.

Une partie de pêche peut être montée à des prix très raisonnables à la demi-journée, à la journée ou pour un temps plus long, pour pêcher barracudas, cory-

Un bar-échoppe rastafari.

phènes, mérous, bonites, bars, carangues, raies et diverses espèces de requins. Un groupe peut louer une embarcation de six mètres, du type Orkney, entièrement équipée pour la pêche au gros. Des records sportifs ont été battus dans ces eaux.

A la pagaie

Il est malaisé de se rendre compte, aussi longtemps qu'on ne l'a vu de ses yeux, de ce que sont la vie au milieu des mangroves et la faune qui y grouille. On ne saurait trop conseiller de prendre part à l'une des excursions qui offrent un grand tour dans les marais et les *bolons*, juste en retrait des plages, ou en remontant le fleuve.

A partir de **Denton Bridge**, toutes sortes d'embarcations vous emmèneront dans les affluents d'**Oyster Creek**. Ces promenades d'une journée, en bateau à moteur ou en pirogue, vous feront découvrir les *bolons*, et des paysages et des oiseaux inattendus. La plupart des hôtels en proposent et West African Tours, notamment, organise un véritable safari en pirogue, avec pique-nique et barbecue au bord de l'eau, se terminant par une «soirée africaine» avec un dîner typiquement gambien et un spectacle dont les vedettes sont, entre autres attractions, les avaleurs de feu.

Que vous participiez à une excursion organisée ou que vous louiez une pirogue, avec ou sans équipage, rappelez-vous qu'il ne faut se baigner qu'en mer.

Retour sur la plage

Après avoir traversé la péninsule, depuis les *bolons* de Lamin en passant par les chenaux dans les mangroves de l'estuaire de la Gambie, les immenses plages de l'Atlantique sont un havre. Après une longue randonnée d'une journée dans les eaux saumâtres des lagunes, ou après un long et cahoteux safari sur les pistes de brousse s'achevant par un pique-nique sur la plage, ou encore après une sortie en mer, le confort de l'hôtel vous ramènera aux temps modernes!

Ci-dessous, rizières le long de la côte; à droite, mangroves sur les rives du fleuve.

LES MANGROVES

« Personne n'aime les mangroves », écrivait John Steinbeck. Il avait raison : arbre disgracieux, avec ses racines plongeant dans une vase fétide, ses branches décharnées et ses feuilles vernissées, le palétuvier inspire peu de sympathie, alors qu'il est un paradis pour les animaux sauvages, qu'ils soient terrestres, aériens ou aquatiques. Non seulement les mangroves fournissent un abri à d'innombrables créatures, mais encore l'homme en tire, directement ou indirectement, une partie de sa subsistance.

Présente tout le long du cours de la Gambie, sur plus de 130 km, le palétuvier est une plante tropicale au feuillage pérenne qui s'accroche aux fonds vaseux saumâtres que toute autre végétation évite. Plus de 5 000 km de côtes et de cours d'eau sont bordés de mangroves, qui s'étendent car ce milieu produit véritablement la terre. Les lagons et les mares du littoral, surtout là où, aux grandes marées, la mer franchit la langue de sable, accueillent une végétation à racines aériennes comme le palétuvier.

Il en existe quatre espèces : le rouge (le plus commun en Afrique occidentale), le noir (dit aussi blond), le blanc et le palétuvier-bouton. Tous les quatre aiment le sel et comptent parmi les rares plantes qui s'accommodent d'une eau à forte salinité. Le palétuvier peut dépasser 25 m de haut et préfère les régions à forte pluviométrie. Les arbres poussent en touffes, à la limite des marées, et produisent une extraordinaire quantité de feuilles qui, en tombant, se transforme en bourbier fertile.

Les racines trouvent, dans la vase dont elles jaillissent de façon si caractéristique, leur oxygène et «joue à saute-mouton» au-dessus des détritus qui s'entassent à mesure que l'arbre pousse. On a estimé que le palétuvier rouge se dépouille chaque année de plus de 12 t de feuilles à l'hectare. Il contribue ainsi à l'extension de la terre ferme et ses graines élaborées, avec leur mode de germination particulier, perpétuent l'espèce.

Produisant plus de 300 graines par an, chaque palétuvier est un «colon» actif. La graine en forme de plume germe alors qu'elle adhère encore à l'arbre et une grande fleur grasse jaune s'ouvre. Quand elle atteint une quinzaine de centimètres, elle se détache et flotte en pivotant. Emportée par le courant, elle peut dériver plus d'un an. Les racines mortes et les débris entraînés en tapis à la mer apaisent les vagues et la végétation aquatique dense des eaux plus profondes retient les matières végétales qui permettent aux mangroves de s'étendre.

Quand, venant de la mer, on s'enfonce en canot dans les marigots et les lagunes qui sont le domaine de la mangrove, vient un moment où l'on ne sait plus si on est encore dans les terres ou dans l'Atlan-tique au milieu de ces troncs qui s'enfoncent dans l'eau et de ce feuillage épais, d'un vert profond ! Sur un bord, le pêcheur capture toute une variété d'animaux marins, crevettes et langoustes, bars et anguilles électriques, poissons-chats et poissons-perroquets. Sur l'autre rive, ce seront tarpons et brochets de mer. C'est également un terrain de chasse idéal : canards et pintades hivernent dans les marécages de Gambie. Aux confins de la terre ferme, l'homme pêche huîtres, moules, crabes et toutes sortes de crustacés. Le bois de palétuvier fournit un excellent charbon de bois, il se sculpte ou sert de matériau de construction. Dans certaines régions, l'exploitation du palétuvier a compromis l'équilibre des mangroves ; mais ce n'est le cas ni au Sénégal ni en Gambie. Les mangroves constituent une zone tampon entre l'Océan et la côte sablonneuse. Cette végétation gagne sur la mer en laissant derrière elle un humus qui se cultive.

LE LONG DU FLEUVE

Si les anciens habitants de l'actuelle Gambie adoraient Sène, dieu des Rocs, maître des Cieux et du Temps, leurs prières devraient aujourd'hui s'adresser à la Gambie, dispensatrice de toute vie et de toute richesse du pays. Ce fleuve traverse la Guinée et le Sénégal avant de combler de ses bienfaits l'étroit territoire gambien, tout en longueur.

Serpentant sur la quasi-totalité des 650 km de son cours dans une région naturellement aride, ce fleuve non seulement a donné son nom au pays, mais son bassin constitue un écosystème varié. Trois cents kilomètres avant son embouchure, son lit s'élargit. Des îles se sont formées au gré de ses méandres et son bassin s'évase en aval du gué de Farafenni, à 115 km de la mer. L'estuaire, l'un des plus larges de la côte africaine, atteint près de 20 km.

L'embouchure

Le premier coup d'œil sur le fleuve est décevant et on distingue mal, au premier abord, la ligne de démarcation entre ses eaux boueuses et l'Atlantique. D'une part, le sel de la mer remonte jusqu'à Kuntaur, 200 km en amont. D'autre part, d'un avion, on voit le flot jaunâtre s'enfoncer loin en mer, où ses alluvions se déposent en immenses bancs de vase dont les déplacements, sous l'influence de la crue annuelle ou simplement des marées, constituent un obstacle imprévisible pour la navigation, notamment pour le bac qui assure la liaison entre Banjul et **Barra Point**.

Presque tous les visiteurs empruntent au moins une fois le bac, au cours de leur séjour, de l'**embarcadère de Wellington Street**, à Banjul, jusqu'à l'appontement branlant de la rive nord. Les véhicules et les animaux s'entassent à bord du robuste engin de fabrication allemande dont chaque voyage, grâce aux billets vendus aux quelque 200 passagers et au flot ininterrompu de véhicules qu'il emporte, alimente de façon notable les caisses de l'État. Les sept traversées quotidiennes durent une demi-heure et les tarifs varient de 2 dalasis pour un piéton à 345 dalasis pour un camion.

Après avoir déhalé de son quai d'amarrage, le bac offre à ses passagers une vue sur la ville et sur les plages, jusqu'à l'**hôtel Atlantic**. La plupart des nombreux navires de commerce venus charger des arachides ou débarquer toutes sortes de marchandises pourraient remonter le cours du fleuve jusqu'à Kuntaur, mais les bancs de sable mouvants et le mauvais balisage du chenal rendent la navigation hasardeuse.

Les aménagements portuaires de Banjul sont rudimentaires et les gros cargos doivent maintenant mouiller au large puis transborder leurs cargaisons sur des allèges. Autrefois, des navires déplaçant jusqu'à 30 000 t pouvaient emprunter la voie fluviale sur près de 300 km, mais la dégradation du balisage et l'absence de mise à jour des cartes de navigation ont fait perdre la lutte menée pour maintenir un chenal accessible.

Dans les temps anciens, des vapeurs pouvaient aller jusqu'à la frontière séné-

Pages précédentes : un bras de la Gambie. A gauche, chefs de village en haute Gambie ; à droite, canon du fort James.

galaise, loin à l'est. Des bateaux comme le *Prince of Wales*, le *Lady Denham*, le *Sir Dawda Jawara* ou le *Lady Chilel Jawara*, dont certains gardent le souvenir attendri, ne sont plus que des épaves abandonnées au hasard d'un haut-fond. Le *Lady Chilel Jawara*, lancé en 1978, l'un des derniers bacs postaux du monde, qui avait coûté un million et demi de livres sterling, s'est perdu dans les eaux traîtresses du fleuve, au milieu des années quatre-vingt. Sa coque délabrée gît maintenant près du gué de la route transgambienne de Farafenni.

La rive nord

Vue du milieu de l'embouchure, **Barra Point** semble une localité d'une parfaite banalité, mais c'est un terminal du trafic incessant entre Banjul, le cours supérieur du fleuve et son arrière-pays, et le Sénégal, dont la frontière passe à 30 km au nord. L'immense magasin d'arachides (*secco*), avec son convoyeur couvert et ses hangars, domine le quai. Un petit restaurant, un marché actif, un vaste parc de stationnement pour autocars et camions et un minuscule hôtel infesté de vermine sont les seuls points notables. Cependant, Barra a un riche passé historique.

Le **fort Bullen**, édifié voici trois siècles afin de protéger Banjul des attaques françaises, dresse toujours ses vestiges à la pointe du promontoire. On peut le visiter avec un guide et il faut, pour cela, suivre les poteaux indicateurs, à gauche du débarcadère en descendant du bac. Une batterie de canons rongés de rouille gît à terre, quelques affûts et des vestiges de remparts sont les seuls témoins de la forteresse bâtie sur ce promontoire battu par les vagues.

A droite, la route conduit au carrefour de la piste de la rive nord, qui parcourt toute la longueur du pays jusqu'à **Koina Tenda**, village le plus oriental de Gambie. On peut discuter du point de savoir si la route nord est plus intéressante que celle, bien entretenue, de la rive sud. En tout cas, elle est plus difficile mais on peut, grâce à elle, avoir accès à des lieux qui valent une visite.

A l'entrée de Juffure.

Comptoirs et forts

Parmi les sites historiques les plus intéressants figurent les anciens comptoirs français et anglais. **Juffure**, le plus célèbre, doit sa renommée au livre d'Alex Haley *Racines*, qui retrace la saga des ancêtres de l'auteur, depuis ce village à l'époque de la traite jusqu'à l'Amérique des temps modernes. Juffure et l'esclaverie qui y a été reconstruite sont proches des ruines d'un autre comptoir, **Albreda**.

Il ne subsiste, de ces jours sombres, que les ruines du bâtiment principal. Le mât de la liberté, planté au milieu de la cour, a disparu depuis longtemps. L'esclave qui réussissait à en atteindre la pomme recouvrait sa liberté. Des graffitis poignants sont en revanche lisibles sur les vieux murs : *« Souvenez-vous de nos larmes ! »* Tout près, on distingue les vestiges du poste portugais, encore plus ancien, **San Domingo**.

Au milieu du lit du fleuve, sur l'**île James**, il reste quelques pans de murs d'un autre comptoir britannique, le **fort James**, édifié en 1651, mais seuls y ont encore refuge, aujourd'hui, les rats, les lézards et les serpents. Faisant face au **fort français d'Albreda**, sur l'autre rive, il commanda le passage vers l'aval des navires négriers anglais et américains jusqu'au milieu du XVIIIe siècle.

Après l'abolition de l'esclavage dans les colonies anglaises, en 1807, des bateaux de guerre basés à l'île James arraisonnèrent plus de cent navires négriers français ou portugais au large des côtes gambiennes. Une paire de canons, des débris des murs du donjon, mêlant briques et pierres de taille, sont les seuls vestiges de cette forteresse.

Des excursions d'une demi-journée en bateau à moteur, telles que celles qui sont organisées à bord du *Spirit of Galicia*, du *Spirit of Africa* ou du *Joven Antonia*, entraînent régulièrement les touristes sur ces lieux et ceux-ci ont le temps de se promener dans les ruines du fort James, qui disparaissent sous une végétation envahissante, et d'écouter les vieillards raconter l'histoire de leurs ancêtres emmenés en esclavage.

Alex Haley : celui qui a rendu Juffure célèbre.

Dog Island et **Pelican Island** sont aussi chargées d'histoire. Louée en 1816 par le lieutenant-colonel Alexander Grant au roi du Kombo pour la somme de 75 livres sterling par an, Dog Island possédait une carrière dont les pierres servirent à l'édification des premières maisons en dur de Banjul.

C'est probablement juste au-delà de Dog Island ou de l'île James que passait la première frontière de la Gambie. Comme il n'existait pas de frontière naturelle entre les territoires anglais et français, il fut convenu que la frontière se situerait à portée d'un canon tirant depuis le milieu du fleuve. Il faut croire que, dans les années 1890, les canons de marine portaient à 15 km car c'est ce qui correspond aux limites du territoire gambien, de part et d'autre du fleuve.

Un obus tiré de Dog Island aurait sans doute atteint **Berending**, petit village au nord de Dog Island, et son marigot sacré dans lequel vivent quelques crocodiles. Certains touristes, quittant la route de Barra à Kaolack, prennent le temps d'effectuer le détour. Lutteurs et pèlerins n'hésitent pas à venir se tremper dans les eaux de cette mare, dans l'espoir d'y gagner, les uns la victoire à leur prochain combat, les autres la guérison de leurs maux.

Bon nombre d'étangs sacrés de ce genre existent le long du fleuve; beaucoup sont à sec mais d'autres abritent des crocodiles dans leurs eaux boueuses. Ils ont la réputation de guérir quelque maladie et certains entreprennent de longs voyages à pied pour s'y baigner.

Criblée de nids-de-poule et couverte d'un épais tapis de latérite rouge dont la poussière pénètre partout, la piste court vers l'est à travers une brousse dense. De loin en loin, un arbre rabougri, acacia, baobab ou cotonnier, émerge de la savane aride. Sur les berges du fleuve, les mangroves, les bolons étroits et sinueux ou les mares forment une zone impénétrable. Seuls les vautours, les corbeaux, les tisserins à la longue queue effilée ou les pies d'Ouidah, et de loin en loin, les toits de paille qui trahissent la présence d'un village sont les signes perceptibles de vie.

Aux lisières des hameaux aux cases coiffées d'un toit conique, enfermées derrière les haies des jardins potagers, les enfants épient le passage des rares véhicules tout-terrain qui se hasardent sur la piste et ils s'élancent derrière eux dans le nuage de poussière rouge que soulève le passage.

Parfois, un adulte solitaire apparaît; le plus souvent, c'est une femme qui, une jarre de terre cuite sur la tête, revient du puits. Le Fonds séoudien a fourni de nombreuses pompes à bras aux villages isolés, et il est fréquent de voir un enfant s'activer sur une pompe afin de remplir l'abreuvoir de pierre où les chèvres viennent boire. Les seaux d'eau, pour l'usage domestique, sont également remplis à l'abreuvoir ou à la pompe. En l'absence de cours d'eau, les femmes vont laver leur linge au puits et les vêtements aux couleurs éclatantes séchant au soleil forment une mosaïque.

Les hommes travaillent aux champs ou conversent sous l'auvent de la case à palabre. Le vendredi, de longues colonnes de fidèles, revêtus de leurs plus beaux atours, se rendent à la mosquée la plus proche. Au milieu de ce

L'île James.

paysage plat, les bosquets d'arbres, se détachant sur le fond de latérite rouge, indiquent l'emplacement des villages et des champs.

Les paysans exposent, au bord de la piste, sur des pièces d'étoffe vivement colorée, les légumes de leur potager et les fruits du bois communal de manguiers. Oignons et radis, oranges et bananes, manioc et ignames sont présentés proprement. On vend ou on troque. A certains endroits, le palmier fournit tout: l'huile, le vin de palme ou les noix de coco! Ailleurs, ce sont les arachides, décortiquées ou non, et les bouteilles d'huile qui sont en vente. Rien ne se perd! Même la toile de jute des vieux sacs de charroi d'arachides est transformée en toutes sortes d'objets usuels, parfois en vêtements!

Les légumes, dans ces régions arides, exigent beaucoup d'eau, comme d'ailleurs le bétail: bœufs à bosse, rares cochons et chèvres omniprésentes. Les femmes doivent effectuer des aller et retour incessants, de la case au puits, tout au long de la journée, même aux heures les plus chaudes. Si le trajet est trop long, on organise des relais. On voit souvent de très jeunes filles marchant en file indienne dans des sentiers sablonneux, une lourde jarre sur la tête.

Carrefours transcontinentaux

Un bac traverse le bolon à **Kerewan**, où la piste s'arrête à quelques kilomètres du fleuve. Après avoir dépassé les hameaux de **Kinte Kunda** et **Saba**, il est bon de faire un détour par **Salikene**, bourg entouré de mangroves. Il vaut la peine d'aller jeter un regard sur les rizières, de voir comment le grain est semé, moissonné, puis battu de la même manière depuis toujours.

On voit souvent des hérons, des cigognes, des pique-bœufs (aigrettes) et d'autres échassiers dans les rizières inondées. Après Salikene, les habitations se raréfient et, sur 40 km, la piste, toujours aussi mauvaise, se déroule à travers une région tout plate jusqu'à **Farafenni**. Bien qu'elle se trouve à huit kilomètres du fleuve, cette ville est la

Culture du riz le long du fleuve.

LES CERCLES DE MÉGALITHES

Dans une zone de 250 km de large, à cheval sur la frontière sénégalo-gambienne et s'étendant jusqu'en Guinée au sud, on a découvert de nombreux cercles de pierres énormes répandues semble-t-il au hasard dans cette région semi-désertique.

Certains avancent que ces mégalithes de latérite attestent l'existence d'une ancienne civilisation. Ces formations, disent-ils, pourraient être les seules traces d'un empire primitif, antérieur à celui du Ghana, qui reste à découvrir. Les gens du cru adhèrent pour leur part à cette thèse. Une cité royale, appelée Cantor par le géographe arabe al-Bakri en l'an 1067 de notre ère, aurait existé quelque part dans cette région. Sa découverte ouvrirait un nouveau chapitre dans l'histoire de l'Afrique.

D'autres pensent qu'il s'agit d'obélisques, inchangés depuis l'époque de leur érection. Ces cercles rappellent les mégalithes de Bretagne, dont on pense qu'ils sont disposés de telle sorte qu'ils constituent un temple solaire. Des ossements ont été exhumés au centre de ces cercles, de même que des outils, des poteries et divers ornements. A Wassau, plusieurs petits bâtiments et une petite salle d'exposition, au bout d'un chemin cahoteux, ont été élevés en attendant, dans un futur incertain, l'ouverture d'un musée digne de ce nom.

On a recensé environ 40 sites, le long de la rive nord de la Gambie, entre Kau-Ur et Wassau. D'aucuns pensent que ces pierres levées, qui présentent parfois un aspect bizarre, telles que la «lyre» ou le V de Ker Batch, étaient à l'origine recouvertes d'un monticule de terre. Elles ont été taillées et élevées voici plus de mille ans et, aujourd'hui, elles offrent un aspect granuleux, rougeâtre, comme du minerai de fer attaqué par la rouille. Les sites comptent, en général, de 10 à 20 cercles de diamètre variable. Certaines pierres ont le sommet aplati ou même concave et, ces temps derniers, les guides incitaient leurs clients à déposer un caillou au sommet en formant un vœu... ce qui a contribué à épaissir le mystère.

Peu de fouilles ont été entreprises, mais on trouve d'autres exemples en Afrique subsaharienne, près des ruines de Kumbi Saleh, capitale de l'ancien empire du Ghana, et au Zimbabwe. Une légende veut que ceux qui s'y intéressent de trop près connaissent une fin tragique. Déjà, en 1931, le *captain* Doke, un chef de mission scientifique nommé Ozanne et l'archéologue Parker moururent tous trois dans des conditions mystérieuses.

Pourtant l'équipe de F. A. Evans, chef de l'expédition anglo-gambienne de 1964-1965, n'a pas été frappée par cette malédiction. L'une des plus anciennes victimes connues fut Richard Jobson, qui explora les lieux vers 1620 et raconta son voyage dans *A la découverte du pays du roi Salomon* en 1633. Mais ne soyez pas troublé par ces légendes! Les cercles de mégalithes du Sénégal et de Gambie demeurent l'une des merveilles du continent le plus mystérieux de la planète.

Les mégalithes conservent leur secret.

plaque tournante du trafic transgambien sur la rive nord.

Ce trafic, sur la route transgambienne, du Sénégal au nord en direction de la Casamance et des pays du sud, franchit le fleuve sur deux bacs à fond plat qui assurent, en principe, une liaison permanente. Les camions et les voitures font d'interminables queues pour prendre place à bord de ces engins cependant que pirogues ou canots taillés dans un tronc d'arbre transbordent les passagers voyageant à pied. Nombreux sont ceux qui, épuisés par la dure conduite sur la piste nord, traversent à Farafenni pour achever leur voyage vers Georgetown, à environ 80 km, par la piste du sud, mieux entretenue.

Même si la route coupe une grande boucle du fleuve, il vaut la peine de faire le détour pour voir **Elephant Island** et les bandes de singes qui y ont élu domicile. Un nom, c'est tout ce qui reste des éléphants qui vivaient en Gambie jusque dans les années vingt. Une promenade en pirogue autour de l'île peut donner l'occasion d'apercevoir un crocodile ou un vol de hérons jaillissant de l'épaisse végétation.

Pour se faire une idée de la variété de la faune aviaire, demandez à un piroguier de vous emmener vers les rizières de la rive gauche. C'est un paradis! Méfiez-vous cependant des serpents, surtout du mamba vert, sur les diguettes entre les champs de riz. On peut louer une pirogue à Bambali, d'où il est ensuite facile de rejoindre la piste du nord.

Un peu à l'écart de la route se situe le village historique de **Kantaba**, où prit fin la guerre du Badibou. Vers 1840, un fortin y avait été construit par les Anglais. **Balangar** est le hameau suivant, juste avant l'important centre arachidier de **Kau-Ur**. C'est dans cette région qu'on peut voir les premiers cercles de mégalithes; la plupart sont plus au nord, en territoire sénégalais.

La route contourne une région marécageuse, jusqu'aux sources du **bolon de Nainija**, puis continue vers d'autres sites mégalithiques: **Njaï Kunda**, **Ker Batch** avec sa célèbre pierre levée en forme de lyre, et **Ker Jabel**.

En attendant le bac.

Wassau et Kuntaur

Après avoir traversé plusieurs bourgades, la piste revient vers le fleuve à **Wassau**, où se trouve la plus grande concentration de pierres levées. Un bac relie **Kuntaur** à la piste du sud, mais celle du nord évite une autre boucle du fleuve avant d'arriver à **Georgetown**. L'une des attractions de Kuntaur est le **parc national de Baboon Island**.

Outre une faune aviaire importante, ce semis d'îlots, long de huit kilomètres, abrite plusieurs familles d'hippopotames et bon nombre de crocodiles. Mais les lieux sont surtout célèbres par les singes qui vivent dans les arbres, surtout des babouins. Les quelques chimpanzés sont ceux qui sont relâchés dans la nature après leur «rééducation» au Centre de réhabilitation des singes de la **réserve d'Abuko**, près de Banjul. Ce chapelet d'îles couvre 600 ha, le long d'un large méandre du fleuve.

Les touristes ne sont pas les bienvenus sur Baboon Island car les singes réintroduits, qui viennent en général de jardins zoologiques ou de cirques européens, sont facilement dérangés par les hommes. Stella Brewer, directrice du projet, et son équipe invitent parfois des spécialistes de la faune pour vérifier les progrès de la réacclimatation.

Pour les visiteurs qui arrivent par le fleuve, un gardien embarque à Baboon Island et conduit le groupe vers l'endroit où la vingtaine de chimpanzés a coutume de se rassembler. Avec un peu de chance, il est possible de les observer dans leur habitat naturel. Si l'on dispose de temps, on peut organiser une balade en pirogue tout autour de l'île, en partant de Kuntaur. D'habitude, le piroguier vous mène à l'une des plus fameuses victimes du fleuve, l'épave du vapeur *Lady Denham*.

En revenant vers l'est, la route toute droite, après avoir dépassé Kuntaur et son animation, puis l'embranchement vers les mégalithes de Wassau, évite le méandre de la Gambie qui enserre l'immense **île de Kai Hai**. Les indigènes prétendent que Kai Hai est un repaire de dragons et qu'on ne compte plus le nombre de gens qu'ils ont dévorés !

Il est certain qu'à visiter l'île en pirogue, on ressent une sorte de malaise, sans doute en raison de l'enchevêtrement de végétation qui plonge dans la pénombre les rares voies de passage au cœur de cette forêt vierge. Toutefois, en abordant Kai Hai par l'ouest, on peut voir qu'il a existé des rizières sur cette île hantée ! Sur la rive sud, une petite jetée permet d'aborder et une piste rejoint la route de Georgetown.

Sur la rive droite, alors que la route après Kuntaur longe le flanc d'une colline, on ne peut apercevoir le fleuve avant d'arriver à **Lamin Koto**. Ce village est devenu un centre touristique fréquenté depuis l'ouverture du **Lamin Safari Lodge**. Ouvert en 1988, ce campement consiste en une demi-douzaine de bungalows bâtis dans le style local, au milieu d'une clairière donnant sur le fleuve. Chaque bungalow de banco blanchi à la chaux est bâti sur le modèle de la case africaine, avec un toit conique en paille. On y trouve les commodités indispensables pour passer une nuit.

Construit pour accueillir de 10 à 15 visiteurs, mais appelé à s'agrandir, le

Stella Brewer et son bébé gorille Julia.

gîte d'étape de Lamin sert de base avancée aux touristes avides de découvrir la faune des rizières, des forêts ou des marécages. Le campement dispose d'une cuisine équipée, d'un petit bar restaurant en plein air et d'un mouillage aménagé pour les voiliers ou les pirogues. Une excursion en pirogue sur le fleuve à partir de **Lamin Camp** est le meilleur (et d'ailleurs le seul) moyen de découvrir des coins de brousse inaccessibles. De plus, en se déplaçant à la pagaie au cœur des forêts inondées, on voit infiniment plus de choses qu'à bord d'un engin bruyant.

Les quelque 50 habitants de Lamin Koto se sont mis à l'heure du tourisme. Certains travaillent comme guides ou comme piroguiers, ou encore comme domestiques au campement, mais le village tout entier unit ses talents pour organiser des spectacles.

Lamin Camp propose une soirée africaine avec repas traditionnel et danses authentiques (non pas de celles, mises au goût européen, qu'on présente dans les hôtels de la côte). Les acteurs sont rémunérés par les gérants : personnages aux masques étranges, vêtus de feuillages, qui tournent sur eux-mêmes comme des derviches tourneurs, danseurs déguisés en animaux sauvages ou chasseurs porteurs d'armes effrayantes.

Avant les danses, auxquelles les spectateurs sont souvent invités à se mêler, on peut visiter le village lui-même. Il faut être prudent quand on se voit offrir des breuvages alcoolisés de fabrication locale ! Le riz et les légumes sont en revanche délicieux. Les sculptures et autres objets d'art confectionnés à Lamin Koto sont intéressants car ils sont plus originaux et meilleur marché que ceux qu'on trouve dans les boutiques d'artisanat de la côte.

Le gîte d'étape, entouré par la forêt et bordé par la fleuve, est tout près de l'appontement du bac de l'**île MacCarthy**. De l'autre côté du camp, de part et d'autre d'un mauvais sentier, s'étendent les rizières communales. C'est là et dans les forêts avoisinantes qu'on se rend compte de la richesse de l'avifaune. Une promenade à l'aube,

Un village riverain du fleuve.

avant le petit déjeuner, laisse un souvenir impérissable.

Les guides locaux sont à votre disposition pour vous conduire à travers bois. Avec un bon livre sur les oiseaux d'Afrique, une paire de jumelles et un téléobjectif, vous êtes paré. De temps en temps, alors qu'on prend le plus grand soin d'étouffer le bruit de ses pas dans la boue des rizières, jaillit soudain un épouvantable vacarme fait de boîtes de conserves violemment secouées, de cris d'enfants ou de battements de tam-tams, qui vient briser le silence. Alors, tous les oiseaux, à des lieux à la ronde, restent pétrifiés de terreur, ou bien se lèvent au contraire par vols entiers pour se réfugier dans les collines voisines. Ce sont les villageois qui chassent les oiseaux de leurs récoltes!

Le gîte d'étape de Lamin est actuellement le plus oriental de la Gambie, mais il est prévu d'en installer un autre près de Basse Santa Su. De Lamin, on peut gagner, dans des conditions de voyage à peu près supportables, les régions les plus éloignées de l'intérieur.

Georgetown

Une courte piste carrossable conduit à l'obélisque élevé à la mémoire de Mungo Park à **Karantaba Tenda**. Cependant, il est plus commode d'y aller par bateau. La pierre dressée marque l'endroit où Mungo Park débarqua, en 1804, avant d'entreprendre à pied sa seconde expédition, qui devait lui être fatale, à la recherche des sources du Niger. Le village natal du président Jawara, **Barajali**, est situé à proximité et la ville historique de Georgetown s'étend, à quelques minutes de voiture, sur l'autre rive du fleuve.

A **Georgetown**, bâtie sur l'**île MacCarthy**, le passé se manifeste par de nombreux témoignages du temps de l'esclavage. C'est le centre commercial de la région orientale et on y trouve plusieurs marchés. Les deux anciennes forteresses sont tombées en ruine, de même que l'esclaverie. Un peu en dehors de l'agglomération, un gîte d'étape a été construit par l'administration pour accueillir les touristes.

Jeune femme sur fond de rizière.

L'architecture de la ville, fondée en 1823, porte l'empreinte de son passé colonial, notamment sur les maisons de bois aux toits de tôle et sur l'un des bâtiments les plus imposants du bourg, l'**Armitage High School**, juste à la sortie. Dans la rue principale, le poste de police exhibe fièrement sur sa façade trois colonnes métalliques qui, autrefois, pouvaient valoir sa liberté à l'esclave qui réussissait à les agripper. Georgetown, chef-lieu du district de MacCarthy Island, possède une belle demeure en retrait de la grand-route, la résidence du préfet. Une **mosquée** s'élève au milieu du quartier résidentiel, mais on ne compte en ville qu'un seul grand magasin.

Le bac relie l'île MacCarthy aux pistes du nord et du sud. Toutes deux se dégradent rapidement à partir d'ici, encore que celle du sud ait fait l'objet de travaux de réfection. La plupart des voyageurs préfèrent l'emprunter pour gagner **Basse Santa Su**. Sur la piste nord, cependant, on trouve plusieurs endroits dignes d'intérêt.

Basse Santa Su

La piste défoncée s'allonge à travers une brousse dense et il est préférable de prendre un guide. A partir de Georgetown, elle longe la frontière (invisible) du Sénégal et ne rejoint le fleuve qu'à **Karantaba Tenda**. Après Karantaba, le paysage est fait d'étendues sablonneuses et de marécages bordés de roseaux. Les marigots, qui s'emplissent lorsque la crue d'été fait déborder le fleuve, s'appellent ici des *bantos faros*. A **Yorobawal**, la route atteint par un bac le bourg de **Basse Santa Su**.

Les voyageurs sont en général heureux de faire le détour par cette bourgade après 80 km de piste depuis Georgetown. Également tombé en décrépitude, Basse n'est plus qu'un gros village qui compte encore quelques constructions victoriennes, une école fondée à la fin des années vingt et deux cinémas. Basse est un centre arachidier et une usine de traitement du coton y a été fondée. Les toits du marché couvert dominent la ville basse et on trouve

Le retour de l'école.

quantité de boutiques. Et le petit café proche du marché est le bienvenu !

En continuant vers **Fatoto**, localité le plus à l'est du pays, le seul lieu qui vaille un arrêt est **Sutukoba**, 65 km plus loin. A cet endroit s'élevait au XVe siècle une cité florissante, aux confins de l'empire du Dyolof, Grand-Sutuko. On projette de faire des fouilles dans cette région.

Au nord se trouvent les hameaux de **Gunjur Kuta** et de **Gunjur Koba**, l'un ancien, l'autre relativement récent, qui marquent la frontière avec le Sénégal et où l'on a découvert des traces d'une civilisation primitive. La route rejoint le fleuve au bac de **Fatoto** et, pour passer au Sénégal, il faut remonter le fleuve en pirogue sur 15 km.

La frontière passe aux rapides de **Barrakunda**. On franchit le fleuve sur un bac et la route revient vers **Basse Santa Su**. A l'écart du carrefour de Fatoto, les maisons et les comptoirs coloniaux abandonnés du village fantôme de **Perai Tenda** témoignent de la prospérité des établissements des bords du fleuve au temps de la traite.

La route du sud

A Banjul, celui qui veut se rendre à **Basse Santa Su**, distante de 400 km, a tout intérêt à se renseigner auprès du service des gîtes d'étapes et des campements. La plupart des agences de voyages fournissent toutes informations utiles sur les possibilités d'hébergement en haute Gambie. Par la route de la rive gauche, encore en bon état, il est possible d'aller de Banjul à Georgetown dans la journée, mais c'est épuisant.

La première partie du parcours, de Banjul jusqu'au-delà de **Serekunda**, longe sur la droite la **réserve d'Abuko** et laisse à gauche le centre de contrôle des satellites de la N.A.S.A. et l'aéroport de **Yundum**. Cette première section est fort cahoteuse, sur une quinzaine de kilomètres, et mal entretenue par rapport au trafic. De nombreux embranchements sur la droite mènent à des marigots, comme celui de Lamin, ou à des villages, tels que **Mandinari**, qu'on peut par ailleurs visiter lors des excursions de la journée dans les bolons.

Une croisière sur le fleuve.

Brikama

Brikama, avec son marché coloré et animé, est le premier bourg notable sur la route de Casamance, la province septentrionale du Sénégal. Plus loin, la route contourne divers marais et mangroves qui, depuis le fleuve, s'étendent sur près de deux kilomètres de large. Sur la gauche, un mauvais sentier mène aux ruines de l'ancien comptoir anglais de **Berefet**. Administrativement, cette région est le district Ouest et s'étend jusqu'à un gros affluent de la Gambie, le **bolon de Bintang**.

Bintang est le meilleur point de départ des promenades en bateau pour aller observer la faune ou pêcher en rivière. A **Bintang Gereejal**, on peut voir les ruines d'une petite église et d'un comptoir portugais, abandonnés depuis fort longtemps. A **Bwian**, les indigènes vénèrent, curieusement, une marmite de métal sacrée. La piste de franchit pas le bolon mais le suit, longeant une zone marécageuse en contournant de multiples cours d'eau. **Kalaji**, où le bolon se fait plus étroit, marque le terminus des excursions venant de Banjul et on peut y voir, amarrées près de la jetée, de nombreuses pirogues bariolées.

Un gué coupe le bolon de Bintang, se dirigeant vers Sankandi où, en 1900, deux préfets de région britanniques furent massacrés. Plus loin, sur un parcours toujours sinueux, est implanté le centre d'essais du Medical Research Council, à **Keneba**. Au bout de la piste, au bord de l'eau, **Tankular** expose fièrement une cloche portugaise, datant de 1711, découverte dans les ruines d'un comptoir établi à courte distance de ce village de pêcheurs.

La piste de Tankular longe la frontière du **parc national de Kiang West**, réserve forestière et animalière de 2 500 ha. De loin le plus vaste de Gambie, ce parc donne asile à de nombreux animaux sauvages et à d'innombrables espèces d'oiseaux. Quelques kilomètres plus loin débouche la piste venant de **Batelling**. De cette place forte, il ne demeure que quelques canons gisant à terre. A gauche, tout

La lessive familiale.

près, le chemin du **camp de Tendaba** se voit de la grand-route.

Le gîte d'étape de Tendaba est situé au bord de l'eau, près de la piste du sud. On peut y passer la nuit et les commodités offertes sont celles, assez rudimentaires, d'un camp de base pour safaris. L'hébergement se fait dans des cases rondes à toit de paille. Il existe des douches, mais guère plus de confort. Il est impératif d'être muni de provisions d'eau potable car il ne coule aux robinets que celle, légèrement saumâtre, du fleuve. L'électricité est celle d'un groupe électrogène.

Un ménage suédois, les Carlsson, a amélioré les lieux en 1974 pour en faire une base d'excursions capable d'accueillir plus de cent personnes. La piscine, le bar et la cuisine, suédoise ou locale, servie au petit restaurant compensent le désagrément d'être forcé de dormir dans la fumée entêtante des serpentins antimoustiques allumés dans les cases, par ailleurs impeccables. De Tendaba, on peut aller visiter les villages de **Duntumalang** et de **Tunku**.

Des parties de pêche, des promenades en brousse afin d'observer la faune ou de visiter les mégalithes situés sur l'autre rive, sont organisées à la demande. Une promenade dans le parc tout proche vous permettra, à coup sûr, de voir des singes, du gibier d'eau et toutes sortes de petits animaux familiers des galeries forestières. Y passer une nuit n'est pas une grosse dépense et l'isolement du camp procure la forte impression de vivre en pleine brousse, bien loin du luxe des hôtels de la côte.

Soma

L'autre ville importante sur la piste du sud est **Soma**, située au carrefour de la route transgambienne, juste après le bac de **Farafenni**. Avant d'arriver à ce carrefour, à **Toniataba**, se trouve une grande bâtisse qui appartenait à un marabout. C'est une vaste construction ronde, de 20 m de diamètre, dont on dit que le marabout est enterré sous ses fondations. Près de là, s'élève **King's Hill** (la «colline du Roi»), ou **Mansa Konko** en

Un crocodile garde son domaine.

dialecte mandingue, nom donné à la plus grande ville de la région.

Il y a très souvent des contrôles de police sur la route de Soma. Le poste de police est presqu'en face du grand marché en ville, sur la gauche. Il y aura lieu d'être fort prudent en se promenant dans Soma car ce carrefour de grand-routes serait le repaire de tous les malfaiteurs de Gambie et du Sénégal…

La route suit un large méandre du fleuve, contourne un marigot bordé de mangroves près d'Elephant Island et coupe à travers les rizières. A certains endroits, celles-ci s'étendent sur des kilomètres, comme d'immenses marais salants, piquetées de loin en loin d'un bosquet de palmiers ou d'un baobab solitaire. Avant le pont sur le **bolon de Sofanyama**, un nouveau gîte d'étape de 20 bungalows du même type que ceux de Tendama s'ouvre aux visiteurs. Dirigé conjointement par un ménage allemand et par l'office du tourisme gambien, **Sofanyama** est situé juste en dehors de la route, un peu avant le hameau de **Pakaliba**.

Tout au long de cette partie de route, on peut voir des marchands de poteries, de meubles en rotin ou d'autres produits de l'artisanat local. Il est à suggérer d'acheter quelques noix de cola avant d'entrer dans un village. C'est un présent qui a valeur de symbole, qu'on offre en témoignage d'amitié et de bon vouloir.

A certains endroits, on aperçoit de la route le fleuve et des îles aux noms exotiques ou évocateurs: Dankuku, Pappa, Deer, Baboon, Bird Island ou Kai Hai. Avant d'arriver en vue de l'**île MacCarthy**, on traverse une zone de rocaille rougeâtre, puis on longe, à gauche, le site du Projet national rizicole. Un monument en l'honneur des Chinois, qui ont introduit la riziculture irriguée par pompage dans la région, s'élève, enseveli sous la végétation, au bord de la route, juste avant le premier des deux bacs de **Georgetown**. Ce projet fut, malheureusement, réalisé en pure perte car, par incurie et négligence, les efforts déployés par les Chinois pendant les années cinquante et soixante furent

Exploration dans les bolons.

réduits à néant dès qu'ils eurent tourné les talons. Les pompes qu'ils avaient installées ne sont plus qu'amas de rouille à l'abandon dans la brousse…

Georgetown et Basse Santa Su

En général, les voyageurs font un détour par **Georgetown** pour y refaire leur plein d'eau et de vivres au seul magasin de la ville. Au-delà du carrefour de la route de Georgetown, le paysage accidenté devient plus sauvage et la brousse épineuse plus épaisse. Un peu plus loin, on retrouve le fleuve et le bac à **Bansang**, marché important de la région, dont les poteries sont célèbres.

Du minuscule pot d'argile séchée au soleil, gravé ou peint, jusqu'à la jarre géante de terre cuite, l'art local de la poterie est d'une belle qualité et l'on retrouve dans la matière de ces objets la chaude couleur rouge de la terre latéritique des collines voisines. Les poteries de **Sotuma** et d'**Aldhungari** sont prisées.

Les bâtiments des maisons de commerce établies au XIXe siècle sont les derniers à demeurer le long des larges avenues de **Basse Santa Su**. De là, en direction de l'est, la piste devient un infâme chemin qui conduit à **Fatoto**. Le grand marché couvert de Basse vaut une visite, encore qu'il soit principalement orienté vers le commerce du bétail et des denrées alimentaires. Parmi les bâtiments de la ville, on compte un vaste magasin, au bord de l'eau, dans lequel on entrepose les arachides avant de les charger sur des barges à destination des huileries, quelques maisons anciennes, deux cinémas, une école paroissiale et l'**hôtel Apollo Two**.

En quittant Basse Santa Su, et après avoir abandonné le confort relatif d'une route empierrée, le plus gros bourg avant Fatoto est **Garowal**, sur la gauche. Fatoto n'est plus qu'à une trentaine de kilomètres, mais le trajet est un calvaire… poussiéreux. **Fatoto** possède un centre de triage d'arachides, un bac, et est distant de 10 km de la route principale qui, 65 km plus loin, aboutit à **Tambacounda**, au Sénégal.

Paysage de plages paisibles le long de la côte gambienne.

ITINÉRAIRES AU SÉNÉGAL

Si la capitale de la Gambie a l'air d'une petite ville de province anglaise transplantée en Afrique, celle du Sénégal apparaît comme une ville française qui aurait dérivé vers le Sud. L'architecture «début de siècle» de certains édifices municipaux et le monument aux morts ne dépareraient pas Clermont-Ferrand ou Marseille. Vous pourrez siroter un véritable expresso à la terrasse d'un café en regardant passer les Renault et les Citroën, plus bosselées qu'en France!

L'influence française dans le domaine de la restauration et de l'hôtellerie, sans oublier que le pays est de dimensions réduites, explique qu'on y trouve un nombre relativement élevé d'hôtels de catégorie moyenne, à même d'accueillir une clientèle qui préfère voyager beaucoup et ne tient pas à rester au même endroit. Les plus anciens établissements sont l'hôtel Aubert de Ziguinchor ou celui de la Poste à Saint Louis.

Les ensembles hôteliers répondant aux normes internationales ne manquent pas, bien sûr. Ceux du Club Méditerranée, au cap Skirring ou aux Almadies, de même que le nouvel ensemble de Saly Portudal, offrent un éventail de loisirs et des conditions de confort sans rivaux en Afrique. Si l'on aspire à un repos complet, on peut séjourner dans l'un de ces établissements sans mettre un pied hors du village pendant quinze jours.

Si l'on souhaite, au contraire, partir à l'aventure, le Sénégal offre une grande variété de paysages. A la frontière nord, aux abords de la pittoresque ville de Saint-Louis, vous découvrirez les terres désolées du Sahel à leur jonction avec les dunes de sable du Sahara qui s'étendent jusqu'aux monts de l'Atlas marocain. Dans le sud, les mangroves luxuriantes autour de chaque point d'eau et les hautes forêts de Casamance sont une préfiguration des mystères profonds de l'Afrique centrale.

Entre ces deux extrêmes s'étendent les plages de l'Atlantique, le delta du Sine Saloum et ses myriades d'oiseaux, les villes saintes de Tivaouane et de Touba, les avenues animées et les boîtes de nuit de Dakar, les centaines d'humbles villages où chaque arrêt provoque le jaillissement d'une meute d'enfants hilares, quémandant un stylo à bille, ou, si vous préférez faire les choses dignement, il vous sera offert un verre de thé à la menthe, pendant qu'un vieillard affable vous fera la conversation.

Bien qu'il soit confronté à des difficultés insurmontables (désertification des régions du nord-est, surpopulation et chômage à Dakar), le Sénégal demeure un pays calme et accueillant et la richesse de ses paysages, de sa flore et de sa faune est à la portée de tous.

Ce n'est pas pour rien que le terme ouolof *teranga* est si couramment donné à un hôtel ou à un lieu public, il signifie: bienvenue.

Pages précédentes: un village du Sahel; cérémonie initiatique en forêt; vue de Dakar au coucher du soleil. Ci-contre, timbalier de la garde rouge à cheval, en uniforme de style spahi.

LA RÉGION DE DAKAR

La capitale du Sénégal est le point de rencontre des civilisations africaine et européenne. Pourtant l'occupation par les Français de la presqu'île sur laquelle elle s'étend est survenue relativement tard. Les premiers Européens à y poser le pied furent les Portugais, qui débarquèrent à la pointe des Almadies, mais sans fonder d'établissement permanent.

Les Lébous

A gauche, grue couronnée dans les jardins de la présidence de la République; à droite, dans la basse ville de Dakar.

Les habitants qui, selon toute probabilité, firent voile, dans leurs pirogues, au-devant de ces étrangers, furent les Lébous. Bon nombre de théories ont été échafaudées afin de tenter de déterminer l'origine de cette tribu. Certains ont affirmé que son nom vient d'un vieux mot grec signifiant «noir» et qu'ils sont originaires des royaumes noirs primitifs de l'ancienne Égypte, où ils entrèrent en contact avec les Grecs. Une autre théorie veut qu'ils proviennent de la région, beaucoup plus proche, de la vallée du Sénégal et que leur exode vers le sud ait découlé de tentatives infructueuses de s'installer, en cours de route, sur d'autres territoires. Quelle que soit l'explication, il est clair que plusieurs vagues se sont succédé et que les Lébous sont constitués d'ethnies diverses. Les noms sont liés aux villages dont les familles sont issues: les Mbengue et les Samb viennent de Ngor, les Ndoye et les Guèye d'Ouakam, etc.

Les Lébous furent parmi les premiers peuples du continent noir à se doter d'un système de gouvernement proche d'une démocratie. La république lébouе vit le jour au début du XIXe siècle et fut reconnue par le roi de France. Le mini-gouvernement lébou existe toujours et l'État sénégalais lui reconnaît certains attributs de souveraineté. Des élections sont organisées pour désigner le *serigne ndakarou*, le chef, et les représentants des douze communautés, les *pinthie*.

L'implantation française

Les Lébous d'origine ont été depuis longtemps noyés sous le flot continu des nouveaux habitants, de toutes races. Dakar, avec son port en eau profonde bien abrité, a surpassé Gorée (qui était au départ l'avant-poste de la colonisation) à partir des années 1850, lorsque l'importance croissante du trafic commercial et l'usage de moyens modernes de communication ont rendu la petite île impraticable. Dans les années trente, Dakar devint le premier port d'Afrique.

Sous l'impulsion des bâtisseurs français, la ville acquit une prépondérance réelle sur le reste de l'Afrique occidentale, dont elle devint la capitale fédérale. L'héritage architectural de l'époque coloniale y demeure partout visible.

Ce n'est pas qu'à l'image de Saint-Louis, Dakar ait conservé intacte son atmosphère coloniale. Alors qu'à l'aube de ce siècle, elle ne comptait pas 20000 habitants, l'essor qui suivit la Seconde Guerre mondiale porta sa population à 300000 âmes. Il y en a un million aujourd'hui. Le surpeuplement suscite de sérieuses difficultés, surtout

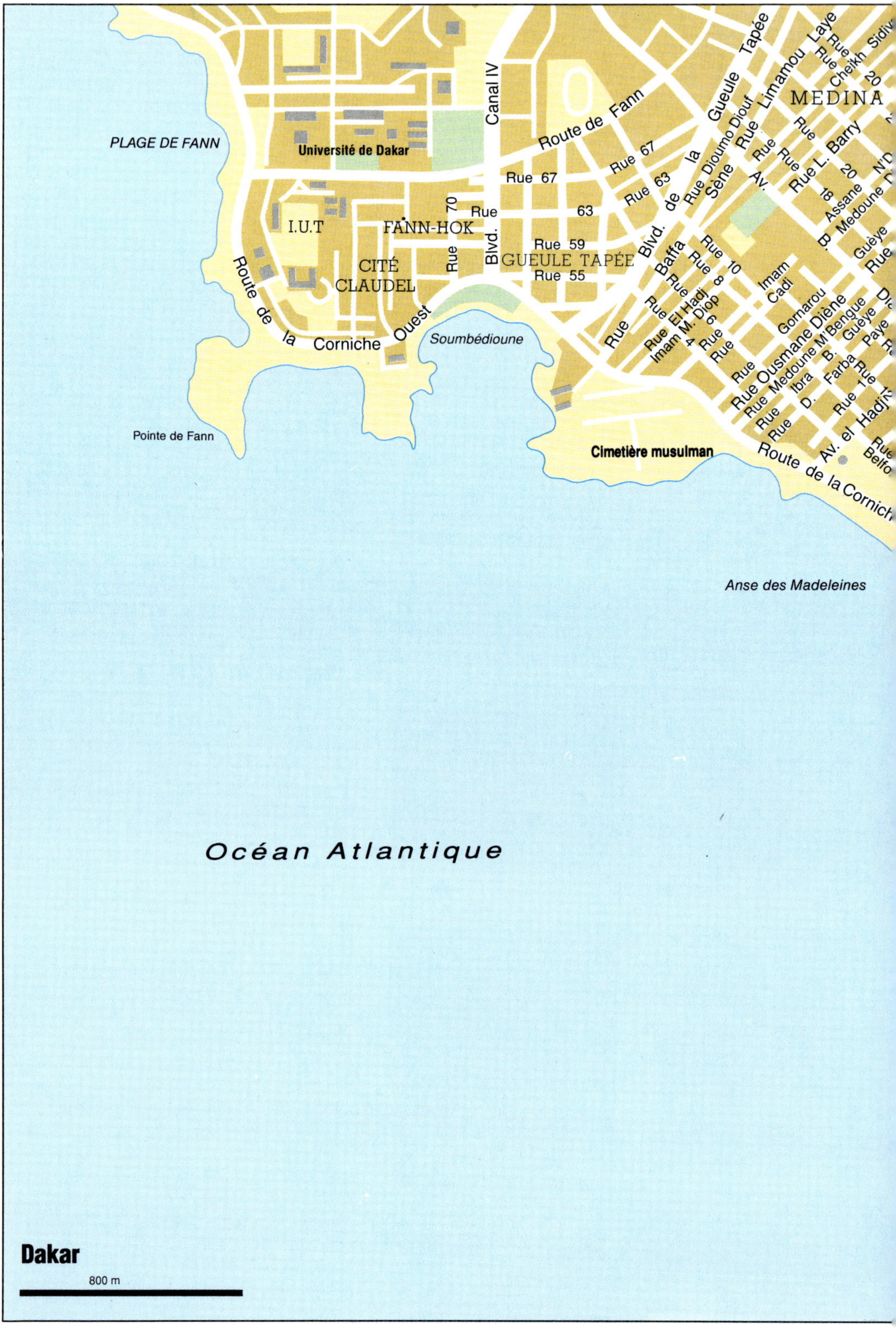

PLAGE DE FANN
Université de Dakar
I.U.T
FANN-HOK
CITÉ CLAUDEL
GUEULE TAPÉE
MEDINA
Route de la Corniche Ouest
Soumbédioune
Pointe de Fann
Cimetière musulman
Route de la Corniche
Anse des Madeleines
Canal IV
Route de Fann
Blvd. de la Gueule Tapée
Rue 67
Rue 63
Rue 59
Rue 55
Rue 70
Océan Atlantique
Dakar
800 m

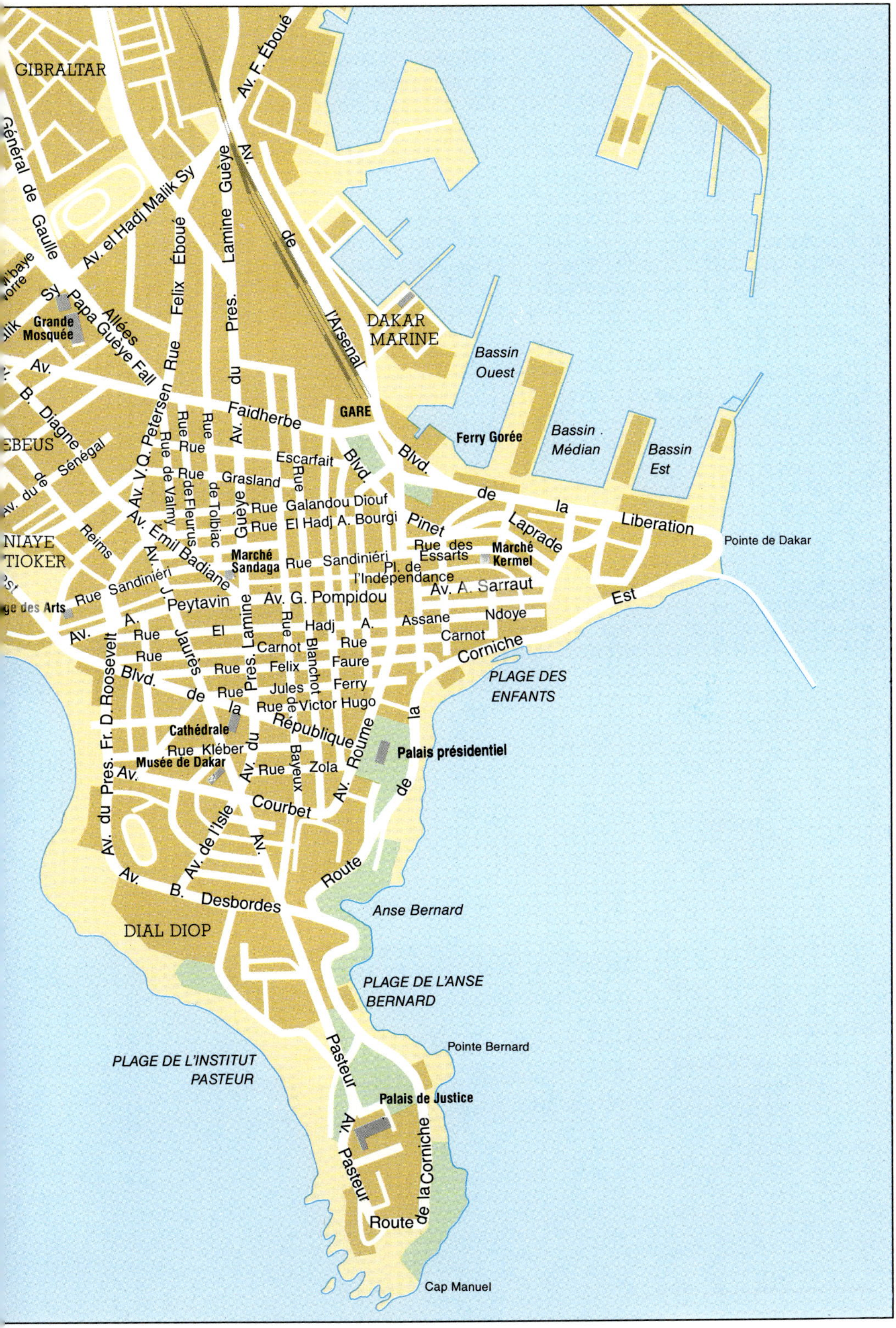
GIBRALTAR
Av. F. Éboué
Général de Gaulle
Av. el Hadj Malik Sy
Rue Felix Éboué
Av. du Pres. Lamine Guèye
Av. de l'Arsenal
DAKAR MARINE
Bassin Ouest
Bassin Médian
Bassin Est
Grande Mosquée
Allées Papa Guèye Fall
Av. B. Diagne
Av. Faidherbe
GARE
Ferry Gorée
Blvd. de la Liberation
Pointe de Dakar
Rue de Sénégal
Av. du Reims
Av. V. Q. Petersen
Rue de Valmy
Rue de Fleurus
Rue de Tolbiac
Rue Escarfait
Rue Grasland
Rue Galandou Diouf
Rue El Hadj A. Bourgi
Blvd. Pinet Laprade
Rue des Essarts
Marché Kermel
Marché Sandaga
Av. Emil Badiane
Rue Sandiniéri
Pl. de l'Indépendance
Av. A. Sarraut
Av. J. Peytavin
Av. G. Pompidou
Rue El Hadj A. Assane Ndoye
Rue Carnot
Rue Felix Faure
Rue Jules Ferry
Rue Victor Hugo
Rue Blanchot
Corniche Est
PLAGE DES ENFANTS
Av. Jaurès
Av. du Pres. Fr. D. Roosevelt
Blvd. de la République
Cathédrale
Rue Kléber
Musée de Dakar
Rue Bayeux
Rue Zola
Av. Roume
Palais présidentiel
Route de la Corniche
Av. Courbet
Av. de l'Isle
Av. B. Desbordes
Route
Anse Bernard
DIAL DIOP
PLAGE DE L'ANSE BERNARD
Pointe Bernard
PLAGE DE L'INSTITUT PASTEUR
Av. Pasteur
Palais de Justice
Route de la Corniche
Cap Manuel
NIAYE TIOKER

en raison de la permanence de l'exode rural.

L'origine du nom de Dakar n'est pas claire. Selon la théorie la mieux acceptée, ce mot vient de l'ouolof *daxaar*, nom du tamaris. On dit que les premiers Européens commirent l'erreur de prendre ce terme pour celui du lieu où ils abordaient. Il est aussi possible qu'il vienne d'un mot dont la racine signifie «refuge», que les Lébous emploient pour désigner le lieu où prit fin leur longue migration.

Le centre-ville

De toute évidence, l'endroit par lequel doit commencer la visite de la ville est la vaste **place de l'Indépendance**, oblongue, qui était déjà le cœur de la cité alors qu'elle n'était qu'un village. La plupart des banques et des compagnies aériennes ont installé leurs bureaux sur son pourtour ou à proximité. Contrastant avec les gratte-ciel de l'**hôtel Indépendance**, d'un côté, et du **Sofitel**, de l'autre, il subsiste des édifices français, tels la **chambre de commerce**, le **monument aux morts** et le **ministère des Affaires étrangères** (qui occupe l'ancien palais de justice).

A l'est de la place, l'**avenue Albert-Sarraut**, ombragée de beaux arbres, descend vers la mer, à la pointe de Dakar. L'avenue se termine au pied de la haute tour, ocre et brune, de la **Banque centrale**, conçue par l'architecte renommé Goudiaby. A côté, un peu en retrait, le **Novotel** jouit d'une vue panoramique sur la baie et sur Gorée.

Le matin, l'avenue Albert-Sarraut bruit de l'activité des ménagères faisant leurs courses aux supermarchés ou au **marché Kermel**, à un pâté de maisons de là. Le bar climatisé, à la lumière tamisée, de l'**hôtel de la Croix du Sud** ou la sympathique **brasserie Sarraut**, sont des endroits agréables où prendre un rafraîchissement.

Sur le côté est de la place, l'**avenue Georges-Pompidou** (on l'appelle encore parfois avenue William-Ponty) monte doucement vers un grand carrefour où trône la majestueuse construction néo-

Le marché de Sandanga ne va pas tarder à subir une averse.

soudanaise du **marché de Sandaga** (le président Pompidou était un ami de jeunesse du président Senghor; ce dernier affirmait que c'était le président Pompidou qui l'avait converti au socialisme!). Après avoir été le cœur du quartier commerçant de la ville, l'avenue Georges-Pompidou connaît un déclin. Toutefois, c'est encore une artère animée, sur laquelle s'ouvrent magasins et cafés, avec ses marchands ambulants qui proposent aussi bien des noix de cola que des montres, ses mendiants, ses voleurs à la tire.

Autour de l'avenue, surtout vers le nord, s'étend un vaste quadrilatère dont les rues, tracées à angle droit, sont bordées de vieilles maisons aux vérandas à persiennes, à la cour intérieure aux murs couverts de bougainvillées. Certaines se visitent, qui sont typiques de ces habitations coloniales, désuètes mais charmantes, telles que l'**hôtel Saint-Louis**, rue Félix-Faure, ou l'**Auberge Rouge**, rue Blanchot, où l'on trouvera un restaurant très convenable, aux prix modestes.

En fin d'après-midi, nombreux sont les Dakarois qui déambulent le long de l'avenue Georges-Pompidou, faisant du lèche-vitrines, bavardant avec des amis de rencontre, ou prennent un verre à une terrasse. L'**avenue du Président-Lamine-Guèye**, qui va de Sandaga à la place de Soweto, est également fréquentée. Il arrive qu'on se heurte aux fidèles prosternés sur le trottoir devant la **mosquée**, au coin de la rue El-Hadj-Amadou-Lassane-Ndoye.

En continuant vers l'ouest, au-delà du carrefour de Sandaga, l'**avenue André-Peytavin** succède à l'avenue Georges Pompidou et on passe devant un bloc de bâtisses coloniales à l'étage ceint d'une véranda de bois. Elles sont occupées par des services administratifs. L'avenue s'arrête au haut de la falaise qui domine l'**anse des Madeleines**. A droite, la route de la corniche Ouest mène à la **plage de Soumbédioune**, puis à l'université.

Sur la gauche débouche le **boulevard de la République**, pas tout à fait parallèle à l'avenue Georges-Pompidou, qui conduit, vers l'est, au palais de la

La gare de Dakar.

Présidence de la République. Sur ce boulevard se trouve le **théâtre national Daniel-Sorano**, où sont présentées toutes formes d'art, cinéma, théâtre, concerts, ballets, etc., tout au long de l'année. En face du théâtre s'élève le grand bâtiment blanc de l'**Office de radiodiffusion et de télévision**, qui n'est pas ouvert au public.

Plus loin, sur la droite, se dresse l'imposante **cathédrale du Souvenir africain**, édifice qui peut accueillir jusqu'à 2000 fidèles. Le parvis est entouré d'un grand jardin avec, en retrait, une importante école élémentaire. Construit en 1929, c'est un curieux mélange de styles, avec deux tours qui évoquent des minarets, un dôme pseudo-byzantin et une façade monumentale.

En continuant sur le boulevard, on se heurte aux hautes grilles du **palais de la Présidence**, qui s'ouvre avenue Roume. Les «gardes rouges» assurent la garde du palais, énorme édifice blanc au toit de tuiles vertes, édifié en 1907, au milieu d'un beau parc qui domine, sur l'arrière, la baie.

Le plateau

Le long de ce circuit qui fait le tour du centre et de la partie la plus ancienne de la ville, la marche est facile et on n'a pas de mal à se repérer dans ce vaste quadrilatère. Presqu'en face du palais de la Présidence se dresse un immeuble de dix étages qui abrite les services de plusieurs ministères. Cet édifice que tout le monde appelle «le Building» jouit d'une vue exceptionnelle sur toute la presqu'île. Il est possible d'obtenir la permission de monter au dernier étage pour en profiter.

Vers le nord, l'avenue Roume rejoint la **place de l'Indépendance**. Mais, en sens inverse, on passe devant l'hôpital principal et, à droite, on s'engage dans l'avenue Nelson-Mandela (autrefois, avenue Courbet) pour déboucher **place de Soweto** (anciennement place Tascher, plus communément appelée **rond-point de l'Étoile**). Le bâtiment aux lignes futuristes de l'**Assemblée nationale** et, à côté, un édifice de style néo-soudanais, l'Institut fondamental d'Afrique noire (I.F.A.N.), dominent ce carrefour. En face du **musée de l'I.F.A.N.** s'ouvre l'avenue Pasteur qui, après avoir longé l'**ambassade du Royaume-Uni** (belle maison coloniale dans un parc admirable), l'hôpital Aristide-Le-Dantec et l'institut Pasteur, se termine derrière le **palais de justice**, à la pointe du **cap Manuel**, que surmonte un phare puissant qui se visite et qui donne une vue splendide sur la ville et les baies de part et d'autre de ce cap.

Pour revenir vers la place de l'Indépendance par la route du front de mer, on peut emprunter la corniche Ouest en toute sécurité le jour, mais il vaut mieux l'éviter la nuit, si l'on est seul et à pied. Après la **pointe Bernard** et la jolie plage de l'**anse Bernard**, la corniche domine les falaises et les rochers du littoral, avec de beaux dégagements sur Gorée, avant de passer à l'aplomb de l'**hôtel Teranga** et de longer le **restaurant Lagon I**, établi sur une jetée, et l'**hôtel Lagon II**, aux allures de paquebot. Ces établissements offrent une cuisine réputée.

De la place de l'Indépendance, vers le nord par les **allées Robert-Delmas** (que

Marchande de fleurs au marché de Kermel.

tout le monde appelle encore de leur ancien nom, les **allées Canard**) aux trottoirs ombragés, on arrive à l'**hôtel de ville**, lourde construction coloniale édifiée en 1914, puis, à droite par le boulevard Pinet-Laprade, on parvient à la **grande poste** qui surplombe le port et le boulevard de la Libération. A quelque distance, sur la gauche, se trouve la **gare**, à la façade ornée de mosaïques de tuiles vernissées, surmontée d'un dôme en verrière. Devant la gare, le boulevard de la Libération longe les quais du port jusqu'à la pointe d'où s'élance la jetée, jamais achevée, qui devait relier Gorée à la côte et permettre un nouveau développement des installations portuaires.

Le port

Le **port de Dakar** est le plus important et le mieux équipé de toute la côte occidentale d'Afrique, entre le Maroc au nord et la Côte d'Ivoire au sud. C'est une escale quasi obligée des navires qui viennent d'Europe. Au-delà des réservoirs d'hydrocarbures et d'huile d'arachide, des *seccos* et des entrepôts frigorifiques, notamment pour le poisson, des énormes grues, on parvient, en suivant la voie ferrée, à la **gare routière** où grouillent, à toute heure du jour ou de la nuit, des dizaines d'autocars, d'autobus, de taxis ou de taxis-brousse, au milieu d'une foule de passagers, de chauffeurs et d'« apprentis chauffeurs », de vendeurs à la sauvette portant des plateaux chargés de boissons, de fruits, de cigarettes... On trouve de tout auprès de ces *bana-banas*.

Plus loin encore, c'est la zone industrielle portuaire, avec ses usines et ses chantiers navals, et, de l'autre côté de la voie ferrée, des banlieues aussi mornes que n'importe où dans le monde. Au nord-ouest du quartier du Plateau, au cœur de la **Médina**, en bordure des allées Papa-Guèye-Fall, trône la **grande mosquée**. Bâti en 1964 grâce aux munificences de S. M. le roi Hassan II du Maroc, l'édifice s'inspire de la mosquée Mohammed-V de Rabat. Il est possible de monter au sommet de ses minarets tous les jours sauf le vendredi, jour où la mosquée est ouverte aux seuls fidèles.

La Médina et ses marchés

Par-delà la grande mosquée, au nord-ouest, s'étend la **Médina**, construite à partir de 1914. Ce quartier aux maisons blanches préfabriquées enserrées dans un quadrillage de rues a été développé dans les années vingt au profit des survivants de l'épidémie de peste de 1914-1915. Animée, le jour, par les marchands ambulants et les échoppes d'artisans, la Médina est vivante aussi la nuit, lorsque les Dakarois se promènent dans la fraîcheur des rues obscures, bavardent, s'attablent dans une *dibiterie*, dans les cafés éclairés de lumières rouges ou bleues, ou vont se divertir dans les bars-discos de la basse ville.

A deux pâtés de maisons de la grande mosquée s'élève l'imposant **stade Iba-Mar-Diop**, où se déroulent notamment des séances de luttes qui ont lieu à la fin de chaque semaine, parfois même en semaine. Au bout de l'avenue Blaise-Diagne, en face du campus de la cité scolaire de Médina, on arrive au **marché de Tilène**, le moins européen. Là, on

Dakar ancien et moderne.

peut tout acheter, amulettes, gris-gris, potions qui procurent le succès ou l'amour, philtres pour faire périr un rival, griffes de singe, cornes d'antilope, ailes de hibou.

Le premier des deux autres marchés est celui de **Sandaga**, au carrefour de l'avenue Georges-Pompidou et de l'avenue Lamine-Guèye. C'est le plus vaste rassemblement de fripiers, de tailleurs, de poissonnières qui découpent à la demande les grands *thiofs* argentés, de boutiquiers qui vendent des cassettes (le plus souvent piratées à la radio nationale!), de vendeurs de chaussures. On peut y trouver de bonnes occasions: chaussures ou articles de maroquinerie, vêtements prêts à porter ou sur mesure, poteries, articles de vannerie, boubous ou tissus dits «de pagne».

Le troisième marché, par ordre d'importance, mais non le moins coloré, est celui de la **place Kermel**, dont le centre est une construction ronde, à proximité immédiate de l'avenue Albert-Sarraut. C'est le moins africain des trois. Sa spécialité est la vente de fleurs, proposées à profusion par des matrones dont les parures, la verve gouailleuse et le port majestueux valent le spectacle. On y trouve aussi des produits de l'artisanat local, encore que les prix soient plus élevés qu'ailleurs.

Jusqu'en 1989, l'un des traits des rues de Dakar était la présence d'une forte colonie d'artisans mauritaniens, reconnaissables à leur ample vêtement bleu indigo. Orfèvres réputés, ils se regroupaient dans d'innombrables et minuscules échoppes, notamment dans la **cour des Maures**, derrière le marché de Sandaga, avenue Blaise-Diagne. A la suite des émeutes raciales de 1989, les Maures ont regagné leur pays.

A l'ouest de la Médina, en descendant du Plateau par la **corniche Ouest**, dont les trottoirs sont le terrain de prédilection des amateurs de course à pied (et, à l'occasion, des voleurs!), se trouve le village de pêcheurs de **Soumbédioune**. Vers cinq heures de l'après-midi, la plage est envahie par les ménagères qui, avec le retour des pirogues, viennent faire leurs achats de poisson pour le

Des fauteuils musicaux permettent de choisir un disque.

tiep-bou-diene quotidien. Entre la plage et l'immense **cimetière musulman**, avec ses centaines de pierres tombales dressées vers le ciel, s'étend le village artisanal de Soumbédioune. Ce centre, qui regroupe plus d'une centaine d'artisans (sculpteurs, tisserands, tailleurs, orfèvres, maroquiniers, etc.), a été fondé en 1961 et mérite qu'on s'y arrête.

De Soumbédioune, on peut affréter une pirogue pour une sortie en mer jusqu'aux **îles des Madeleines**. Ces îles désertes sont visibles de tout point de la corniche Ouest, mais il est interdit d'y débarquer. On appelle aussi ces îles «l'île aux Serpents», mais ce nom vient d'une homonymie, il n'y a pas le moindre reptile sur ce rocher désolé. L'îlot principal fut choisi pour exiler un nommé Sarpan, coupable d'on ne sait quel méfait; ce fut donc l'îlot Sarpan. On y trouve en revanche une flore intéressante et, surtout, toutes sortes d'oiseaux de mer et migrateurs viennent y pondre. Le gouvernement en a fait un **parc national** accessible aux seules missions scientifiques.

Après Soumbédioune on passe devant les lotissements de Fann-Hock, puis devant le campus de l'**université Cheikh Anta Diop**. Ce nom lui a été donné en mémoire du professeur, mort récemment, dont les recherches sur les origines des structures sociales et politiques des peuples d'Afrique ont connu une certaine audience. Au-delà de l'université, sur le front de mer, tout un ensemble de villas résidentielles, certaines de grand luxe, sont le domaine de l'élite du pays; c'est **Fann-Résidence**.

A la limite de l'agglomération se trouve le **quartier Mermoz**, situé tout autour de l'aérodrome sur lequel Jean Mermoz, du temps des premières liaisons aéropostales avec l'Amérique du Sud, faisait escale. C'est ensuite **Ouakam**, village à présent absorbé par la cité. Une base militaire française, sur laquelle un millier d'hommes sont cantonnés, est installée au pied des **Mamelles**, collines jumelles qui dominent, modestement, Dakar. L'une d'elles est couronnée d'un phare (qui se visite) accessible par une petite route en lacet.

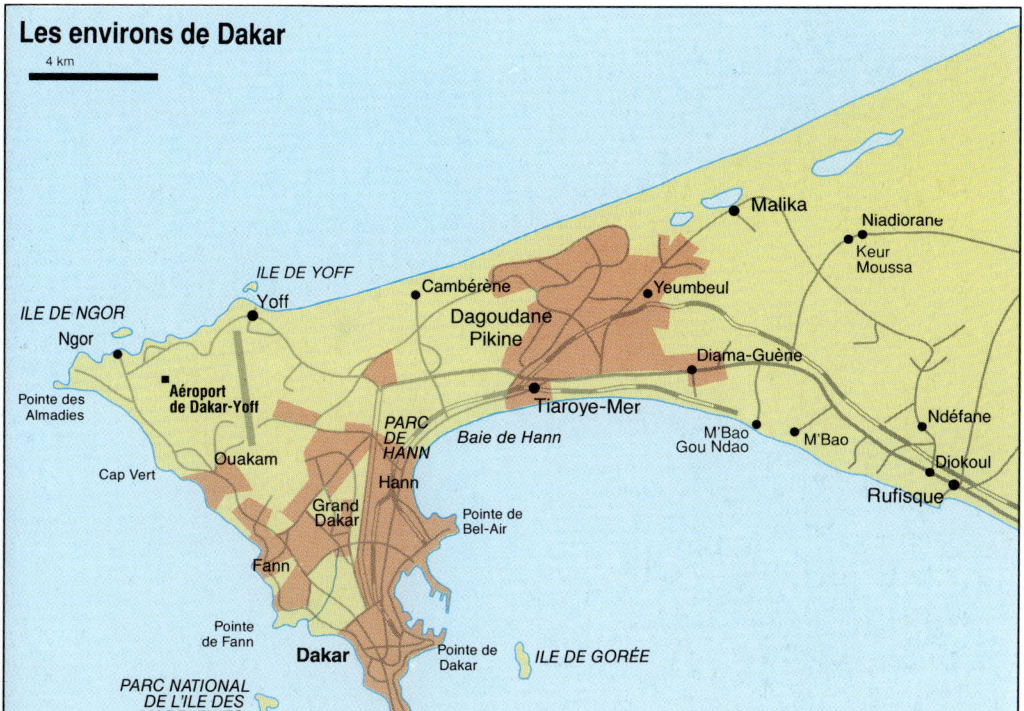

La pointe des Almadies

Encore plus loin, on parvient à la **pointe des Almadies**, site le plus occidental d'Afrique. Le club Méditerranée, qui occupe un vaste espace, a deux restaurants, une magnifique piscine, une boîte de nuit, un amphithéâtre et le lot habituel des sports et des jeux de plage. On peut voir les épaves de navires qui se sont heurtés aux écueils sous-marins en voulant doubler la pointe de trop près!

A proximité de la pointe, on découvre le village de pêcheurs de **Ngor**, avec son dédale de ruelles ensablées, sa plage blanche, sa petite mosquée au bord de l'eau et son modeste atelier de constructions navales. On peut y prendre une pirogue pour aller se baigner, de l'autre côté de la baie, sur l'**île de Ngor**. A l'autre bout de la plage s'élève l'ensemble luxueux des **hôtels Méridien**.

Vers le nord, on contourne l'aéroport international avant d'arriver au village lébou de **Yoff**. Situé, par rapport à la route, de l'autre côté du centre international d'échanges de Dakar aux curieux bâtiments pyramidaux, Yoff est le centre spirituel de la confrérie des layènes. Il mérite une visite, surtout le vendredi après-midi, quand toute la population revêt la tenue blanche. La cérémonie du *ndeup* est aussi un spectaculaire, mais nul ne peut prévoir quand elle a lieu.

En revenant vers Dakar, on traverse les nouveaux quartiers qui se développent autour de la **Patte d'Oie** et on rejoint la ville par l'autoroute qui coupe en deux les faubourgs du nord.

Le long de la côte nord de la péninsule se construisent aussi de nouveaux faubourgs. **Pikine**, au bout de l'autoroute, est l'exemple le plus frappant de l'explosion démographique que le pays connaît. Cette ville sortie des sables vers 1960 compte plus d'un demi-million d'habitants et grandit sans cesse. Près de Pikine s'élevait le **mur Tata**, muraille de sable et d'argile qui marquait la frontière de la république léboue.

Dans la zone qui sépare la Patte d'Oie de Pikine, tout un petit peuple laborieux s'est installé dans les quartiers de **Guediawaye** et des «parcelles assai-

Le club Méditerranée de la pointe des Almadies.

nies». Au nord, on trouve le village lébou de **Cambérène**, au bord de la mer, dominé par plusieurs lotissements modernes: **Golf Nord**, **Golf Sud** et **Hamo**, bâtis grâce à des fonds mixtes, publics et privés.

En retrait de la côte nord, au-delà des faubourgs éloignés de Dakar et jusqu'à Saint-Louis, s'étend un long chapelet de dépressions naturelles dont le sol gorgé d'eau est fertile. Ici poussent une bonne partie des fruits et des légumes qui sont vendus sur les marchés dakarois. L'accroissement de la population urbaine fait craindre la disparition de ces *niayes* dont vivent de nombreux cultivateurs, jardiniers et horticulteurs. Dans la région de **Sangalkam**, à 20 km, où est établi un centre expérimental d'agriculture, la plupart des fermes appartiennent à des Dakarois aisés.

En sortant de la presqu'île par la route de la côte sud, la **Petite Côte**, on dépasse d'abord la **pointe de Bel-Air**, puis le village de **Hann**, qui s'enorgueillit de sa belle plage de sable blanc et de son (modeste) jardin zoologique.

Ci-dessous à gauche, une plage de Dakar; à droite, un cireur de chaussures.

Rufisque

La route continue, bordée de palmiers (sur le bas-côté, des enfants proposent des noix de coco fraîchement cueillies, dont ils coupent la pointe afin que vous en buviez le lait) mais aussi d'établissements industriels. On atteint **Mbao** en moins d'un quart d'heure, puis les villages de pêcheurs de **Bargny** et de **Yene**.

Avant d'y arriver, on traverse **Rufisque**, siège des premiers comptoirs sur la côte sénégalaise. Au XIXe siècle, la ville était un centre arachidier et elle fut, avec Dakar, Gorée et Saint-Louis, l'une des quatre «communes libres» dont les indigènes étaient de plein droit citoyens français, de par une loi de 1916 (mais ils conservaient leur statut régi par la loi coranique). Ses fils ont été les premiers à siéger au palais Bourbon. De nos jours, sa mairie typiquement coloniale et de nombreux édifices témoignent de son passé industrieux, mais sa survie n'est plus assurée que par sa cimenterie.

GORÉE

De la corniche qui ceint Dakar, on peut apercevoir Gorée, brillante comme une porcelaine sous le soleil, à quatre kilomètres au large, à l'est, *« entre les rugissements de la mer et ceux des lions »*, écrivait le chevalier de Boufflers. Il ne faut pas manquer d'y passer une journée ou, au moins, une demi-journée. Si l'agitation de la capitale vous fatigue et que vous ayez la chance d'y trouver une chambre (il est difficile de s'y loger) vous pourrez vivre deux jours enchanteurs dans ses ruelles somnolentes, baignées de leur passé colonial.

On accède à l'île par chaloupe au départ de Dakar, à l'embarcadère du boulevard de la Libération, tout près de la gare du Dakar-Niger. Les chaloupes se succèdent, pour une traversée de vingt minutes, toutes les heures et demie, de sept heures du matin à minuit (ces horaires sont à vérifier). Le samedi et le dimanche, de nombreux Dakarois s'embarquent pour y passer une journée de plage. Le lundi est le jour le plus calme ; les musées sont fermés, et l'île livre sa plus authentique ambiance.

Pages précédentes : vue aérienne de Gorée, avec Dakar à l'arrière-plan.

En raison de sa situation sous le vent du cap Vert, au milieu de la plus vaste baie en eau profonde d'Afrique de l'Ouest, Gorée fut le premier port de relâche pour les voiliers venus d'Europe puis pour les transatlantiques.

Les premiers Européens à prendre pied sur l'île, jusque-là inhabitée, furent les Portugais, en 1444 ; ils la baptisèrent Palma. En 1558, les Hollandais s'en emparèrent et la rebaptisèrent Goede Reede, c'est-à-dire « bonne rade », d'où sans doute, par déformation, Gorée. En raison du mouillage sûr qu'elle offrait, de sa position au large des côtes de ces territoires d'Afrique de l'Ouest qui s'ouvraient au commerce, de la facilité avec laquelle elle pouvait être défendue, Gorée constituait une excellente base et sa possession fut âprement disputée.

Portugais, Français (des marins dieppois y prirent pied en 1634), Hollandais et Anglais rivalisèrent pour s'en assurer le contrôle jusqu'au jour où, en 1677, le comte d'Estrées en prit possession au nom de la France. Mais les Anglais la reprirent et la tinrent jusqu'en 1816. Les compagnies marchandes européennes et les représentants de la couronne de France y édifièrent des entrepôts pour y emmagasiner armes, poudre, fripes, sel, petits objets manufacturés et bimbeloterie qu'ils échangeaient avec les roitelets africains contre de l'or, des peaux, de la gomme arabique et, par-dessus tout, des esclaves.

Le bois d'ébène

C'est en tant que lieu de transit d'esclaves que Gorée se développa. Les plantations des Amériques et des Caraïbes exigeaient de plus en plus de main-d'œuvre. D'abord dans la région du Sénégal et de la Gambie, puis plus au sud, le long de la côte, les négriers négociaient avec les chefs des tribus indigènes le « bois d'ébène » (« l'ivoire noir » selon les Anglais) qui était assemblé à Gorée, trié et enfermé en attendant un embarquement pour l'autre rive de l'Atlantique.

Au cours du XIXe siècle, avec l'abolition de l'esclavage, d'abord par les Anglais puis par les Français, ce trafic disparut, mais Gorée demeurait la meilleure escale des navires en provenance d'Europe ou des Amériques. Les forces navales engagées dans la répression de la traite y avaient leur port d'attache. L'île était un port franc et une considérable activité commerciale continua d'y régner. En 1832, le chiffre de sa population culminait à 5 000 habitants.

Dans la seconde moitié du XIXe siècle, la population atteignit son seuil de saturation et la ville de Dakar fut fondée sur la presqu'île d'en face, en 1857.

Les activités commerciales se déplacèrent vers le continent avec la culture de l'arachide et la construction d'une voie ferrée. Les paquebots transatlantiques mouillèrent dans le nouveau port de Dakar, qui s'agrandissait. Gorée fut peu à peu abandonnée aux communautés religieuses qui y avaient ouvert des écoles et le nombre de ses habitants déclina pour ne plus compter qu'à peine 600 âmes en 1931.

Gorée aujourd'hui

L'architecture des bâtiments de la petite île raconte son histoire. L'apparence des immeubles, dont presque aucun n'a été construit depuis le début du siècle, traduit la fonction militaire ou commerciale à laquelle ils étaient destinés, et l'ensemble forme un curieux mélange de styles et de nationalités. Nombreux sont ceux, avec les maisons qui les entourent, qui tombent en ruine, faute d'entretien pendant les décennies qui ont suivi le déclin de l'activité portuaire.

Grâce aux programmes lancés par l'Unesco et par le gouvernement dans les années soixante-dix et quatre-vingt, plusieurs, parmi les plus atteints, ont pu être sauvés de la ruine mais, s'il existe une réelle volonté de restaurer l'île, les fonds manquent. De plus, la situation des propriétaires de ces maisons et celle des habitants de Gorée entravent toute action tendant à rénover ces constructions. Les titres de propriété sont aux mains des innombrables descendants, souvent impécunieux, des anciens pro-

L'escalier de la maison des Esclaves.

priétaires et ces ayants droit vivent aux quatre coins du pays; dans le meilleur des cas, ils ne peuvent, ou ne veulent, prêter aucun intérêt à la part, souvent modique, des droits qu'ils détiennent sur leur lointaine propriété.

D'autres immeubles ont été achetés ou loués par des Dakarois fortunés ou des Français. Plusieurs, parmi les plus imposants (notamment celui qui, derrière ses hauts murs magnifiques, fut la propriété du consulat des États-Unis) ont été acquis par de riches étrangers, tel l'Agha Khan. D'aucuns ont pu craindre que Gorée devînt un lieu de retraite luxueuse, mais jusqu'ici cette évolution n'a pas eu lieu.

En dehors des touristes qui s'y rendent pour une journée, les écoles de l'île (il y en a trois: le jardin d'enfants, les écoles primaire et secondaire et l'université des Mutants) ainsi que les deux musées et les services publics (poste, dispensaire, commissariat de police) y entretiennent une certaine activité. De nombreux fonctionnaires travaillant à Dakar sont logés à Gorée, parfois dans d'anciens bâtiments administratifs. Les anciens gardiens de la prison, maintenant désaffectée, du **fort d'Estrées**, et leurs familles sont demeurés sur place.

L'arrivée de la chaloupe de Dakar constitue un événement. Celle de la mi-matinée ramène les ménagères de retour de leurs courses en ville. Les touristes se heurtent aux enfants et aux adolescents qui leur offrent, généralement sans trop les importuner, de leur servir de guides. Il est fréquent que des voiliers soient au mouillage, à l'abri derrière les jetées, et la plage est souvent envahie de baigneurs.

En remontant vers le centre, la **place du Gouvernement**, on est saisi par la beauté du coup d'œil et par le calme qui règne. Ici, nulle circulation automobile, et la plupart des rues et des venelles sont tapissées de sable ou pavées de blocs de basalte irréguliers extraits de la carrière de l'île. Les baobabs et les arbres à palabres ombragent les lieux publics, alors que les bougainvillées ornent les murs de brique cuite ou jaillissent à travers les toits effondrés.

La rénovation réussie d'une vieille maison.

Un gentilhomme

Le plus remarquable des restaurants de l'île est l'**hostellerie du Chevalier de Boufflers**, dont la charmante terrasse domine la plage et la jetée. L'établissement offre deux chambres qu'il est difficile de louer car ce sont les seules de l'île! (L'ancien **relais de l'Espadon**, plus vaste, a fermé ses portes en 1981, encore que des rumeurs persistantes annoncent une réouverture possible.)

Prendre un verre ou un repas sur la terrasse ou dans la confortable salle à manger drapée de filets auxquels sont suspendus des sculptures africaines et des objets de pêche, est vivement recommandé. Les propriétaires français proposent une excellente carte de produits de la mer (bars, appelés localement *thiof*, langoustes, crevettes, huîtres et autres coquillages ou crustacés plus rares) accommodés à la française.

Jean Stanislas de Boufflers, nommé gouverneur du Sénégal en 1785, déménagea le siège du gouvernement de Saint-Louis, qu'il n'aimait pas, et l'installa à Gorée, «*sa petite islette*», comme il l'écrivait à la comtesse de Sabran. Il finira par l'épouser, mais c'est d'abord parce qu'il ne pouvait se marier sans renoncer à ses 40000 livres de bénéfices ecclésiastiques qu'il était parti pour les colonies. Esthète féru de poésie (madame du Deffand doutait que Voltaire eût plus d'esprit que lui), de l'Académie française, l'élégant gouverneur fit des ravages parmi les *signares* de Gorée, bien qu'il restât toute sa vie fidèle en pensée à la comtesse de Sabran.

Les *signares* (déformation du portugais *senhora*) étaient des métisses qui surent tirer fortune et pouvoir, à Gorée comme à Saint-Louis, de leurs liaisons avec les Européens, négociants, administrateurs ou militaires, qui séjournaient en Afrique. Ces unions, officialisées sous forme de «mariages à la mode du pays», prenaient fin lorsque l'homme, son temps achevé, regagnait l'Europe, laissant à sa compagne ce qu'il ne pouvait emporter. Sur quoi la dame abandonnée, après avoir balayé dans le sable l'empreinte des pas de son amant et pris un deuil de convenance, se mettait en quête de son successeur.

Les *signares* les plus opulentes, telles Anne Pépin (qui fut la maîtresse de Boufflers), Victoria Albéris ou Cathy Louette, possédaient de grandes maisons et entretenaient une foule d'esclaves et de domestiques qui paradaient derrière leur patronne en exhibant les joyaux dont celle-ci était comblée. Au XVIIIe siècle régnait dans la petite communauté goréenne une atmosphère frivole et raffinée, avec bals et banquets destinés à divertir les Européens exilés qui se livraient, par ailleurs, à de fructueuses activités mercantiles.

La **maison de Victoria Albéris**, remarquable pour son balcon en forme d'étrave, existe toujours à l'angle de la rue Saint-Germain et de la rue Malavois. Elle abrite le **musée historique de l'Institut fondamental d'Afrique noire**. Ce musée conserve une belle collection d'objets de la préhistoire africaine, avec des salles consacrées aux grands empires, à la période de la traite, et expose de nombreux objets d'art indigène, notamment des instruments de musique.

Les vieilles pierres de Gorée au crépuscule du soir.

Maisons et forts

Le **musée de la Mer**, à un pâté de maisons de l'hostellerie du Chevalier de Boufflers, expose 750 poissons naturalisés et de 700 mollusques et crustacés. La visite la plus intéressante demeure celle de la **maison des Esclaves**, qui offre un curieux mélange de styles (avec son escalier à double révolution). Le gardien exhibe les chaînes et les fers, les cellules du rez-de-chaussée dans lesquelles les esclaves étaient parqués la nuit. Les femmes et les enfants étaient affectés aux corvées domestiques, les hommes au portage et au concassage du marbre jaune et du basalte, matériaux employés pour remplacer par des maisons en dur les cabanes en bois à toit de paille des Bambaras.

Il y a d'autres maisons d'anciens traitants: la **maison de Diouga Dieng**, qui abrite le centre de documentation de la diaspora noire; l'ancienne **maison Angrand**, dans les ruines de laquelle se donnent parfois des spectacles. Elles ont toutes une enceinte haute et forte, une cour intérieure ceinte, au premier étage, de vérandas isolant les appartements des maîtres et, au rez-de-chaussée, les cellules.

La **mosquée** est l'une des plus anciennes bâties en dur du pays; la touchante **église Saint-Charles Borromée**, date du tout début du XIXe siècle, et le plus vieux bâtiment de l'île est l'**église portugaise** (1482). A chaque extrémité s'élève une forteresse. Au sud, sur la hauteur, se trouvent les ruines du **Castel**; au nord, le **fort d'Estrées**, appelé aussi Batterie nord, attend d'être transformé en annexe du musée historique.

La façon la plus agréable de visiter l'île de Gorée est de se promener au hasard, dans les ruelles bordées de maisons ravissantes... et tombant en ruine. A défaut d'être invité chez un Goréen pour le rituel verre de thé à la menthe, vous pourrez faire halte dans l'un des estaminets qui bordent la plage et la promenade du quai des Boucaniers. Le **Thiam**, dirigé par un ancien garçon de l'hostellerie de Boufflers, est excellent et bon marché.

La maison de Victoria Albéris.

LA RÉGION DE THIÈS

La ville de Thiès est un exemple de ces centres commerciaux qui, au Sénégal, se sont développés aux carrefours des voies de communication. Au croisement des routes reliant Dakar, à 70 km au sud-ouest, à Louga au nord, à Djourbel et à Kaolack à l'est, Thiès est aussi un nœud ferroviaire. Venant de Dakar, la voie ferrée construite en 1888 se divise ici en deux branches, l'une conduisant à Saint-Louis, l'autre à Kaolack, Tambacounda et, au-delà, jusqu'à Bamako au Mali.

Thiès figure sur la plupart des cartes anciennes de l'Afrique occidentale. A l'origine, elle faisait partie du royaume du Cayor, dont les princes ouolofs, dès le XIVe siècle, édifièrent leur fortune sur la traite. C'est de cette région du Cayor qu'est issu Lat Dior, héros de la résistance contre les Français. A sa mort, en 1896, le Cayor fut rattaché à la colonie française, au même titre que Dakar, Gorée et Saint-Louis.

L'héritage islamique

Dès le XIIIe siècle, la région de Thiès se trouvait sous la coupe de la dynastie des Almoravides, qui y avaient imposé l'islam. Depuis cette époque, Thiès est un centre religieux. De nombreuses mosquées témoignent de la pérennité de cet état de choses. La secte des tidianes, dont le lieu saint, **Tivaouane**, se trouve à une vingtaine de kilomètres, exerce sur la région une influence prépondérante.

Les environs n'ont rien de très pittoresque; la ville étend ses quartiers sur une terre mollement ondulée de latérite poudreuse. De nombreux citadins travaillent dans les mines de phosphate à ciel ouvert de **Taïba** et de **Pallo**, au nord et à l'ouest, mais les ressources de la ville demeurent fondées sur les activités commerciales et ferroviaires. Depuis la chute des cours de l'arachide et la montée de ceux du phosphate, les deux mines ont contribué à l'effort de rééquilibrage de l'économie. Des visites sont organisées dans les mines situées entre Thiès et l'océan. La quasi-totalité de la production est convertie sur place en engrais, dont le Sénégal est le dixième producteur mondial.

Thiès est une escale pour ceux qui voyagent par la route, par les deux trains quotidiens qui relient Dakar à Saint-Louis ou encore par l'express bihebdomadaire de Bamako. La gare demeure le centre de l'activité urbaine et l'hôtel le plus proche est l'**hôtel du Rail**, établissement sommaire dont les huit chambres sont généralement envahies par les marchands ou les hommes d'affaires tout juste descendus des voitures. Le meilleur de la ville est l'**hôtel de Thiès**, oasis de calme proche de la gare, et on peut, la plupart du temps, y trouver libre l'une des 15 chambres climatisées. Le restaurant fort prisé de l'hôtel de Thiès est moderne, modestement décoré d'objets d'artisanat local, et on y sert une excellente cuisine sénégalaise. Les menus variés comprennent aussi des mets européens. Comme il existe aux alentours de nombreux endroits où se restaurer, le tout petit **hôtel Rex** se passe, quant à lui, de restaurant, mais l'**Étoile du Sud**, plus grand, a une salle à manger confortable,

Pages précédentes : messe africaine au monastère de Keur Moussa. A gauche, un vénérable chef de famille ; à droite, église catholique à Thiès.

où le service est hélas fort lent ! L'Étoile du Sud est un endroit parfait où prendre un rafraîchissement après la visite des échoppes et des ateliers du marché.

Art et artisanat

L'**Atelier d'art et d'artisanat**, ouvert en 1966, est installé dans les baraquements de l'ancien camp militaire édifié par Faidherbe. Il en existe plusieurs dans le pays, appelés manufactures sénégalaises des Arts décoratifs. Celui de Thiès, sous la haute autorité de M. Papa Ibra Tall, est renommé pour ses tapisseries, parfois de dimensions impressionnantes, confectionnées par des artisans de talent d'après des cartons de peintres comme Amadou Seck, Souleye Keita, Maodo Niang et Ousmane Faye, dont l'œuvre maîtresse est *la Forêt*. Ces véritables chefs-d'œuvre sont en vente, ainsi que des céramiques, des étoffes peintes à la main, des aquarelles, des tableaux ou des sculptures sur bois. Le prix des tapisseries est très élevé. M. Ibra Tall est un artiste renommé dont les œuvres ont été présentées à l'occasion d'expositions internationales. Le thème de son *Heure des esprits* est souvent repris dans les tapisseries, les ouvrages de broderie ou les gravures sur bois sortis de cet atelier.

Cette région du Sénégal était un centre du commerce de bois précieux : ébène, bois de fer, acajou, sapelli, iroko. De nos jours, cette matière première fait défaut en raison de la déforestation. Les arbres de la région ont été indistinctement abattus et convertis en combustible par la population. Aujourd'hui, les bois exotiques qu'emploient les ateliers des grandes villes viennent des zones reculées de l'intérieur du pays ou des forêts lointaines de Casamance, voire de Guinée. Masques, statues, marqueterie, vases, peignes stylisés, plaques pectorales et vaisselle constituent de remarquables souvenirs, encore que les plus beaux soient lourds et encombrants. Les articles de maroquinerie, les bijoux en filigrane d'or ou d'argent délicatement ouvragé que vendent les orfèvres maures ou maliens, ou les statuettes en bronze, sont plus maniables.

Une avenue ombragée (le tronc des arbres est passé au lait de chaux).

Les rouleaux de l'Atlantique

On gagne les immenses plages qui s'allongent depuis les banlieues nord de **Dakar** par la route de la côte jusqu'à l'embranchement de **Kayar**. Le littoral atlantique est constitué d'une suite de plages de sable blond ou blanc, bordées de dunes couronnées de bouquets d'herbe grasse, sur lesquelles viennent se briser les rouleaux frangés d'écume.

A travers la péninsule du cap Vert, plusieurs endroits sont dignes d'intérêt avant le front de mer. Il est bon de se faire accompagner d'un guide avisé. Le bourg de **Sébikotane**, par exemple, est fameux parce qu'il est le siège de la célèbre **école William-Ponty**, qui fut une pépinière d'hommes d'État africains. Son imposant bâtiment central côtoie quelques beaux exemples de l'architecture coloniale du milieu du siècle dernier. A quelque distance se trouve le **ranch Filfill**, enclave libanaise, oasis luxuriante plantée d'arbres tropicaux et noyée dans les fleurs, au milieu d'un paysage à demi désertique. Un embranchement conduit au **monastère de Keur Moussa**, où le public se presse nombreux, le dimanche matin, pour assister à la messe accompagnée aux instruments sénégalais (koras, balafons et tam-tams).

Plus au nord, on découvre un chapelet de lacs: Youi, Malika, Mbobossé et Retba. Entre les lacs et la mer, les dunes ont fait l'objet d'une campagne de reboisement. C'est sur le **lac Retba** que Mermoz avait installé la base de ses hydravions, avant la construction de l'aéroport de Yoff.

Les habitants de **Bambylor**, hameau proche du lac, ont uni leurs talents pour édifier un campement touristique dans un couloir de dunes. Dirigé par des Peuls, le **campement de Nidaga Peul** est installé dans un endroit charmant, tout près d'une plage bordée de cocotiers. Le paysage et l'excellente cuisine, à base de produits de la mer, font oublier le caractère spartiate des lieux. De là, on rejoint le carrefour de **Mbayakh**, d'où l'on peut regagner Dakar par Rufisque ou bien continuer vers le nord, en direction de Kayar.

Fidèles tidianes accueillant un dignitaire de la confrérie à Tivaouane.

Kayar et ses pirogues

Sur les côtes de l'ancienne Afrique occidentale française, en parlant de bateau on évoque en fait les pirogues, esquifs longs et effilés, à l'étrave relevée à chaque extrémité, qu'on rencontre sur chaque cours d'eau, rivière ou marigot. Elles sont généralement taillées d'une seule pièce dans le tronc d'un baobab, dont le bois est léger. Les grandes pirogues qu'on voit partout, tirées au sec, le long de la côte nord, sont autrement charpentées. Chaque plage, chaque échancrure du littoral possède sa flottille aux couleurs éclatantes, tirée à la limite des hautes marées.

Ces embarcations aux lignes élégantes ont été améliorées au fil des générations. Construite à partir d'une quille de bois rouge de la famille du teck, qui se taille facilement, la carène est constituée de bordés de planches gauchies, solidement assujetties au fond plat, ce qui donne à la pirogue un profil élancé avec des œuvres mortes assez hautes pour affronter les vagues du large. La pirogue peut mesurer de 2 m à 20 m, et sa largeur est telle qu'un rameur peut s'asseoir sur chaque bord tout en laissant, au milieu, un espace où ranger le filet et les prises. A chaque extrémité, un curieux bout-dehors donne à la pirogue cet aspect en lame de couteau.

La construction se fait en équipe, par des charpentiers qui travaillent à l'herminette, et se termine par un polissage général de l'extérieur. Dans l'ombre claire d'un auvent de palmes tressées, le contremaître prend, de l'œil, des mesures et guide le travail de ses compagnons jusqu'à ce que la pièce ait la forme voulue. Bien souvent, un banal tesson de verre sert de grattoir pour polir les parties à peindre. Le bleu, le noir, les trois couleurs nationales (vert, jaune et rouge) sont étalés en longues bandes pour former des dessins stylisés. On y peint des croissants, des étoiles, des pointes de diamant, des cœurs, des fleurs, etc. Et la pirogue sera baptisée aussi bien *el-Hadj Malik Sy* que *Mouhammar al-Kadhafi* ! Parfois une bénédiction, en caractères arabes, au

Sur la plage, à Kayar.

milieu d'entrelacs, vient orner la proue surmontée du drapeau sénégalais.

Quittant les plages de Kayar, des centaines de pirogues prennent chaque jour le large, parfois fort loin en mer, selon les migrations des bancs de poissons (bars, thons, colins, espadons, barracudas, requins). A terre, au milieu des fumeries, des cases, des abris à filets et des magasins de vivres, des taxidermistes naturalisent des mâchoires de requin ou des rostres d'espadon afin de les vendre aux touristes.

Partout sur la plage, on peut voir ces vastes claies, séparées par des couloirs étroits et tortueux, sur lesquelles le poisson est séché ou fumé. Au bord de l'eau, avec le retour des pêcheurs, le marché aux poissons s'organise aussitôt que les prises sont mises à terre. Des femmes aux boubous éclatants, portant de larges cuvettes émaillées, marchandent calmars, pieuvres et mulets, ou choisissent la tranche du gros poisson qui sera servie au *tiep-bou-diene*. Chacun a un rôle à jouer, de la pêche en mer au chargement du poisson sur les camionnettes bariolées qui ravitaillent les marchés des villes. Il existe une hiérarchie au sein de cette population laborieuse et la part de chacun est déterminée. Même les garçons qui poussent du pied les rondins de rônier sur lesquels les pirogues sont tirées au sec ou à flot, reçoivent en poisson le salaire de leur peine. De juillet à octobre, grande saison de la pêche, la population de Kayar double. Une bonne part des prises est exportée.

Le meilleur moment pour visiter Kayar se situe deux heures avant le coucher du soleil, lorsque les dernières pirogues reviennent à terre et que des centaines de feux de camp s'allument sur la grève. L'**auberge des Cocotiers** est le restaurant le plus coté et la variété de poissons qu'on y sert défie l'imagination.

Mboro

Pour gagner le plus proche village de la côte, Mboro, il faut revenir au carrefour de **Mbayakh** et prendre la route qui passe entre le **lac Tamna** et la mer. Mboro est à 50 km au nord de Kayar et

La pêche et l'élevage se rencontrent sur la plage.

ces deux villages de pêcheurs ont de nombreux points communs. Mais près de Mboro se trouve le **lac Rose**. On a l'impression que les eaux du lac, dont la teinte extraordinaire est due aux sels minéraux dont elles sont chargées, sont animées d'ondulations permanentes. Cette illusion vient des myriades d'oiseaux qui entretiennent un ballet constant sur ces eaux tranquilles: flamants, spatules, pélicans, hérons, sternes, échassiers de toutes espèces et une infinie variété de mouettes. Ce spectacle est l'un des plus fascinants de toute la côte africaine occidentale.

Les bourgades isolées de **Fas Boye** ou de **Lampoul** ne sont accessibles qu'après un long détour sur les pistes adjacentes de la grand-route de Dakar à Saint-Louis. Le circuit recommandé consiste, au départ de Mboro, à se diriger à l'est vers **Tivaouane**, capitale des tidianes. Cette confrérie, assez stricte, fut fondée par al-Tidjani (1737-1815) et ses chefs, les califes, résident toujours à Tivaouane, la ville sainte. La grande fête de la secte est le Gamou.

Au nord de Tivaouane, on trouve les bourgs de **Mekhé** et de **Kebemer**, brèves escales sur la route de Saint-Louis, et, plus loin encore, la ville de **Louga**, gros centre arachidier.

Fêtes folkloriques

De nombreuses fêtes se célèbrent dans cette région. Les responsables de l'animation dans les hôtels et les ensembles touristiques ont souvent pimenté de variantes et de costumes les représentations qu'ils proposent à leur clientèle...

Parmi les manifestations les plus authentiques, l'une des plus populaires est la *syniaka*, danse exécutée au mois de mai par des jeunes filles nubiles des villages de brousse de la région de Thiès. Autrefois, au cours d'une réclusion de huit jours, elles subissaient l'excision clitoridienne (cette opération barbare n'a pas disparu), et la cérémonie initiatique culminait avec la représentation de la *syniaka*.

Au début de juin, ce sont les rites liés à la fertilité des femmes et aux prédictions des sorcières sur l'avenir des nouveau-nés qui donnent lieu à des célébrations accompagnées de prières aux divinités et de danses hautes en couleur. Cette période, appelée *kunyalene*, précède le temps du Fil, autre manifestation qui se déroule en juin-juillet.

L'époque du Fil est marquée par des chants, des récitations de poésies et des récits, qui sont autant d'offrandes propitiatoires à la veille de la saison des pluies. Les danses et les incantations du Fil ont pour but d'appeler la bénédiction des dieux sur la récolte et d'apporter la richesse au village. Dans la région de Thiès, ce sont principalement les femmes qui animent ces danses et l'une de ces cérémonies, *ebounaye*, ne comprend que des femmes qui se livrent à des danses, assez érotiques d'ailleurs, appelées *bougereb*. Ces festivités rituelles durent en général une semaine et se terminent par l'élection de la reine de beauté du village.

Sur les scènes des hôtels, ces mêmes cérémonies, autrefois essentielles dans la vie sociale et qui duraient des heures, sont ramenées à des exhibitions qui dépassent rarement vingt minutes.

A gauche, récolte du sel sur le lac Rose; à droite, le coton est une ressource de la région de Thiès.

SAINT-LOUIS

Capitale du Nord-Sénégal, Saint-Louis est, par ordre d'importance, la troisième ville du pays et son second port de mer. Elle est située à 265 km de Dakar, à laquelle elle est reliée par une bonne route asphaltée. La frontière avec la Mauritanie passe à une dizaine de kilomètres, et cette position géographique explique que ses 95000 habitants représentent une multitude de races.

Implantée sur une île au milieu de l'embouchure du fleuve et baptisée sous le règne de Louis XIV, la cité fut fondée par des colons français en 1659. Ce fut le premier comptoir permanent français au Sénégal. Toutefois, avant la construction de cet avant-poste, les expéditions conduites par des marchands dieppois avaient reconnu cette partie de la côte et l'explorateur portugais Lançarote avait pris pied à proximité dès 1445. Thomas Lambert et le Dieppois Jaennequin installèrent un campement sur l'île en 1638, mais ce fut Louis Caullier qui, vingt et un ans plus tard, entreprit l'édification d'un établissement durable. Doté d'un bon mouillage et facile à défendre, le port devint l'un des centres les plus actifs de la traite. A la fin du XVIIIe siècle, sa population atteignait 10000 habitants et de nombreux «mariages à la mode du pays» unissaient des traitants français à des femmes affranchies. Comme à Gorée, les filles métisses issues de ces unions, les *signares*, constituèrent peu à peu une élite fortunée. Saint-Louis devint le principal établissement français de la côte occidentale et, en 1816 puis en 1824, René Caillié y débarqua avant d'entreprendre l'exploration des terres de l'intérieur. Notons que c'est un rescapé du radeau de la *Méduse*, le colonel Schmalz, qui reprit aux Anglais la ville, que le traité de 1816 rendait à la France (mais il dut attendre deux ans leur bon vouloir).

Pages précédentes: scène de marché à Saint-Louis. Ci-contre, marchands maures.

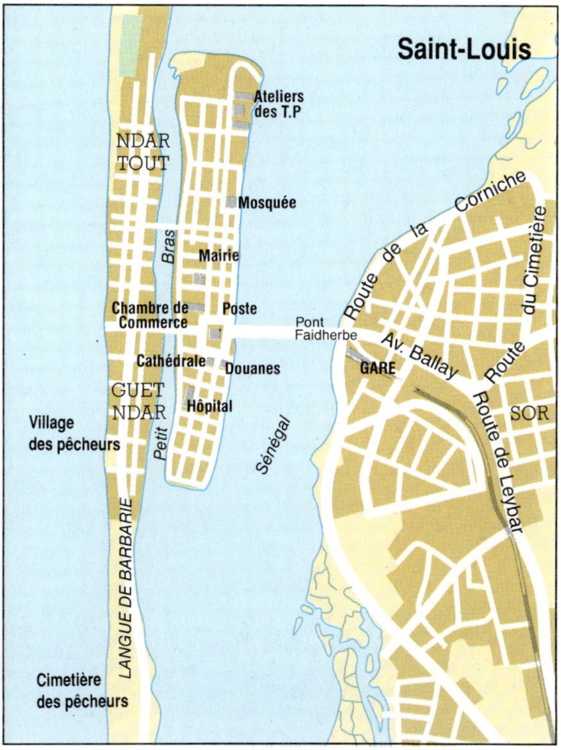

Le baron et le général

Deux gouverneurs du Sénégal exercèrent une influence déterminante sur le développement de la ville. Le baron Roger, gouverneur de 1822 à 1827, fut à l'origine de la construction de l'immeuble de la maison de commerce **Maurel & Prom**, qui demeura longtemps le bâtiment le plus imposant de la colonie. Il s'attaqua également à l'édification de la **cathédrale**, à la place d'une petite église de bois. A sa nomination, en 1854, Faidherbe lança une campagne de grands travaux. Comme la ville s'étendait sur les deux rives du fleuve, de part et d'autre de l'île, il fit construire le **pont Servatius**. Puis, en 1880, l'**hôtel de ville**. Enfin, trois ans plus tard, Saint-Louis était relié par chemin de fer à Dakar.

Grâce à son port et à sa position à l'embouchure du fleuve, Saint-Louis fut longtemps le centre du trafic, tant avec l'Europe qu'avec les pays au sud du Sahara. La cité s'agrandit sur le continent, avec le faubourg de **Sor**, et vers l'ouest, sur la langue de terre qui sépare le fleuve de l'océan. Le **pont Faidherbe** relie Sor à l'île, cœur de la ville. Le pont Servatius et le **pont de la Geôle** ouvrent le passage qui donne accès aux quartiers de **Guet-Ndar** et de **Ndar-Toute**.

L'atmosphère coloniale

Parmi les beaux immeubles de la période coloniale, certains datent du début du XVIIIe siècle, alors que la ville était à son apogée. Le plus pur exemple en est ces maisons du centre de la cité, ceinturées à l'étage de balcons de bois enserrant une cour à l'abri de hauts murs. Les *signares* furent au nombre des plus ardents promoteurs de l'édification de la cathédrale, qui compte aujourd'hui parmi les bâtiments publics les plus anciens de la ville.

A présent résidence du gouverneur de la région du Fleuve, la **Gouvernance**, en face de la cathédrale, est également un bel exemple d'architecture coloniale du début du XIXe siècle. C'est au-dessus de ce bâtiment que flottait le pavillon à damier rouge et blanc annonçant le courrier par bateau, plus tard bleu et blanc pour le courrier aérien.

La **place Faidherbe**, que les Saint-Louisiens continuent d'appeler «la Savane», dans la même partie de l'île, est une oasis de verdure entourée de maisons d'époque Louis-Philippe. C'est l'un des plus vieux quartiers de la capitale. A la place de ce square s'étendait au XVIIe siècle un cimetière. Le botaniste Adamson y avait fondé un jardin d'essai, et le musée qui porte son nom est ouvert à la pointe sud de l'île. Le centre de recherches et de documentation du Sénégal abrite une collection unique de livres, de documents d'archives et d'objets retraçant l'histoire de la ville.

Le **quai Henri-Jay** conduit au centre de l'île, au pont Faidherbe et à la grande poste, juste à gauche. Au pied du pont s'élève, sur trois étages dominant le fleuve, l'**hôtel de la Poste**. Cet établissement au toit de tuiles rouges, agrémenté de petits balcons en façade, avec ses stores de couleurs vives et sa terrasse couverte, ouvre sur la **place de l'Indépendance**. Il compte 45 chambres climatisées et un bar restaurant frais et accueillant. Vu du fleuve, l'hôtel, avec les bâtiments qui l'entourent, offre par ses teintes pastel variant selon l'heure du jour un aimable spectacle que reflètent les flots.

L'hôtel est plus qu'une simple halte confortable ou un endroit sympathique

Vue aérienne de Saint-Louis, avec le continent à l'arrière-plan

où déjeuner ou dîner. Il fait revivre (et ce n'est pas tout à fait involontaire) l'atmosphère nonchalante et la douceur de vivre de la colonie d'autrefois. Des peaux de panthère et des trophées ornent les murs couverts de peintures naïves du bar. L'hôtel a accueilli — et mis tout de suite dans l'ambiance — les acteurs et les équipes de tournage du film de Bertrand Tavernier *Coup de torchon*, qui racontait les mésaventures domestiques de colons français des années trente. L'une des chambres est la chambre Mermoz, celle que l'aviateur occupait à chacun de ses passages.

L'**hôtel de la Poste**, bien que typique de l'architecture coloniale de Saint-Louis, n'est pas le plus luxueux de la ville. Le **Mame Coumba Niang**, avec ses 40 chambres climatisées, est le plus moderne. Il est meublé de façon classique. Son restaurant est apprécié, son bar agréable, et il est le seul à disposer d'une piscine. La **Résidence**, autre hôtel confortable, plutôt bourgeois, ressemble par certains côtés à l'hôtel de la Poste, mais avec seulement 30 chambres climatisées, un restaurant et un bar que fréquentent les employés des bureaux du quartier.

Avec ses rues qui se coupent à angle droit, Saint-Louis se visite facilement à pied. Depuis quelques années, il est interdit de construire des immeubles plus élevés que la **grande mosquée**, le long du quai Roume, dans la partie qui s'étend au-delà de l'hôtel de la Poste. Bâtie sur l'avenue du général Villiers, au nord de l'**île de Ndar**, la grande mosquée est un édifice assez majestueux, élevé sur les fondations d'une ancienne maison fortifiée.

Tout au bout de l'île se trouvent l'**immeuble des Travaux Publics** et la station de radio Saint-Louis. Il faut compter deux heures pour parcourir l'île tranquillement, surtout si l'on prend le temps de s'arrêter pour goûter les charmants détails architecturaux des bâtiments, leurs persiennes, leurs balcons de fer forgé, leurs arcades et les colonnades de leurs vérandas. Plusieurs rues portent encore les noms d'écrivains français qui leur ont été attribués en 1873.

Le pont Faidherbe.

En franchissant le bras du fleuve par le pont Servatius, on parvient **place du Marché**. De nombreux Ouolofs aux amples vêtements brodés accompagnent leurs femmes, couvertes de bijoux, au milieu des étalages, cependant que les femmes peules, dans les coins écartés du bazar exposent leur poisson séché ou leurs plateaux de piment vert et rouge.

Vers le sud, le long du marché et de l'**avenue Lamothe**, qui s'éloigne du centre de Guet-Ndar, on entre dans un quartier complètement différent. Hauts murs blancs et toits de tuiles rouges cèdent la place à un fouillis de constructions désordonnées, éparses, à quelques mètres des beaux quartiers du XVIIIe siècle et de leurs avenues ombragées. Là, les pêcheurs ouolofs ont établi leur village. Au milieu des cases, des pirogues tirées au sec, on peut voir les filets qu'on répare, les fumeries, les claies des sécheries, et partout une agitation de fourmilière. Sur les berges du bras du fleuve, de minuscules potagers forment des taches vertes. Les habitants, quoique paisibles et en apparence insouciants, ne sont pas toujours aimables vis-à-vis des étrangers.

Un kilomètre plus loin, on arrive au très étrange **cimetière des pêcheurs**, où les tombes rudimentaires, couvertes de lambeaux de filets flottant au vent, donnent un air à la fois mystérieux et sinistre au spectacle de la mer, des dunes et des cases. A la pointe sud se trouve l'**Hydrobase**, ancien terminus de la liaison aéropostale avec l'Europe. Les constructions sont à l'abandon. Les hautes dunes plantées de filaos attirent les baigneurs et les pique-niqueurs. L'Hydrobase et la plage étant assez loin de la ville, il faut un moyen de transport pour s'y rendre. En face du quartier des pêcheurs, on voit le **collège Blanchot** et le centre de recherches, à l'extrémité nord de l'île de Ndar. Un peu plus loin, le quai ouest de Ndar s'étire jusqu'au **pont Servatius**. Le grand immeuble, en retrait du quai, est l'hôpital communal.

Il existe des trains quotidiens entre Saint-Louis et Dakar ; le trajet dure sept heures pour 270 km. Les places sont en nombre insuffisant et il est prudent d'arriver en avance. Plusieurs fois par semaine, l'avion relie les deux capitales.

Les environs de Saint-Louis

Une excursion est impérative : la visite du **parc national des oiseaux du Djoudj**, distant de 60 km. Le Djoudj, troisième réserve ornithologique du monde, vous laissera un souvenir inoubliable.

Au sud de Saint-Louis s'étend la **langue de Barbarie**. Constituée d'un cordon de dunes, long et étroit, bordé de minuscules îlots, cette péninsule entre fleuve et océan est également une réserve naturelle destinée à protéger les tortues de mer qui ont adopté cette plage, généralement déserte, pour y pondre. La présence de ces tortues fait de la langue de Barbarie une réserve d'intérêt mondial. Une multitude d'oiseaux migrateurs venant d'Europe ou d'Afrique du Sud, cherchent refuge en hiver sur les grèves. Large en moyenne de 100 m et longue de près de 25 km, la langue de Barbarie couvre environ 1 700 ha.

La visite des deux villages de **Patou** et de **Gandiol** est souvent inscrite au programme des excursions effectuées en pirogue, au petit matin, dans la réserve.

La cathédrale de Saint-Louis.

Si ce n'est pas le cas, on peut toujours s'arranger avec les piroguiers pour s'y faire conduire. Parfois, des groupes d'ornithologues de passage proposent parfois aux clients des hôtels de les accompagner (Nouvelles Frontières, Jet Tours et Air Afrique organisent ce genre d'excursion).

La parade des Fanals

L'une des fêtes les plus spectaculaires de tout le Sénégal est la «parade des Fanals», à Saint-Louis. Avec ses airs de carnaval sud-américain (elle a probablement la même origine), cette fête des Fanals se déroule chaque année du 21 décembre au 1er janvier.

Comme la religion catholique était, dans le Saint-Louis de l'époque coloniale, prédominante, la messe de minuit revêtait un caractère d'événement social et les *signares* s'y exhibaient, parées de tous leurs atours. D'année en année, les tenues de ces dames devenaient de plus en plus extravagantes. Ces opulentes métisses, souvent maîtresses des plus riches négociants, faisaient porter leur traîne par de jeunes pages et se rendaient à l'office escortées d'une haie d'esclaves porteurs de lanternes enrubannées. Pendant qu'elles remplissaient leurs devoirs religieux, leurs escortes, sur le parvis de l'église, organisaient entre elles des concours afin de désigner la plus belle lanterne. Papiers de toutes les couleurs, tissus et paillettes étaient assemblés et éclairés de l'intérieur par de nombreuses chandelles.

Les fanals sont devenus magnifiques; ils sont souvent financés par quelque riche commerçant ou notable de la ville, et promenés à travers les rues, en cortège. Comme dans les temps anciens, carton et papier, feuilles d'aluminium, rubans, paillettes et toutes sortes de dentelles et d'étoffes chatoyantes servent à confectionner des maquettes d'avion, de bateau, de maison, de monument, parfois de mosquée, ou encore des masques. Un prix récompense, chaque année, les auteurs du plus beau fanal. Les visiteurs affluent à Saint-Louis pour assister à ce spectacle.

Des pirogues passent devant d'anciennes maisons de commerce.

LA RÉGION DU FLEUVE

Malgré ses 1 600 km, le Sénégal n'atteint pas la moitié de la longueur du Niger, le plus long fleuve d'Afrique de l'Ouest. Prenant sa source dans les montagnes du Fouta-Djalon, en haute Guinée, le fleuve décrit une large courbe encerclant la Gambie et le Sénégal, dont il forme les frontières orientale et septentrionale. Ce vaste arc de cercle contourne les grandes plaines qui bordent le Sahara au sud : le **Fouta** et le **Ferlo**.

Pages précédentes : pélicans au sanctuaire des oiseaux de Djoudj. A gauche, la lessive dans les eaux du fleuve ; à droite, de retour de la pêche.

A la différence des autres cours d'eau du pays, le Sine, le Saloum et la Casamance, le Sénégal coule toute l'année. Certes, à la saison sèche d'octobre à mai, les eaux sont basses et le lit est encombré de bancs de sable et de vase. Ces obstacles rendent la navigation périlleuse, car ces bancs se déplacent avec la crue qui suit la saison des pluies.

Bien des projets gouvernementaux ont eu pour objet de tenter de réguler le cours du fleuve, non seulement pour le rendre navigable toute l'année, mais aussi et surtout pour permettre l'irrigation des terres qu'il arrose. La terre, fertile quand elle est irriguée, porte de vastes champs de mil, de riz, de maïs, de sorgho, de tabac, de patates douces et les jardins potagers aménagés sur les berges produisent oignons et tomates.

Sur les rives, quelques pâturages suffisent à nourrir un maigre bétail, mais les paysans tirent plutôt leur subsistance des eaux poissonneuses. Le fleuve inonde régulièrement ses berges à la saison des pluies, et le limon donne une terre fertile. Plus près de la côte, des réseaux d'irrigation sur une importante échelle ont permis une riziculture intensive.

En 1974, le programme d'irrigation du delta a été mis en œuvre près de l'embouchure, ce qui a permis un accroissement sensible de la production rizicole. Un autre produit qui suscite un vif intérêt dans la région, et qui est une source non négligeable de ressources pour la population, est la gomme arabique qu'on recueille sur les acacias et qui s'emploie dans les industries textile et pharmaceutique.

Un fleuve long et tranquille

Serpentant au milieu d'une large zone de terres généralement arides et stériles, le Sénégal et son bassin fertile nourrissent une nombreuse population. Outre les innombrables villages dont les habitants vivent de la culture du mil, le fleuve fournit sa provende à tout un peuple de pêcheurs, tout au long de son cours. Sur plus de 300 km, la marée se fait sentir, si bien qu'on n'y pêche pas seulement des poissons de rivière (carpes, silures, anguilles ou perches) mais aussi, en raison de la salinité de l'eau des marigots et des lacs, des brochets et des perches de mer, des labres, et parfois de gros poissons purement marins. Harpons, lignes de pêche, toutes sortes de filets et de nasses de vannerie sont utilisés, et toute une variété d'embarcations, de la minuscule prame du pêcheur solitaire à la grande pirogue pourvue d'un équipage nombreux, sillonnent ces eaux.

On construit, dans des chantiers rudimentaires, de très grosses pirogues dont chaque extrémité relevée est garnie d'un bout-dehors, semblables à celles qui naviguent en mer. On peut voir ces chantiers, sur les berges, abrités sous un auvent de palmes tressées, où s'affairent charpentiers, compagnons et apprentis. Les grosses pirogues aptes au transport de marchandises remontent le fleuve navigable jusqu'à Kayes, au Mali. Cette remontée n'est toutefois possible qu'à l'époque des hautes eaux et d'autres bateaux, d'un tonnage important, naviguent alors jusqu'à **Podor**, à 300 km de la mer. Des bateaux de promenade partent souvent en «safari-fleuve» jusqu'à **Richard-Toll** et même Podor.

Réserves naturelles

Par ailleurs, il est possible de chasser dans les **réserves de chasse de Maka Diama**, au Sénégal, et de **Keur Massene**, en Mauritanie, qui sont situées entre Saint-Louis et le bourg de **Rosso** où un bac relie les deux rives du fleuve.
Le troisième parc du Sénégal, par ordre de superficie croissante, est situé à l'extrême nord du pays, au bord du fleuve qui en marque la frontière, à 60 km de Saint-Louis. Ce parc, qui occupe une île formée par un méandre du marigot **Gorom**, est connu sous le nom de **parc national des oiseaux du Djoudj**. Fondé en 1971 sur une superficie de 60 000 ha, ce parc porte le numéro 2 (après Gorée) du Sénégal dans l'inventaire des sites du monde qu'a dressé l'Unesco. Le Djoudj est le neuvième parc ornithologique du monde. Il faut s'y rendre en hiver, lorsque chaque point d'eau grouille de migrateurs. Le parc est ouvert du 1er novembre au 30 avril, mais il ferme à midi. Cela signifie un départ avant l'aurore si l'on veut faire l'excursion en pirogue au départ de Saint-Louis, à une heure et demie de route de l'embarcadère.

La plupart des promenades organisées comprennent la visite du **lac Tigue**, qui marque la limite entre le Djoudj et la **réserve de chasse de Maka Diama**. Toute la zone comprise entre la boucle du Sénégal et la route de Saint-Louis à Rosso représente le **bassin du Djoudj**.

Le travail du rotin.

Selon les statistiques, plus de trois millions d'oiseaux vivent en permanence sur le Djoudj. Plus de 500 000 canards y hivernent et on y compte plus de 12 000 pélicans blancs. Des milliers de flamants roses se nourrissent des vers et des crustacés qui pullulent dans les roseaux des marais. Du haut des miradors, on peut admirer des spatules, toutes sortes de hérons, des cigognes et des outardes.

Les terrains de chasse du nord

La **réserve de chasse de Maka Diama** possède un gîte d'étape au départ duquel les pisteurs guident les chasseurs. Il est bien équipé, avec 16 bungalows, un bar et un restaurant d'où l'on jouit d'une vue sans obstacle sur le bassin du Djoudj. On peut réserver sa participation à des parties de chasse dans les agences de voyages et les principaux hôtels, de Dakar et de Saint-Louis.

A Maka Diama et à Keur Massène, seul le permis de petite chasse est nécessaire, à moins qu'on veuille tirer un phacochère ou une biche.

Le gibier est varié : perdreaux, perdrix, francolins, faisans, outardes, râles, et toutes espèces de canards. Parmi les mammifères, on trouve des chacals, des hyènes, des chats sauvages, des lièvres, des singes, des gazelles dorcas ou des reduncas (ou cobes des roseaux), encore que la plupart de ces espèces soient en partie ou tout à fait protégées. Au bord des points d'eau, il n'est pas rare de tomber sur un serpent ou sur un crocodile, et les hippopotames n'ont pas disparu. On a intérêt à ne pas s'écarter des pistes et des sentiers tracés dans la brousse pour gagner les miradors.

Le lieu d'hébergement le plus proche est à **Richard-Toll**, à l'est, ou bien à **Saint-Louis**, sur la côte. A proximité du **campement de chasse de Maka Diama**, un barrage a été récemment élevé afin de permettre l'irrigation de nouvelles terres rizicoles, ce qui a pour effet paradoxal d'attirer de nombreuses espèces de l'avifaune du Djoudj hors des limites du parc, sur l'autre rive du **Gorom.** Du côté sud de la réserve, le fleuve s'élargit en se rapprochant de l'embouchure.

Pour faire traverser les dromadaires, bien mauvais nageurs, il faut leur maintenir la tête hors de l'eau !

La région du **delta du fleuve**, avant d'arriver à Saint-Louis, étend à perte de vue ses terres fertiles. Malheureusement, en aval de Rosso, depuis de nombreuses années, le fleuve s'est si bien envasé que le port de Saint-Louis ne peut plus être considéré comme une escale possible par les navires marchands (c'est d'ailleurs l'une des raisons qui ont motivé le transfert de la capitale à Dakar, plus en retrait sur la côte, mais dont les quais sont accessibles par tous les temps).

Des rizières et des jardins potagers sont exploités sur les berges marécageuses, alors que le fleuve coule parallèlement à l'Océan dont, par endroits, il n'est séparé que par une étroite bande de terre. De l'embouchure, la marée se fait sentir sur près de 300 km, tant est faible la pente d'écoulement des eaux.

Rosso et Richard-Toll

Après **Rosso**, le paysage change et la rive nord montre bien qu'on se trouve au Sahel: des palmiers bordent les berges sablonneuses et les falaises rocailleuses qui tombent dans l'eau. De Rosso à Nouakchott, capitale de la Mauritanie, la route de 200 km est entièrement goudronnée et un bac assure la liaison entre les deux rives.

Cette route est la seule voie de communication terrestre entre Nouakchott, Dakar et le reste de la côte ouest-africaine. De nombreux commerçants maures l'empruntaient, à la recherche d'affaires à conclure au Sénégal plus riche, et cela jusqu'aux sanglantes émeutes raciales de 1989 qui ont entraîné la fermeture de la frontière. Le petit bourg de **Rosso** est un carrefour de routes et il faut y passer pour atteindre le **campement de chasse de Keur Massene**. S'il n'existe aucune structure d'accueil à Rosso, un gîte d'étape de 17 chambres est en revanche ouvert à **Richard-Toll**, un peu en amont.

Richard-Toll est une jolie petite ville sur la rive sud du Sénégal, à mi-chemin entre la côte et Podor. Son nom vient de celui d'un horticulteur français, M. Richard, qui fonda une exploitation agricole irriguée en 1830, et du mot ouolof *toll*, qui signifie jardin.

Depuis cette toute première expérience, l'opération a connu des fortunes diverses, puis elle s'est développée jusqu'à compter, en 1957, 6000 ha de terres irriguées, et devenir un complexe agro-industriel produisant des toiles de coton, de la peinture, du gaz en bouteilles, du chocolat, des biscuits, du sucre raffiné, des produits chimiques, des cordages et de la toile à sac en sisal.

Le programme étendu d'irrigation de Richard-Toll se remarque dans le paysage par l'accroissement considérable des rizières, qui forment autant de carrés d'un vert tendre lorsque le riz pousse. Le riz se récolte à toute époque de l'année, selon la date des semailles, mais la grande moisson se fait à la main en novembre. Quant aux plantations de canne à sucre, à l'est de la ville, elles assurent aux agriculteurs une production de 12000 t de sucre par an.

Richard-Toll est une bonne base de départ pour les zones de chasse ou pour la pêche dans le fleuve ou les points d'eau des environs. Il y existe deux hôtels: celui de **la Poste**, bien tenu, avec un restaurant impeccable et une boîte de nuit, et l'**hôtel Massada**, qui possède

Les femmes prennent un moment de repos sous l'auvent.

aussi restaurant et boîte de nuit, mais seulement deux chambres climatisées. Outre son attrait pour les chasseurs et les pêcheurs, Richard-Toll a une histoire digne d'intérêt.

La folie du baron

Au sommet d'une falaise en surplomb du fleuve s'élève une construction qui paraît aussi incongrue dans ce coin d'Afrique qu'une case de banco sur l'esplanade des Invalides: une énorme maison coloniale, plantée au milieu d'un jardin tropical qui fut luxuriant, est un spectacle assez étonnant pour qui achève un long périple sur le fleuve où rien ne vient rompre la monotonie du paysage sauf, de loin en loin, un baobab.

Cette construction somptueuse a été édifiée par l'excentrique baron Roger, gouverneur du Sénégal de 1822 à 1827. Ce passionné d'horticulture importa des arbres et des plantes de France, les faisant croître dans l'ombre claire des palmiers et des dattiers. Les fleurs et les arbustes venus d'Europe proliférèrent parmi cette végétation tropicale, au milieu de plantes propres à l'Afrique.

De nos jours, les jardins sont envahis et plus ou moins laissés à l'abandon. La grande bâtisse, avec sa façade monumentale, ses colonnades, son grand escalier et ses nombreuses statues de terre cuite, a fait l'objet de multiples projets de reconversion, en vue de faire de l'ensemble un complexe hôtelier, mais, jusqu'à présent, aucune tentative n'a abouti.

Le parc, autour de cette «folie», s'étend jusqu'à la **Taouey**, déversoir du fleuve en aval du **lac de Guiers**. Au village de Taouey, un barrage astucieux empêche l'eau légèrement saumâtre du fleuve de se déverser, par temps de crue, dans le lac et permet ainsi d'irriguer près de 7000 ha de terres. De nos jours, seuls quelques canaux et quelques digues sont encore en service et une petite moitié de cette superficie est plantée de canne à sucre et de riz. Un projet vise à remettre en état le réseau d'irrigation; on espère alors augmenter sensiblement la production agricole.

Des Maures franchissent le Sénégal par le bac de Rosso.

Le «poste-frontière» de **Dagana**, à 25 km en amont de Richard-Toll, marque les limites des pays ouolof et toucouleur. La ville fut fondée dans le but de mettre un terme à une querelle territoriale entre deux demi-frères rivaux, et son nom provient du mot ouolof *deugna*, qui signifie «il est vrai».

De Dagana, il est aisé de se rendre au **lac de Guiers** par le bac du centre de pêche de **Mbane**. De nombreux visiteurs ne viennent d'ailleurs à Dagana qu'en raison de la proximité du lac car la ville en elle-même ne présente guère d'intérêt, à l'exception de l'ancien **fort français**, toujours en attente d'une hypothétique restauration. Les vieux quartiers possèdent encore quelques maisons typiques, mais l'intérêt principal des touristes, dans ces parages, va au lac et aux coins de pêche aménagés sur ses rives.

Autour du lac de Guiers

Le lac de Guiers, alimenté par les eaux du **Ferlo**, rivière qui coule vers Richard-Toll, abrite une faune aviaire riche. Il existe aussi une réserve de chasse à l'est, fréquentée par les Saint-Louisiens les jours de congé. Mais les lieux sont surtout recherchés au cours de la saison de pêche, lorsque les crues du Sénégal et du Ferlo, entre novembre et janvier, le remplissent. Les pêcheurs posent d'immenses filets depuis les berges et ils ramènent du poisson à pleines pirogues.

Cependant, en raison de la sécheresse persistante de ces dernières années, la pêche a beaucoup diminué et la production ne suffit même plus à nourrir les populations riveraines. Au sud du lac se trouve le petit village de **Merinaghen**, au bout de 80 km d'une piste qui n'a de carrossable que le nom! C'est là une zone pastorale dont les habitants pratiquent la riziculture pour survivre.

Les agences de voyages proposent plusieurs excursions autour de Richard-Toll. Le tour du lac passe par **Ndiago**, Mbane et Syer, s'enfonçant loin dans la vallée du Ferlo, et se termine à Merinaghen. Autour de **Mbane**, de nombreux étangs jalonnent les berges de la rivière et on y voit de minuscules villages

Une venelle de Rosso.

de pêcheurs. Deux d'entre eux, **Mal** et **Syer**, exploitent une coopérative de pêche avec un succès mitigé.

On peut atteindre ces lacs et ces villages par la route goudronnée qui relie Louga à Gnith et qui suit la vallée du Ferlo. De plus, un réseau de pistes secondaires quadrille la région. On peut s'inscrire, à Dakar ou à Saint-Louis, à des safaris qui emmènent des groupes de chasseurs et de photographes sur les lacs les plus accessibles. Si bien peu de visiteurs s'aventurent plus loin, il demeure possible de parcourir toute la vallée du Ferlo jusqu'à la ville de **Linguère**.

La région, de part et d'autre de la rivière, est à peu près désertique et un circuit difficile à travers ces zones arides suit la piste qui va à **Diagle**, à l'est de l'**oasis de Niassante**, au village perdu de **Takli**, et revient ensuite à Richard-Toll en passant par Dagana. Ce parcours est parfois effectué par les chasseurs qui viennent de Saint-Louis pour deux jours ou par ceux qui arrivent par avion de Dakar et atterrissent sur l'aérodrome de **Podor**. Le secteur qui s'étend à l'est du lac de Guiers est classé zone cynégétique.

Au milieu d'une population à peu près entièrement composée de Peuls, on trouve, curieusement, un assez grand nombre de Chinois qui sont venus dans la région au titre d'un programme d'assistance technique pour acclimater de nouvelles variétés de riz. Les Chinois ont, par ailleurs, puissamment contribué au développement récent des réseaux d'irrigation autour de Merinaghen.

Il est recommandé, dans le désert du Ferlo, de ne pas s'éloigner des pistes ni de s'aventurer en terrain non balisé. Même sur les routes signalées, on peut tomber dans de profondes ornières ou dans des ravines, dans des trous de « farine » invisibles ou encore, par temps de pluie, dans des bourbiers où les véhicules s'enfoncent jusqu'au plancher ! Il faut absolument être équipé de véhicules tout-terrain. Les taxis-brousse parviennent à négocier ces embûches, mais on n'est jamais certain d'arriver à bon port sans encombre et les incidents de parcours sont monnaie courante.

Sur une rive du fleuve, près de Podor.

L'île des Cent Miles

A environ 180 km de son embouchure, le Sénégal se divise en deux bras qui enserrent l'une des plus vastes îles fluviales de l'Afrique occidentale. Cette «île à Morfil» est une langue de terre basse, plus ou moins marécageuse, étroite et longue de 80 km. A son extrémité nord, **Podor**, qui compte une population de 6 000 habitants, est l'une des plus anciennes cités du pays. Les historiens disent que cette région fut habitée dès le IIIe siècle et le royaume du Tekrour, comme le grand empire du Ghana, y ont laissé leur empreinte.

A l'époque où le royaume du Fouta Toro se convertissait à l'islam, en 1776, les Anglais avaient déjà exploré ce secteur et ils avaient même édifié, en 1745, un fortin à Podor. Ce fortin fut détruit au cours des luttes incessantes que se livraient les tribus peules mais, au milieu du XIXe siècle, le général Faidherbe reconstruisit les remparts.

Il vaut la peine de consacrer quelques heures à découvrir Podor car, outre la vieille forteresse, l'architecture des maisons et des entrepôts qui s'élèvent en bordure du fleuve est particulièrement intéressante. Les habitations, dans cette région, sont bâties à la soudanaise, en *banco*. L'activité économique de Podor se réduit à l'exploitation du trafic fluvial, au transport d'engrais et à la récupération des graviers alluvionnaires.

Une légende veut qu'à un certain moment, l'île à Morfil ait été peuplée de centaines d'éléphants qui se retrouvèrent prisonniers lorsque le fleuve se divisa et encercla l'île. Coupés du monde, les éléphants moururent peu à peu de faim et l'île devint leur cimetière, d'où son nom (morfil est le nom ancien de l'ivoire).

On trouve des mosquées faites de briques de terre séchée mêlée de paille hachée dans les villages voisins: **Guede**, **Ndioum**, **Kaskas**, **Salde** et **Tielao**.

Un petit gîte d'étape, en lisière de la ville, sert de camp de base pour les expéditions de chasse au crocodile, qui abondent dans les marais voisins. On y accède par la grand-route qui longe le

Le bureau de poste de Podor.

fleuve. Un embranchement conduit à un ponton d'où le bac vous transporte jusqu'à l'île. Il existe aussi un petit aérodrome desservi par Air Sénégal.

On peut rejoindre la route de Matam, la ville la plus proche, soit par le pont, soit par le bac. Avant de quitter Podor, un tour au marché vous donnera l'occasion d'acheter une jolie poterie, fort bon marché. Autrefois, la ville était un centre actif du commerce de l'or (d'aucuns prétendent que son nom vient de « pot d'or ») et l'on peut encore, avec de la chance, trouver au marché quelque charmant bijou de fabrication locale en « or de Galam ».

Forts et barrages

De Podor, la route longe la rive gauche du fleuve jusqu'à **Matam**, à 220 km. Cette ville de 9 000 habitants est réputée pour l'habileté de ses forgerons, de ses orfèvres et de ses potiers. Son nom est lié à une querelle d'origine tribale : au temps des guerres incessantes entre les tribus, la petite ville appelée **Tiade** était une escale sur la route des convois d'esclaves. Les Peuls y conduisaient leurs captifs et y faisaient halte afin de profiter le plus possible de l'hospitalité coutumière des Toucouleurs, qu'ils payaient en «bois d'ébène». Une légende raconte que les Peuls avaient pris l'habitude de revenir en ville la nuit, pendant que leurs hôtes dormaient, pour y voler les esclaves qu'ils avaient vendus dans la journée. Une autre histoire veut que ce soient les Toucouleurs eux-mêmes qui capturaient des esclaves, pour en faire commerce avec les Peuls qu'ils ne jugeaient pas dignes de confiance. En tout cas, les Toucouleurs de Tiade se mirent à exiger des Peuls des paiements au comptant, en numéraire, pour tout service qu'ils leur rendaient. *Matama*, en toucouleur, signifie «payer maintenant!», et c'est ainsi que Tiade est devenue Matam.

Les vestiges du **fort** le plus ancien construit par Faidherbe, à Matam, sont visibles sur les rives du fleuve. Les fondations ont été arrachées par une forte crue, au début de ce siècle. Faidherbe

Jeune berger au bord du fleuve.

avait fait de l'ouvrage d'origine l'un des premiers maillons de la chaîne de fortifications qu'il constitua à partir de 1857.

Un peu en aval, un autre bâtiment ancien tombe en ruine, la **résidence de Djourbivol**. Ces deux témoins de l'époque coloniale auraient grand besoin de travaux de restauration, mais nul ne s'est préoccupé de préserver ces reliques des outrages du temps ni des pilleurs de pierres de taille ou de briques.

Le seul autre édifice digne d'intérêt est la **mosquée** de banco flanquée de deux hauts minarets. Un barrage, pareil à celui qui a été élevé sur le fleuve au nord de Saint-Louis, a été construit à Matam afin de développer la riziculture. Cette région est aussi le «grenier à mil» du pays en raison de la multitude de champs, autour de la ville, dans lesquelles cette céréale se cultive.

Les possibilités d'hébergement de Matam sont limitées à l'**hôtel du Fleuve**, appelé aussi hôtel Fadel. Pourvu de cinq chambres avec douche mais sans climatisation, il est laissé en piètre état par son propriétaire. Il offre en revanche une cuisine locale et libanaise qui surprend par sa qualité. M. Fadel exploite également le seul cinéma de la région.

Matam, qui se trouve à plus de 500 km de Saint-Louis, possède un petit aérodrome. La grand-route de Podor à **Bakel** peut se rejoindre par une piste vaguement tracée qui coupe la route goudronnée et continue vers **Linguère** en traversant le Ferlo. Par la route nationale vers l'amont, on atteint, au bout de 160 km, la ville de Bakel.

Bakel

Bakel, ville historique, est située au point de rencontre des frontières du Sénégal, du Mali et de la Mauritanie. A l'origine, ses habitants étaient sujets de l'empire du Ghana. Par la suite, les envahisseurs malinkés, marchant au sud-ouest, en direction de la Casamance, se répandirent dans la région. Quand ils reprirent leur migration, la ville fut abandonnée jusqu'au jour où des Saracolés et des Bambaras la réoccupèrent.

Mosquée de la région du fleuve.

A partir de 1690, toute cette zone tomba sous la dépendance de la branche musulmane de Boundou. Des cités universitaires se fondèrent, qui dépendaient de Fès et surtout de la ville sainte de Tlemcen, en Afrique du Nord. Leur juridiction s'étendait alors à Bakel et aux villes de l'actuel Mali occidental. Malgré la puissance militaire des chefs religieux musulmans, les Français s'emparèrent de Bakel en 1819 et y installèrent une garnison après avoir signé un traité avec le potentat local.

Les forces françaises entreprirent d'organiser le trafic fluvial, avec des barges, et d'édifier un fort dominant le fleuve dès 1847. Faidherbe, nommé gouverneur en 1854, se rendit à Bakel trois ans plus tard et commença à mettre en place une ligne de défense de ses voies de communication, grâce notamment à une canonnière qui eut pour mission de protéger le trafic et de prévenir toute attaque de la part du chef Oumar Saïdou. En 1885, le grand marabout d'origine sarakolé Mamadou Lamine mit le siège devant Bakel, mais il fut blessé d'un coup de feu tiré du fort. Faisant retraite vers Kayes, Mamadou Lamine succomba à ses blessures et la ville retomba au pouvoir des Français pendant les cinq années suivantes.

Disposant d'une position favorable, haut sur le fleuve, près du confluent de la **Falémé**, Bakel est le terminus du commerce fluvial. Cette ville chargée d'histoire compte encore de grandes maisons de l'époque coloniale qui valent une visite, ainsi que plusieurs mosquées. La **forteresse**, sur les falaises qui dominent le fleuve, bien préservée après les améliorations qu'apporta Faidherbe au bastion d'origine, demeure impressionnante.

C'était, par ordre d'importance, la troisième place forte du Sénégal. C'est maintenant la résidence du préfet. Le splendide vestige qu'on peut voir est celui du **grand pavillon** édifié par René Caillié. Construit en 1819 sur un éperon rocheux, dominant le fleuve comme la forteresse, ce bâtiment fut longtemps le dernier avant-poste de Dupont et Dusseault, les officiers commandant les forces françaises au Sénégal.

Deux générations au fil de l'eau.

La première expédition entreprise par René Caillié dans le but d'atteindre la légendaire Tombouctou partit de Bakel. Aujourd'hui, les voyageurs qui y viennent gardent le souvenir du spectacle de la forteresse et du pavillon se détachant en ombre chinoise sur les couleurs flamboyantes du crépuscule qui tombe sur le Sahara voisin. Mais ils gardent sans doute un tout autre souvenir du gîte d'étape fort sommaire que l'administration entretient en ces lieux et sur lequel il sera prudent de se renseigner auprès des services de la préfecture, dans l'enceinte de la forteresse, si l'on ne trouve pas de place au campement. Il n'y a pas d'hôtel à Bakel, mais on y trouve un aérodrome rudimentaire.

Avant de quitter la ville, il est prudent de faire les pleins à la station-service proche du marché, car le poste le plus proche, ensuite, est à Kidira, après 65 km d'une très mauvaise piste.

Kidira

Kidira, à 650 km en amont de Saint-Louis, est un carrefour de routes assez peu fréquenté par les touristes. En général, les voyageurs qui se hasardent dans la région empruntent la route goudronnée jusqu'à Bakel et ne vont pas plus loin. Au-delà, entre Bakel et Kidira, le macadam cède la place à la tôle ondulée dont l'état, imprévisible et changeant selon les saisons, est toujours un calvaire pour les véhicules et leurs passagers.

Kidira, nœud ferroviaire sur la voie ferrée reliant Dakar à Bamako, est la dernière gare du Sénégal avant le Mali et la première escale de ceux qui viennent de Kayes ou de plus loin dans l'est. Malgré cela, Kidira n'offre aucun hébergement aux voyageurs. L'hôtel le plus proche est à **Tambacounda**, à 200 km à l'ouest.

Kidira et **Naye** sont à près de 650 km de Dakar avec laquelle la liaison est assurée par deux trains hebdomadaires. Pour arriver au mieux et au plus vite dans la capitale, le mieux est de prendre le train jusqu'à Tambacounda puis, de là, l'avion pour Dakar.

Une pirogue traverse le Sénégal sous le fort de Rosso.

LES RÉGIONS DE DIOURBEL ET DU FERLO

Cette partie du Sénégal est comprise entre le littoral atlantique et la boucle nord du fleuve. En majeure partie aride, dotée seulement d'une maigre végétation éparse, la région de Diourbel est le cœur de la zone arachidière du pays. Le Ferlo, du nom de la rivière qui le coupe en deux avant de former un chapelet de lacs, dont celui de Guiers, et de se jeter dans le Sénégal, est un territoire quasi désertique.

Pages précédentes : coucher de soleil sur les baobabs du Sahel. A gauche, l'érection d'un «secco»; à droite, une femme peule déménage.

La région administrative de Diourbel englobe une partie du désert du Ferlo et s'étend, dans un sens, jusqu'à 70 km de Dakar, dans l'autre, jusqu'aux portes de Saint-Louis. La partie occidentale est souvent appelée le **Baol**, du nom de l'ancien royaume qui y fut fondé. Aujourd'hui, le Baol, en lisière du Sahel, est le plus gros producteur d'arachides et ses plaines sablonneuses abritent une faune diverse: hyènes, gazelles, faisans et perdreaux. On y trouve plusieurs villes dont la plus importante est le chef-lieu, Diourbel.

Le **désert du Ferlo** couvre un tiers du pays, soit 70 000 km². Le seul secteur riche se situe de part et d'autre du cours du **Ferlo** (à sec en hiver sur la moitié des 500 km de son cours) et autour de ses lacs. Partout ailleurs, c'est un désert de dunes, de monticules rocailleux entre lesquels, de loin en loin, une dépression argileuse retient l'eau.

Entre l'Atlantique et la vallée du Ferlo s'étend le département de **Louga**. C'est de cette ville que partent les voyageurs qui traversent le Ferlo, car une route goudronnée et une voie ferrée relient Saint-Louis à **Linguère**, le chef-lieu, par Louga. Une autre artère va de Louga à Dakar. Louga est également un important centre de traite de l'arachide, produisant 10 % des ressources du pays. A part leur fenêtre sur la côte atlantique, Diourbel et le Ferlo sont enclavés.

La capitale de l'arachide

Diourbel, qui compte 50 000 habitants en majorité ouolofs, est à 150 km à l'est de Dakar, sur la rive nord du **Sine**. Diourbel est une escale sur la route et la voie ferrée qui vont de Dakar à Tambacounda puis, au-delà, jusqu'à Bamako. Outre qu'elle est au centre du bassin arachidier, d'où son surnom de «capitale de la cacahuète», Diourbel est une place marchande de premier plan. On y trouve des industries alimentaires liées à l'arachide mais aussi des artisans qui jouissent d'une réputation qui leur vaut d'avoir des clients jusqu'à Dakar.

Au nombre de ces artisans, la célébrité locale est le cheik Diop, statuaire, maître dans l'art de fondre le bronze. Ses sujets favoris, les anciens rois du Sénégal, comptent parmi les souvenirs les plus attachants et les plus recherchés du pays. Ses bronzes sont coulés à cire perdue et chaque pièce, après démoulage, est terminée à la main, ce qui fait de chaque article un objet unique.

Les boutiques des graveurs sur bois du **marché** de Diourbel ou de son **centre artisanal** sont l'une des attractions favorites des touristes, de même que les échoppes dans lesquelles sont vendus de remarquables ouvrages de broderie. La maroquinerie, la bijouterie d'or et d'argent attirent également la clientèle du marché, au même titre que les peintures, représentant généralement les exploits du héros national Lat Dior. Tout cela constitue autant de souvenirs décoratifs, quoique souvent encombrants.

Diourbel, centre religieux, s'enorgueillit de sa **mosquée**, l'un des édifices marquants de la ville. La coupole rose s'harmonise avec les vertes frondaisons des palmiers qui l'entourent et, de la galerie circulaire qui couronne le minaret, on jouit d'une très belle vue sur la ville et les environs.

Les fidèles convergent vers Diourbel à l'occasion du pèlerinage annuel de **Touba**, la ville sainte toute proche, et le nombre d'habitants double du jour au lendemain. Le pèlerinage, le «grand Magal», tombe le dixième jour du onzième mois du calendrier musulman. De tous les coins du pays, les mourides affluent et prennent d'assaut les moyens de transport disponibles pour se rendre à Diourbel puis, de là, aller accomplir leurs dévotions à Touba.

En dehors de l'époque du Magal, on peut loger à l'**hôtel Le Baobab**. Situé dans un grand jardin, agrémenté d'une piscine, l'hôtel et son restaurant spacieux, décoré dans un style traditionnel, sont un havre de paix. Avec ses 21 chambres, dont 16 climatisées, sa boîte de nuit et sa boutique d'artisanat, c'est une étape bienvenue pour le voyageur qui vient de faire l'expérience d'un trajet à bord du train bihebdomadaire venant de Dakar. Le voyage, qui commence en milieu de matinée, dure trois bonnes heures. Les marchands, encombrés de volumineux bagages, ont coutume d'envahir les voitures longtemps avant l'heure du départ et le voyage, dans la mesure où l'on a pu s'assurer une place, est relativement confortable. Il existe même une voiture restaurant (du moins dans le train «sénégalais») mais, comme le chemin de fer relie Dakar à Bamako, un train sur deux est malien et, dans ce dernier cas, bien moins confortable. Le

Le tri des arachides de bouche se fait à la main.

train sénégalais quitte Dakar le mercredi, en principe, mais ce n'est jamais tout à fait certain et il est préférable de se renseigner, au plus tard la veille…

Il vaut mieux, toutefois, se rendre à Diourbel par le train que par la route car celle-ci, bien que goudronnée, est dangereusement fréquentée, poudreuse, et il n'est pas rare de mettre six heures pour couvrir les 180 km du parcours. Les taxis-brousse assurent un service régulier entre Diourbel et la capitale, mais il n'existe aucune liaison aérienne régulière entre ces deux villes.

Les environs ne sont guère touristiques à l'exception, toutefois, du **centre de recherches agronomiques de Bambey**, 25 km avant Diourbel. Là, on procède à des expériences sur de nouvelles espèces, plus résistantes, de céréales, de légumes et de fruits, susceptibles de s'accommoder de l'aridité croissante des terres. La désertification du Sahel exige l'intervention de techniques de pointe afin d'assurer l'irrigation et la survie des cultures, d'où l'intérêt porté aux recherches effectuées par le centre.

Touba, mausolée du désert

Située au cœur de l'ancien royaume du Baol et à 50 km au nord de Diourbel, **Touba** est accessible tant par la route que par la voie ferrée qui, toutes deux, passent d'abord par **Mbacké**, où se trouve le seul lieu d'accueil de ce trajet. Le vaste terrain de camping, tenu par des mourides, n'est ouvert qu'à l'époque du pèlerinage. Pendant ces temps de fêtes religieuses, on peut parfois trouver une chambre chez l'habitant. A Mbacké, cinq kilomètres avant Touba, un terrain de camping est ouvert toute l'année.

Pendant le Magal, les cérémonies religieuses durent toute la nuit. A Touba, elles sont plus ferventes, plus orthodoxes, aussi les visiteurs préfèrent-ils généralement s'arrêter à Mbacké et ne se rendre à Touba que pour la journée. Touba est également un carrefour de routes et, autour du terminus de la ligne de chemin de fer, un gros marché s'est développé. Mais le rôle le plus important de Touba est, de loin, celui de capitale religieuse des mourides. Les minarets de

Marchands de bétail de la région nord.

LA CONDUITE DANS LE DÉSERT

Le tiers du Sénégal est désertique et le reste est principalement constitué de sable et de terres latéritiques. A certaines saisons, les pistes sont impraticables en raison des pluies diluviennes; parfois des glissements de terrain en effacent le tracé ou le soubassement. Mais un bon réseau de routes goudronnées relie les villes: 3200 km de routes asphaltées et 10000 km en latérite.

De nombreux voyageurs se lancent à l'assaut des pistes transsahariennes, au départ de l'Afrique du Nord, et un nombre croissant d'expéditions sont proposées au grand public. Mais un voyage dans les régions désertiques ou sur le plateau sablonneux du centre se prépare.

Le meilleur véhicule est, de toute évidence, le plus robuste. Peugeot jouit d'une excellente réputation et on trouve, un peu partout, des pièces de rechange. Les options «tropicales» que proposent les constructeurs (filtres, suspensions renforcées, protection des carters, garde au sol importante) sont utiles, de même que quatre roues motrices, encore que cette option ne soit pas vitale.

La liste des équipements dont on doit se munir pour rouler dans le désert est longue: thermomètre d'huile, câble de remorquage, verrouillage du réservoir, pare-brise renforcé (et un de rechange), boussole, boîte à outils, roue de secours supplémentaire, plaques métalliques perforées pour se dégager du sable, projecteur orientable, pompe à pied, trousse de premiers secours, cric à large embase et démonte-pneu, bougies d'allumage, courroies de ventilateur et cartouches de filtre, etc. Refaites à toute occasion les pleins de carburant, d'eau et d'huile. Même là où la carte en indique, les stations-service peuvent avoir fermé leurs portes ou être en rupture de stock. Dans le désert, le corps a besoin d'au moins cinq litres d'eau par jour, même sans grande activité. Calculez aussi largement vos besoins en lubrifiants. En raison des conditions dans lesquelles le moteur est appelé à tourner, il faut le laisser souvent refroidir. Assurez-vous des endroits où l'on peut se ravitailler et mentionnez-les sur vos cartes. En tout cas, faites-vous confirmer les informations tout au long de la route. Les meilleures cartes routières sont celles qu'éditent l'Institut géographique national, Michelin ou Esso.

En route, méfiez-vous des fortes températures diurnes; la nuit tombe d'un coup, sans crépuscule. La déshydratation frappe sans symptôme précurseur: protégez-vous la tête et la nuque, buvez beaucoup et consommez des pastilles de sel. Évaluez bien les étapes et le temps de conduite; un copilote est souhaitable pour un long trajet. D'ailleurs, les gens voyagent en convoi ou, au moins, à deux voitures. Sur certains parcours, on ne laisse d'ailleurs pas passer une voiture seule.

Il est sage de prendre un guide. En cas d'accident, restez près de votre véhicule et veillez sur vos affaires! Cornez ou faites des appels de phares aux conducteurs que la chaleur ou l'obscurité rendraient somnolents.

Sur du sable, l'astuce consiste à garder une vitesse suffisante. Si vous vous ensablez, diminuez la pression des pneumatiques pour en augmenter la surface portante. Mieux, placez les plaques de tôle perforée devant les roues motrices après avoir déblayé le sable devant et sur les côtés. A défaut, servez-vous de paille, de branchages, de cailloux, etc. Ne laissez pas les roues patiner, elles ne feront que creuser l'ornière; gardez-les droites, quitte à obliquer plus loin, quand vous aurez repris de la vitesse. Système de la dernière chance, si vous êtes seul à bord d'un véhicule léger: dévissez les bougies, enclenchez la marche arrière et tournez lentement la manivelle après avoir déblayé derrière les quatre roues. Le véhicule reculera sans que vous ayez à fournir un trop gros effort.

la **grande mosquée**, avec leurs 87 m, sont les plus hauts du pays.

Si un étranger désire visiter la ville pendant le pèlerinage, il est de bon aloi d'en demander l'autorisation au calife général. Un présent est d'usage lorsqu'on est introduit auprès du calife et, si l'on reçoit sa bénédiction, il est possible de se promener à loisir dans toute la cité. Rappelez-vous que l'on doit se déchausser avant de pénétrer dans une mosquée et qu'il est interdit de fumer et de boire de l'alcool à Touba pendant le Magal.

A l'est de Touba, en s'enfonçant dans l'intérieur du pays, le plus proche endroit où loger est le **ranch de Doli**, à 100 km, où existe un campement pour chasseurs. Pour atteindre Doli, il faut suivre la route goudronnée en direction de Dara puis, après cinq kilomètres environ, prendre la piste de latérite. Il faut se munir d'eau, de vivres et de carburant avant de se lancer sur les pistes du désert, et le meilleur endroit où se ravitailler est Mbacké. Le gîte d'étape de Doli est propre, mais rudimentaire.

Depuis le ranch, on peut randonner à travers la brousse arbustive où l'on apercevra, avec un peu de chance, des gazelles, des perdreaux, des pintades, des buses et des vautours. La brousse épineuse, les dunes mouvantes, de rares baobabs de loin en loin n'accueillent qu'une population clairsemée, mais les guides du ranch vous emmèneront visiter **Velingara**, l'un de ces rares villages perdus au bord du désert, qui ne survit que grâce à la source de la **Sine**.

En sens opposé, une route goudronnée rejoint **Mekhé**, située à la fois sur la grand-route et sur la voie ferrée de Dakar à Saint-Louis. Cette route traverse des kilomètres de champs d'arachides marqués, de distance en distance, de baobabs, de bosquets de palmiers ou de hameaux. Situé au croisement de la route de Kébémer, **Darou-Mousty**, village ouolof typique, rassemble après la récolte en énormes tas (*seccos*) les arachides produites dans la région.

La plupart des villages de cette région sans relief se ressemblent. On peut faire un détour vers **Bodé** ou **Darou Ndiaye**.

A gauche, conduite solitaire dans le désert; ci-dessous, un mouton destiné au méchoui.

Il est parfois possible d'assister alors à un spectacle de danses, ou à quelque cérémonie de mariage exubérante.

Terres de sable et d'eau

Lorsqu'on franchit la limite du Ferlo au nord de Touba, les champs d'arachides cèdent la place à de vastes étendues sablonneuses, ponctuées de rocailles, à travers lesquelles la route se déroule.

La nationale 3 s'étire sur 250 km, de Dakar à Linguère, sur les berges de la Ferlo. A 70 km de Touba, elle coupe une autre route et la voie de chemin de fer. C'est **Dara**, lieu de rassemblement des bergers qui traînent une existence misérable dans cette région déshéritée.

Linguère, à 50 km à l'est, est une bourgade relativement importante. Elle marque le terminus des routes goudronnées qui viennent de Dakar et de Saint-Louis, mais aussi celui de la voie ferrée. La topographie de la ville est curieuse car le quartier résidentiel est bâti au sommet d'une saillie rocheuse, le centre commercial et administratif au pied et la partie populaire dans un creux, près de la rivière. Il y existe un **campement-hôtel** bien tenu qui est le point de ralliement des chasseurs et des coureurs de brousse.

En traversant **Dara**, on aperçoit le **centre de recherches zoologiques** qui se consacre à la préservation de la faune. Certains agents du centre acceptent de servir de guides. Les excursions passent par de nombreux campements de nomades peuls qui édifient de très petites cases rondes, en terre séchée, souvent à des kilomètres de tout point d'eau ou de toute trace de végétation. Ainsi, les hameaux de Barkedji, Dioumanam, Yonoféré et Fourdou ou celui, plus important, de **Ranerou**, à 150 km sur la route de Linguère à Matam.

Bétail misérable

A mesure qu'on s'enfonce dans le Ferlo, les rares villages qu'on aperçoit en chemin paraissent de plus en plus déshérités et l'avance inexorable des sables devient plus perceptible. On voit des troupeaux de bœufs à bosse, l'air misérable avec leurs immenses cornes, errer sur des distances incroyables en quête d'un maigre pâturage. Là, le bassin du Ferlo se fait d'autant plus aride et poudreux que la rivière, en amont de Linguère, s'évanouit sous terre pendant les longs mois de la saison sèche.

A partir de cette ville, les safaris de chasse écument la brousse épineuse autour de **Yang Yang** ou le long du cours de la **Bounoum** au nord et de la **Suré** à l'est. Les eaux du Ferlo, quand elles coulent, serpentent lentement vers l'ouest, le long d'une vallée bien dessinée, avant de rejoindre, par un chapelet de marigots, le **lac de Guiers** puis de se jeter dans le Sénégal près de **Richard-Toll**.

Quelques rares pistes suivent le bassin du Ferlo. Mais, pour en explorer le cours inférieur, le mieux est de louer à **Linguère** l'une des pirogues qui circulent habituellement sur la rivière. Le moyen le plus commode de découvrir les lacs est en fait de participer à une excursion organisée, au départ de **Louga** ou de Richard-Toll. Pour la plupart, ils descendent dans le sud jusqu'à la chaussée submersible qui, de **Keur Momar Sarr** à **Merinaghen**, coupe le lac de Guiers.

A gauche, un cavalier dans le Ferlo; à droite, porte de case dans un village du Ferlo.

LA PETITE COTE

A une heure de route de Dakar, bien protégée des houles de l'Atlantique par la presqu'île du Cap-Vert, la série des plages de la Petite Côte s'étend sur 120 km, jusqu'à l'embouchure du Saloum. Avec une ravissante frange littorale, un climat idyllique et de nombreux hôtels modernes, la Petite Côte est un paradis pour les amoureux du soleil épris d'exotisme.

Grâce à ses eaux infiniment plus calmes que celles de la «grande côte» du nord, la Petite Côte attire des milliers de visiteurs. Ses plages de sable blanc étincelant sur lesquelles l'Atlantique vient mourir en écume légère sont constamment rafraîchies par la brise et les ombrages des palmiers et des kapokiers. A courte distance de la mer, on peut se croire transporté au cœur de la forêt tropicale. On peut aussi faire des promenades en mer où, dans les eaux d'un bleu profond, grouillent une incroyable variété de poissons.

La plupart des habitants de la Petite Côte vivent au bord de la mer et de ses ressources. Il suffit pour s'en convaincre de voir les centaines de pirogues alignées au sec sur le sable. La population se concentre en cinq villages: La Somone, Saly Portudal, Mbour, Nianing et Joal. Elle est principalement composée de Sérères et de Lébous assez fortement christianisés. Les influences portugaise et française sont manifestes si l'on en juge par le nombre d'églises, de missions et d'écoles chrétiennes éparpillées dans la région. Léopold Sédar Senghor, né sur la Petite Côte, est sérère, catholique, et a été élève de l'école missionnaire de Joal.

Pages précédentes: fidèles layènes réunis pour la prière du vendredi à Yof. A gauche, le pont de Fadiouth; à droite, une plage déserte.

Toubab Dialao et Popenguine

La route des plages, la nationale 1, passe par **Rufisque** et oblique à droite, après **Bargny**, au carrefour de **Diamnadio**. De nombreux services d'autocars desservent les localités de la Petite Côte. La nationale 1 relie Dakar à la route transgambienne mais également au Mali. A 40 km de Dakar, le premier carrefour après Diamnadio donne accès aux plages de **Yene**, **Yangol** et **Nougouma**, au pied des falaises. Ces plages permettent d'échapper pour une journée à l'agitation de Dakar mais, le samedi et le dimanche, on a l'impression que tous les citadins s'y sont donné rendez-vous!

Il existe deux villages attirants, à proximité, dont l'accès se fait par deux routes distinctes. Le premier, **Toubab Dialao**, est remarquable par son site. A la différence de la plupart des autres plages, celles de Toubab Dialao sont cernées de hautes falaises de roches rouges. Au coucher du soleil, les rochers prennent toutes les teintes de la gamme, de l'orange au cramoisi, et la petite plage des pêcheurs paraît, elle aussi, écarlate.

Il faut revenir sur la grand-route pour atteindre **Popenguine**, quelques kilomètres plus loin au bord de la mer. On peut parcourir à pied la distance qui sépare Toubab Dialao de Popenguine, mais c'est une assez longue marche, compte tenu du retour! Il n'y a rien de particulier à visiter à Popenguine même, si ce n'est qu'on y trouve le premier hôtel digne de ce nom de la côte au sud

de Dakar : **Le Pélican**. Popenguine, cependant, est un lieu de pèlerinage et le président de la République y possède une résidence de vacances. Chaque lundi de Pentecôte, une procession que suivent des milliers de fidèles se rend de la petite église, au centre du bourg, à une caverne ouverte dans une falaise. C'est l'emplacement de la **grotte miraculeuse** où les processionnaires se recueillent devant une statue de la Vierge noire. La tradition veut qu'à cet endroit, une image de Marie soit apparue à un groupe de pêcheurs.

La route de Popenguine rejoint la nationale 1 à Sindia et il faut continuer jusqu'à **Nguekokh** pour gagner ensuite les plages et les villages de **La Somone**, **Ngaparou** et **Saly Portudal**. Sur cette route, le premier village de vacances est le **village-hôtel L'Hippocampe**, à l'embouchure du marigot de la Somone, à 75 km de Dakar. La Somone est un lieu très fréquenté, les jours de congé, par les Dakarois. L'Hippocampe dispose d'un vaste bar-restaurant et il propose des excursions en pirogue ou des promenades à cheval le long des plages ou dans la brousse de l'intérieur.

Les excursions en pirogue sillonnent le cours d'eau qui descendent des collines, entre Thiès et la côte. A son embouchure, les mangroves abritent des pélicans et des flamants. Vers l'amont, au cœur de la galerie forestière, la rivière se resserre et les frondaisons ombragent les eaux paisibles.

Oiseaux et baobabs

Pour les ornithologues, La Somone est un véritable sanctuaire. Les amateurs de sports nautiques trouveront, au **village de bungalows Le Baobab**, tout le matériel nécessaire. Cet hôtel de 200 lits offre à ses clients des parties de pêche et loue des pirogues. Outre sa boîte de nuit, le Baobab a un restaurant agréable, dont la décoration s'inspire de la pêche, et sa carte est riche de tous les produits de la mer.

Saly Portudal, qu'on appelle plus souvent Saly, est relié à La Somone par une bonne route en bord de mer. Ce fut l'un

La Petite côte et le Sine-Saloum

des tout premiers comptoirs portugais. Le poste fondé au XVIe siècle est aujourd'hui un modeste village. L'**hôtel Palm Beach** est considéré comme le plus luxueux de la Petite Côte. Les hibiscus flamboyants et les lauriers roses forment des taches de couleurs, cependant que les cocotiers se penchent sur la piscine et protègent du soleil les courts de tennis.

Les quatre principaux hôtels au bord des plages proposent à leur clientèle des chevaux de selle, des calèches, des équipements de plongée et tous les sports de bord de mer. Le très moderne **Club Novotel** possède des salons de télévision, un amphithéâtre et une boîte de nuit. Le **Savana Koumba**, deuxième par ordre d'importance, dispose d'une piscine aux dimensions olympiques. Tous ces établissements organisent des excursions vers des lieux aussi divers que le **marché de Mbour**, à quelques kilomètres, ou dans la région du **delta du Sine-Saloum**, plus loin dans le sud.

Situé au centre de la Petite Côte, **Mbour** est un port de pêche relativement important.

Mbour, paradis des pêcheurs

A 80 km au sud de Dakar, cette ville de 4000 habitants s'est développée surtout lorsque les colons français commencèrent de repousser les tribus sérères vers le Saloum. Le gouverneur Pinet-Laprade prit le contrôle de cette région en 1859 et édifia un camp militaire à proximité de **Mbour**, qui devint bientôt un port de pêche actif.

Tout autour du port lui-même, les sécheries et les fumeries de poisson dégagent une odeur puissante à laquelle on s'habitue lentement... Ce fumet est d'ailleurs le lot commun de tous les villages du littoral car les Sérères tirent leurs principales ressources de la vente du poisson séché ou fumé.

Des sorties en mer, pour la pêche au gros, sont proposées par les agences de voyages de Dakar et par les hôtels. Une sortie débute généralement vers huit heures du matin pour se terminer vers quatre heures de l'après-midi. Là où le courant chaud qui remonte de Guinée se heurte au courant froid qui descend des

Canaries, on peut tomber sur des bancs de poissons migrateurs. 22 des plus grosses espèces de poissons recensées par la Game Fishing Association de Floride ont été reconnues dans ces eaux et au moins 30 autres espèces abondent: espadons, marlins bleus, thons, wahoos, tarpons, capitaines, albacores, espadons voiliers, carangues, coryphènes, barracudas, poissons-scies, bonites, toutes sortes de requins, y compris le requin-marteau, raies de toutes espèces (même l'immense raie manta) ont été capturés au large de la côte.

Les bateaux de pêche emmènent en général quatre à six personnes; les repas et les boissons sont fournis. La plupart sont parfaitement équipés avec radio V.H.F., sondeurs électroniques, radars, et même sonars pour repérer les bancs de poissons. Il est assez amusant de tomber, en haute mer, à des milles de la côte, sur une pirogue qui ne dispose que des bras de ses marins... et qui fait mieux que vous!

Qui a l'esprit aventureux peut louer une pirogue, avec ou sans équipage, et organiser sa propre partie de pêche. Le tourisme a imprimé sa marque sur le mode de vie des habitants de Mbour où l'on trouve maintenant de nombreuses boutiques d'artisans. Les clients des hôtels de **Saly** viennent en promenade au port de Mbour ou sur ses plages, et on voit souvent des groupes de touristes errant au gré de leur fantaisie parmi les rangées de pirogues hissées sur le sable ou photographiant les claies sur lesquelles sèche le poisson.

Mbour compte deux hôtels. Le **Relais 82** n'a que six chambres, mais le restaurant est réputé pour sa cuisine locale. Le **Centre touristique de la Petite Côte** est situé près de la préfecture et compte 90 chambres, climatisées pour la plupart. Son charme vient de son ambiance familiale et surtout de sa situation sur la mer, avec des bungalows assez simples au milieu d'un parc. A Mbour, la nationale 1 oblique et s'éloigne du littoral, en direction de **Fatick**, alors que la nationale 2 continue le long de l'Océan.

A dix kilomètres de Mbour, on parvient à **Nianing**, bourgade isolée au bord

Fumage de poisson au bord de la mer.

de la mer, où a été construit le grand **village de vacances du club Aldiana**, qui compte 300 chambres, réparties en de nombreux bungalows, tous climatisés et ayant vue sur la plage et la piscine. Situé entre l'Océan et le marigot de Nianing, le Club Aldiana est en lisière d'une forêt de filaos qui abrite une multitude d'oiseaux. Plus loin, au milieu d'un grand parc, entouré de magnifiques baobabs et de palmiers, le **domaine de Nianing** offre une centaine de chambres groupées également en pavillons.

Pour varier les plaisirs, vous aurez la ressource d'aller chiner dans les boutiques des artisans, sur les marchés des villages ou au bord des routes, généralement à l'entrée des hôtels. On y trouve toutes sortes de statues et statuettes en bois tropicaux : ébène, iroko, acajou, sapele ou autre. Articles de vannerie réalisés en bambou ou en rotin, chapeaux ou paniers en raphia tressé ou en paille de toutes tailles et de toutes couleurs, sets de table, tout cela constitue d'excellentes occasions d'achats, assez légers pour être ramenés chez soi.

On trouve aussi des articles de maroquinerie, sacs ou ceintures, faits de peaux de crocodile, de serpent ou de lézard, mais il faut savoir que ces peaux sont maintenant sous contrôle tant à l'exportation qu'à l'importation (dans votre pays). De même, tout objet en ivoire ou en écaille est soumis à une réglementation sévère ; en revanche ceux faits d'os ou de corne sont libres. On peut emporter sans difficulté des poteries ainsi que les bijoux en filigrane d'or et d'argent. On trouve également chez ces petits marchands des statuettes de bronze.

La joie de Joal

Le petit bourg de **Joal** est à 115 km au sud de Dakar, au bout de la route goudronnée et, pour aller au-delà, il faut emprunter la piste pavée de coquilles d'huîtres, de moules et coques. L'histoire de Joal remonte à la première occupation par les Portugais, au XVe siècle. Le port était l'un de ceux que les marchands portugais avaient rachetés aux

Dromadaires entre deux déserts...

Hollandais. Le centre de cette ville de 5 000 habitants est une large artère bordée de rangées de maisons coloniales du début du XIXe siècle. Dans l'une d'elles est né le président Senghor en 1906.

La situation de Joal, face à l'**île de Fadiouth**, est remarquable. Tout autour de Joal, de vastes espaces asséchés, appelés *tanns*, quadrillés de digues de coquillages écrasés et décolorés par le soleil, larges parfois de huit mètres, servent de protection contre la mer. Au milieu de ces terres désolées, des centaines de baobabs rabougris constituent le seul signe de vie sur ce sol que le sel a rendu stérile. Par temps gris ou au crépuscule, ces landes dénudées prennent, particulièrement autour des cimetières marins, un air fantomatique.

Les possibilités d'hébergement à Joal sont limitées, à l'exception de l'**hôtel Le Finio** (dont le nom signifierait «la fin» prononcé à l'africaine) qui compte dix chambres et un restaurant remarquable. Les spécialités de la maison sont le méchoui, les langoustes, les crevettes géantes, le poulet épicé et les fameuses huîtres de la région (qu'on ne consomme que de novembre à juin). En lisière du bourg, à l'entrée du pont qui relie l'île de Fadiouth à la terre ferme, il existe un tout petit couvent catholique de nonnes.

Fadiouth

Pour atteindre le village de **Fadiouth**, on franchit le bras de mer qui le sépare de Joal soit en pirogue, soit par la passerelle. Construit sur une île constituée uniquement de coquillages accumulés depuis des millénaires, Fadiouth diffère du reste du pays par les mœurs de ses habitants; l'isolement, depuis des siècles, en a fait un monde à part. Avec son sol fixé par les racines des mangroves, des bambous et des immenses baobabs qui y poussent, l'île de Fadiouth constitue un spectacle assez extraordinaire au milieu d'un environnement quelconque. Les maisons sont faites de briques de *banco* liées par un mortier de sable et de coquillages concassés.

Les pirogues qui sillonnent le bras de mer, entre Joal et l'île, sont les mêmes

Le pont et le cimetière de Fadiouth.

que celles qui servent pour la pêche en haute mer, mais il en existe de beaucoup plus petites dont les ramasseurs d'huîtres se servent dans les lagunes. On peut voir, sur les racines découvertes des palétuviers, de véritables grappes d'huîtres aux coquilles noirâtres que les femmes vont cueillir, pataugeant dans l'eau boueuse jusqu'à la taille et poussant d'une main un panier d'osier, tandis qu'elles tiennent de l'autre le cordage auquel leur canot est attaché. La partie la plus ancienne de l'île est entourée de mangroves, alors que l'autre côté est planté de cocotiers à l'ombre desquels les habitations ont été construites.

6 000 personnes vivent et travaillent à Fadiouth. Partout des coquillages s'entassent et, sur le sol, de grands ronds noirs s'étendent là où les femmes ont brûlé les coquilles pour en tirer de la chaux qui, délayée, donne une peinture blanche dont elles ornent les arceaux de palmes des toits. Sur le côté de l'île où poussent les cocotiers, les cases sur pilotis coiffées d'un toit de chaume conique, près de la berge, sont des greniers à mil. Ce mode de construction met à l'abri de la vermine et des animaux domestiques le grain qui constitue la base de l'alimentation et il économise l'espace de cette île surpeuplée.

La côte se prolonge au-delà de Fadiouth sur 40 km, jusqu'à la **pointe de Sangomar**, à l'extrémité d'une longue et étroite bande de dunes, inaccessible par la route. Cette pointe, qui sépare l'Océan du cours du Saloum, protège le delta contre les vagues de l'Atlantique. Plutôt que d'aller au-delà du bout de la nationale 2, mieux vaut prendre la piste de **Ndangane** et revenir à Mbour par Fumela, Sessène et Tiadiaye, où l'on retrouve la grand-route de Dakar à Kaolack. Ce parcours longe le **delta du Sine-Saloum** et des paysages fort différents des sables blancs de la Petite Côte.

Le circuit complet, plus de 300 km, se boucle en deux ou trois jours, en s'arrêtant à Mbour, à Joal ou même à **Ndangane** où existe un beau village-hôtel. On peut même pousser plus au sud jusqu'au **campement de Djifère**, noyé dans les palmiers et les filaos.

On hale le filet sur la plage.

LE SINE-SALOUM

Située au nord de la Gambie et deux fois plus vaste, la région du Sine-Saloum tire son nom des deux fleuves qui l'arrosent. La partie la plus méridionale, près de la frontière, est accessible par une mauvaise piste qui part de Gambie. Plusieurs routes coupent l'axe Kaolack-Tambacounda et desservent le sud; cependant, en raison de la longue saison sèche et d'une courte mais violente saison des pluies, certains tronçons peuvent être submergés lorsque les cours d'eau débordent. Dans la région des estuaires, celle du **delta du Saloum** est la mieux équipée pour l'accueil des touristes.

Le nord du Sine-Saloum

En abordant en pirogue sur la **pointe de Sangomar** au **campement de Djifère**, on ne peut s'empêcher de déplorer qu'une usine de traitement de sables titanifères dépare cet endroit charmant. Pour dissimuler cet établissement aux yeux des clients, un écran d'arbres a été planté.

Parmi les nombreux villages du voisinage qui valent d'être visités, on notera **Diakhanor** et **Palmarin**. Cette région est pittoresque tant en raison du mode de construction de ces villages (sur des entassements de coquillages) que des greniers à riz, bâtis sur pilotis, au-dessus du niveau des plus hautes eaux.

Serpentant au cœur d'un terrain sans relief, se ramifiant en bolons et en marigots ou s'élargissant dans les estuaires jusqu'à former de véritables lacs d'eau saumâtre, les deux fleuves qui rejoignent la Gambie à leur embouchure forment un immense delta. Des bancs de vase ou de sable émergeant à marée basse, des étendues infinies de mangroves constituent un domaine idéal pour la vie animale, surtout pour les oiseaux.

Dans les palétuviers, des aigles pêcheurs tournent en larges cercles au-dessus des eaux poissonneuses alors que, plus au nord, dans une région plus aride, les busards chassent les menus reptiles. Ces deux régions forment un violent contraste. C'est surtout celle du delta qui attire les amateurs de vie sauvage. On craint que les défenses naturelles de la côte (cordon de dunes, bancs de vase et la végétation qui les bordent) ne subissent les effets maléfiques des éléments, mais surtout de l'homme, auteur d'une importante déforestation pour se procurer son combustible domestique.

La faune

Au milieu des racines entrelacées des mangroves, les cigognes blanches fouillent la vase, cherchant vers et grenouilles. Sur la terre ferme, les pies-grièches empalent leurs proies (insectes ou petits rongeurs) sur les longues épines des acacias. Parfois, on voit sauter des marsouins dans les eaux calmes du delta du Saloum. Des colonies d'aigrettes blanches, suivies de cormorans solitaires, pourchassent les bancs frétillants de petits poissons, anguilles et gobies. Les bosquets de palmiers abritent des oiseaux au plumage éclatant, étourneaux violets, évêques jaunes, bengalis au cou orangé et toutes sortes de gobe-mouches.

Pages précédentes : les mourides retournent un champ d'arachide. A gauche, criblage des arachides; à droite, pirogue sur le Saloum.

Parmi les plus grands spécimens de la faune aviaire, l'observateur averti reconnaîtra le vautour des palmiers, noir et blanc, le faucon-buse d'Afrique, l'aigle de Verreaux, l'épervier ou même le plus audacieux de tous, l'immense aigle à longue crête. De nombreux visiteurs viennent de Gambie ou de Dakar admirer les vols d'innombrables spatules roses qui se déplacent de mare en mare ou les troupes de cigognes et de pélicans. Un guide ornithologique, une paire de jumelles et un téléobjectif sont indispensables. Les villageois sont à même de guider les amateurs aux meilleurs sites.

On ne trouve guère de gros animaux dans le Sine-Saloum, à l'exception de trois espèces de crocodiles (le nain, le «gros-nez» et le plus grand, le crocodile du Nil). On assure que quelques familles d'hippopotames et des lamantins vivent dans les eaux les plus reculées. Dans le labyrinthe des bolons, parfois une troupe de marsouins vient jouer autour de l'étrave ou plonger sous la pirogue.

Sur la terre ferme, les plus gros animaux sont les phacochères, vis-à-vis desquels il importe d'être fort prudent. Certains pythons atteignent une taille colossale; des biches pas plus grosses qu'un jeune chien sortent des couverts et se hasardent dans les palétuviers pour venir boire. Les singes (singes verts, vervets, colobes, singes rouges ou patas, cou-rouge) sont communs. De temps à autre, une tribu de babouins tient conseil sous les arbres au bord de la piste.

Les longues racines aériennes noires des mangroves portent des festons d'huîtres, régal de la cuisine locale. Les sentiers qui relient les villages, à travers les marigots, sont généralement renforcés et couverts de coquilles d'huîtres. Les myriades de trous qui constellent les bancs de vase noirâtre, au fond d'un entonnoir minuscule que forment les rejets de sable, sont les repaires des crabes qu'on voit émerger, par centaines, pour peu qu'on reste immobile et silencieux quelques instants. Les hespérides, grâce à leurs nageoires frontales qui ont l'air de véritables pattes, traversent les vasières d'une flaque d'eau à l'autre et on en voit même grimper aux arbres.

Une rive du Saloum.

Foundiougne et au-delà

A Foundiougne, le **village de vacances Les Piroguiers** offre un confort rustique. Cet ensemble de 60 chambres, édifié juste au bord du **Saloum**, propose des excursions sur le fleuve, les bolons et les cours d'eau des alentours. De là, on peut visiter **Dionewar** et **Niodior** où existe un gîte d'étape sommaire. Ces charmants villages de pêcheurs sont bâtis sur des îles, sur les rives ventilées de l'estuaire, face à la langue sablonneuse de la **pointe de Sangomar**.

Un bac assure quatre liaisons quotidiennes entre Foundiougne et l'**embarcadère du Valadère**, d'où l'on rejoint facilement la route de Dakar à Kaolack. Le bateau remonte aussi le fleuve, fait escale à Dionewar, Niodior et Ndangane et termine sa course à Kaolack.

Presqu'en face de Foundiougne, sur l'autre rive du Siné, se trouve **Ndangane**. Accessible, de Dakar, par une bonne route (au carrefour de Tiadiaye, prendre à droite la route de Fimela), plus difficilement par voie fluviale, ce village s'étend au bord d'un bolon reculé, orienté vers le nord, sur une sorte de péninsule qui offre de nombreux coins de pêche des deux côtés. De nombreux bateaux de pêche s'y assemblent. Après avoir visité le village et ses environs, il est facile d'aller se promener, vers le sud, sur une vaste zone sableuse où s'ébattent échassiers, canards et pintades. A Ndangane, l'**hôtel Le Pélican** dispose de 60 chambres; le spectacle de la faune compense le manque de luxe et nul ne peut se méprendre sur les raisons qui ont amené à baptiser l'hôtel: Le Pélican.

Au sud de Foundiougne, le gros bourg de **Sokone** est une étape sur la route de Kaolack à Banjul. Peu de visiteurs s'y arrêtent. Il est cependant possible de louer une pirogue et de faire une excursion aux îles de Betanti. La plupart des voyageurs poursuivent leur route jusqu'à **Toubakouta**, autre paradis des amateurs de faune. Là, le **village-hôtel de Keur Saloum** a une piscine avec un bar, un restaurant, des chambres climatisées dans tous les bungalows, et on y propose des parties de pêche au barracuda. Des

«Tans» (étendues salées) sur le Saloum, en face de Kaolack.

excursions en pirogue, des parties de chasse à **Sangako** ou à **Médina-Djicoye** peuvent s'organiser sur place.

L'**hôtel Les Palétuviers** dispose de 40 lits répartis en 20 bungalows, d'une piscine et des mêmes possibilités que Keur Saloum. L'hôtel s'appelait le Jardin d'Allah, mais il a été rénové. Comme le village de Toubakouta est sis au bord de la Diombos, ses 300 habitants gagnent leur vie comme passeurs ou guides de chasse. Ils organisent des spectacles chaque dimanche après-midi : joutes de lutte africaine et danses dans la soirée.

Toubakouta et **Missira** sont les portes du **parc national du delta du Saloum**. Les chasseurs viennent tirer perdreaux, canards, faisans et pigeons des bois dans une vaste zone où l'on rencontre tout type de terrains, de la brousse épineuse aux mangroves. Les excursions sur le fleuve permettent d'observer la faune ou de chasser. Une navette relie Toubakouta à Ndangane, via Niodior et Djifère. Toutes ces excursions, parties de pêche ou de chasse sont organisées par les hôtels Keur Saloum ou les Palétuviers.

Kaolack et Kaffrine

Avec 150 000 habitants, **Kaolack** est la plus grande ville de la région du Sine-Saloum et un centre arachidier important car la région est l'un des plus gros producteurs du pays. Le port de Kaolack est le lieu d'embarquement du sel que fournissent les salines des rives du fleuve (rappelons que l'eau est saumâtre et que la marée monte jusque-là). La ville est située sur la rive nord du fleuve, à 180 km de Dakar. Une route court vers l'est, en direction de Tambacounda, et la transgambienne, vers le sud, en direction de Ziguinchor en franchissant la Gambie au bac de Farafeni. Venant de Bamako, au Mali, le train traverse la ville avant de faire route vers Dakar et il existe un petit aéroport à la sortie de la ville. Les taxis-brousse effectuent régulièrement le trajet de Kaolack à Dakar, via Thiès ou Diourbel, mais l'itinéraire le plus agréable longe la Petite Côte par Mbour.

L'histoire de Kaolack est marquée par son rôle de centre de commerce du sel et de l'arachide ; le seul monument qui pré-

Abattage de grumes dans la région du Sine-Saloum.

sente quelque intérêt est le **marché**, bâti dans le style soudanais, avec de nombreuses arcades. Le port n'est plus que l'ombre de ce qu'il fut au temps de la colonie, mais d'assez gros bateaux viennent encore y charger des arachides pour les transporter à Dakar ou au-delà des mers.

La ville compte deux hôtels. Le plus grand et le plus récent, l'**hôtel Dior**, offre 35 chambres confortables et climatisées ainsi que 6 suites avec salle de bains. Le réceptionniste de cet hôtel est un homme précieux à connaître car il est à même de fournir toutes sortes de renseignements sur les moyens de transport et les endroits intéressants. Il existe une petite piscine, un restaurant décoré avec simplicité et un bar qui attire les commerçants locaux, qu'on voit sans cesse lancés dans des discussions d'affaires animées.

L'hôtel Dior occupe un emplacement central mais son concurrent, le **Paris**, est cependant mieux situé car il profite de la moindre brise. Avec seulement 17 chambres climatisées, cet établissement plus modeste est géré de façon plus familiale. Le restaurant, au mobilier traditionnel, offre la meilleure cuisine de la ville. Il dispose également d'un petit bar et d'une piscine pour les clients.

Un troisième hôtel, le **Napoléon**, se trouve un peu en dehors de la ville, à **Kahone**, où un centre de tourisme propose un hébergement sommaire pour les amateurs de safaris.

Kaffrine

Rares sont les voyageurs qui séjournent à Kaolack alors qu'il existe des endroits plus plaisants au bord du fleuve ou le long de la côte. **Kaffrine**, à 60 km à l'est, est aussi un centre arachidier mais ne dispose d'aucune structure d'accueil et la ville elle-même ne présente pas grand intérêt.

Le cours du Saloum, au-delà de Kaffrine, devient à la saison sèche une vallée aride. Toutefois, en partant vers le sud, on peut atteindre les zones de chasse situées après le village de **Nganda**, juste au nord de la frontière gambienne,

Deux générations travaillent aux champs.

puis les sites préhistoriques qui s'étendent entre Nganda et Nioro du Rip, dans l'ouest.

Nioro du Rip, à 60 km de Kaolack, se trouve à la frontière d'un domaine sur lequel la chasse est autorisée. Un campement offre un hébergement sommaire aux chasseurs qui viennent tirer le petit gibier: perdreaux, francolins, pintades... Le terrain est difficile et sec, couvert d'épineux où les acacias et les baobabs abritent des multitudes d'oiseaux qui survivent dans des conditions climatiques rudes. A partir de Kaolack, les chasseurs ont la possibilité de prendre part à une partie de chasse d'une journée qui les conduira dans la région de Nioro du Rip.

Quant aux simples visiteurs, ils peuvent opter pour une excursion qui les conduira jusqu'aux cercles de mégalithes. La promenade qu'on fait habituellement emprunte la route du sud, traversant une contrée rocailleuse, jusqu'à Nioro, par la route transgambienne. Les sites préhistoriques sont situés à l'est de la transgambienne. Il est aussi possible de les atteindre en partant de **Nganda** ou de la gare de **Malème-Hodar**.

Les pierres levées

Entre Nganda et Nioro, le paysage se compose de collines de latérite et l'épaisse poussière qui s'en dégage rend la conduite fort malaisée. Un véhicule tout-terrain est indispensable dans un terrain aussi accidenté. Il est prévu de construire une route digne de ce nom jusqu'au site préhistorique de **Sine Ngayenne**.

Le circuit, qui donne l'occasion d'admirer pas moins de 150 pierres levées, s'étire sur 50 km et traverse dix villages. Partant de **Firgui**, à huit kilomètres au sud de Nioro, la piste suit la vallée du **Grand Bao Bolon** jusqu'au premier site, celui de **Kabakoto**, où s'élèvent trois cercles d'une douzaine de pierres rougeâtres.

De l'autre côté du bolon, sur la rive sud, c'est-à-dire à gauche de la piste, il subsiste un tumulus formé d'une dizaine de pierres. Un peu plus loin, on voit deux autres pierres qui sont assez curieuses: l'une est en forme de bouton, l'autre en forme de lyre, et leur finalité défie toujours la sagacité des archéologues.

Au-delà du village de **Diala Kouna**, localité voisine de **Kaynor**, on visite encore plusieurs sites qui comportent des mégalithes disposés en cercle, une nouvelle pierre « bouton » et une massive stèle à cinq faces.

Le circuit passe encore par quatre autres sites mégalithiques, puis il rejoint la route transgambienne à proximité de **Keur Katim Diama**, sur la rive du **Petit Bao Bolon**, à une dizaine de kilomètres de la frontière avec la Gambie. L'université de Dakar, en collaboration avec celle du Ghana, a fait effectuer des campagnes de fouilles dans ce secteur; ces fouilles ont permis de mettre au jour divers objets, parmi lesquels figurent des armes et des outils qui ont été datés de 1200 av. J.-C.

D'autres sites archéologiques ont été découverts à proximité de **Toubakouta**, sur les rives de la Diombos, et près de **Diouroum**.

A gauche, vendeur de noix de cola; à droite, le tronc d'un kapokier géant.

LA RÉGION DE CASAMANCE

Formant la partie septentrionale du Sénégal, la région de Casamance tire son nom du fleuve qui, sur plus de 300 km, est la source de toute vie. Ses principaux affluents sont le **Diouloulou**, qui prend sa source près de la frontière gambienne, le **bolon de Kamobeul** et surtout le **Soungrougrou**, le plus important. Cette région plane et envahie par l'eau compte parmi les plus pittoresques d'Afrique de l'Ouest. Par rapport aux populations du nord, au caractère plutôt abrupt, les Casamançais sont des gens paisibles, accueillants et, en somme, charmants.

On a comparé ce pays à la Camargue car les étangs et les cours d'eau y sont le royaume de la vie animale. Il est vrai que ces vastes étendues d'eaux calmes dans lesquelles se reflète le bleu du ciel rappellent le delta du Rhône. Mais plus on s'enfonce dans l'intérieur, vers l'est, plus le paysage devient sahélien.

La température peut dépasser 35°. Pendant plus de cinq mois, pas une goutte de pluie ne tombe et, quand en vient la saison, les orages déversent des trombes d'eau sur le sol assoiffé. Le riz, le mil, le sorgho, le maïs et les arachides, de même que les diverses familles de palmiers (à huile, dattier ou ronier) poussent à profusion et fournissent aux habitants des villages qui parsèment cette généreuse contrée l'essentiel de leur subsistance.

Presque toutes les localités riveraines du fleuve sont tributaires de la richesse de ses eaux. Perches et silures, huîtres et crabes, coquillages et crevettes sont la base d'une alimentation variée au même titre que pintades, poulets et canards que chaque famille élève. Le bois à brûler vient des mangroves et, dans l'est, on utilise comme combustible domestique les branches du figuier de Barbarie ou de l'acacia. A vivre en symbiose étroite avec le fleuve, les Casamançais font d'excellents marins et la forme élaborée de leurs pirogues traduit leur habileté.

Pages précédentes : cérémonie initiatique en Casamance ; village riverain de la Casamance. A gauche, une mangouste et sa jeune maîtresse. à droite, l'église de Karabane.

Pour s'y rendre, on peut emprunter le vol quotidien (qui dure une heure) de Dakar à **Ziguinchor**, qui poursuit certains jours sa route jusqu'au **cap Skirring**, le plus important complexe hôtelier de la côte. Le trajet par mer, à bord du *Casamance-Express*, prend seize heures. On quitte Dakar le vendredi soir et le bateau repart de Ziguinchor le dimanche dans l'après-midi. Les cabines sont climatisées et le restaurant du bord bien tenu. Pendant la haute saison touristique, une croisière de huit jours, de Dakar à Casamance et retour, est régulièrement organisée avec une escale à Karabane et dans une île du delta du Sine-Saloum.

On peut aussi, depuis Dakar, rejoindre Ziguinchor par la transgambienne et en franchissant la Gambie au bac de **Farafenni**. Les 450 km du trajet peuvent se couvrir dans la journée, mais il est moins fatigant de faire le détour, après Kaolack, par Banjul en franchissant la Gambie au bac de **Barra** et en passant la nuit dans un hôtel de la capitale. On peut aussi voyager en taxi-brousse, mais le temps de parcours est imprévisible et varie selon de l'humeur du chauffeur et les exigences des passagers.

Ziguinchor

Le chef-lieu de la Casamance, avec ses 80 000 habitants, est un port fluvial situé à 70 km de la mer. Fondé en 1560 par des traitants portugais, ce comptoir fortifié devint, grâce aux Français, un centre commercial prospère au cours de la première moitié de ce siècle.

Ziguinchor est une localité agréable, avec des avenues bordées de hauts cocotiers, de jolies maisons coloniales et un marché actif et coloré. Ses larges artères descendent vers le port d'où partait autrefois le bac qui reliait les deux rives du fleuve. De nos jours, le port est principalement affecté à la manutention des produits agricoles, au chargement ou au déchargement des navires en escale.

Un pont enjambe aujourd'hui les deux bras du fleuve. Le tour de la ville prend une heure, mais on peut en consacrer une autre à flâner au hasard des allées du **marché**. Les innombrables marchands, venus de Guinée-Bissau, de Gambie, du nord du Sénégal ou même de Mauritanie, proposent de pleins paniers de poissons, de fruits, de légumes. On y vend aussi bien du coton que du riz, des épices que de l'huile de palme, sans oublier toutes sortes de produits manufacturés importés.

Le marché le mieux achalandé est celui dit de **Saint-Maur-des-Fossés**, du nom de la ville avec laquelle Ziguinchor est jumelée. Le **centre artisanal** attire de nombreux touristes et le directeur du centre collecte les objets en provenance de toute la Casamance, notamment de jolies statuettes diolas.

Ziguinchor tire son nom d'une déformation du mot *Izguinchor*, nom de la tribu qui vivait autrefois dans ces parages. De nos jours, les ethnies les plus nombreuses sont les Diolas, les Mandingues et les Toucouleurs. On rencontre aussi sur les marchés des Balantés, des Mandiagos et des Mankagnés, sortis des forêts de Bayotte, dans l'extrême-sud.

L'**hôtel Le Diola,** avenue Robert-Delmas, a 50 chambres climatisées réparties en carré autour d'une piscine, avec un bar-restaurant joliment décoré.

Une rue de Ziguinchor.

L'**hôtel Aubert**, moins luxueux, a 34 chambres climatisées, l'une des piscines les plus agréables de la région et un restaurant dont la cuisine bien française se marie à merveille avec la gastronomie locale. Il fait bon prendre un rafraîchissement au bar, autour d'une table en marbre du pays, au milieu des plantes tropicales et des fleurs qui égaient la terrasse et les murs blanchis à la chaux.

Le **Nema-Kadior**, troisième hôtel de très bon niveau, compte 48 chambres climatisées, une piscine, mais pas de restaurant, encore qu'on puisse commander un repas au bar ou à la réception. **L'Escale**, plus modeste et meilleur marché, est le seul qui soit doté d'une boîte de nuit. Il est clair, propre, ses 14 chambres sont bien tenues et son restaurant propose une cuisine diola typique de bon aloi. On peut aussi se restaurer à l'**hôtel du Tourisme**, dans le centre de la ville, qui compte dix chambres climatisées rustiquement meublées.

En dehors de Ziguinchor, à la **pointe Saint-Georges**, le **village-hôtel** du même nom possède un charmant restaurant, une belle piscine, des courts de tennis et 28 chambres réparties dans des bungalows. Des excursions vers le nord et le sud de la Casamance sont organisées par les grands hôtels; celui de la pointe Saint-Georges propose ses propres excursions en voiture ou en pirogue.

On peut aussi aller sur le fleuve en amont, jusqu'à **Kolda**, en aval, vers le **cap Skirring**, ou encore dans la forêt vierge qui s'étend, au sud-ouest, entre Ziguinchor et l'Atlantique.

Au sud-ouest

De la gare routière de Ziguinchor, il est facile de prendre un autocar rapide vers **Elinkine**, terminus de la ligne. De nombreuses pistes sillonnent la région. Les patrons du campement vous mèneront à l'estuaire, où les palmiers et le sable cèdent la place aux fourrés de palétuviers et aux bolons sinueux, ou à ces marais et points d'eau où grouille une incroyable variété d'oiseaux aquatiques.

Une jolie promenade consiste à aller d'Elinkine à l'**île de Karabane**, enchâs-

Récolte du vin de palme en Casamance.

sée dans les mangroves, qu'on atteint en pirogue. Sur l'île, près du village de cases, subsistent des vestiges du comptoir colonial, abandonné depuis des décennies. Un peu plus loin, les ruines d'une **église bretonne** sont visibles.

Karabane possède un campement où l'on peut faire une halte, ce qui donne le temps de visiter les environs. De nombreux circuits parcourent cette région boisée et l'on trouve plusieurs gîtes ruraux dans les villages de **Pointe-Saint-Georges**, d'**Oussouye** et surtout d'**Enampore**.

L'un des circuits les plus attrayants, qui peut se couvrir en une journée, emprunte la route dite des rizières, bordée de beaux arbres, jusqu'aux célèbres cases à impluvium d'Enampore avec leur toit annulaire dont la pente intérieure tombe, au centre de la maison, dans une citerne qui recueille l'eau de pluie en prévision de la saison sèche. Ce système est unique en Afrique, et ces cases peuvent accueillir 50 occupants, avec leur bétail, leurs chèvres, leur volaille et leur réserve de grains.

Le **village-hôtel de la pointe Saint-Georges** se dresse sur une grande courbe du fleuve, là où il atteint sa plus grande largeur. On peut circuler en pirogue parmi les nombreuses îles de l'embouchure. Les deux plus grandes, **Karabane** et **Niomoune**, qui compte plus de 2000 habitants, abritent des missions catholiques et les quatre villages bâtis sur l'**île de Hillol**, Kamoun, Kaoui, Kouba et Mantat, valent qu'on aille faire un tour dans la forêt qui les encercle.

Le cap Skirring et la côte

Après les fatigues des excursions en forêt ou en brousse, les promenades en pirogue ou la visite à pied des îles, la brise de mer, sur la côte, est un délice. A une heure de vol de Dakar, à 70 km de Ziguinchor par la route, le **cap Skirring** est tout proche de la frontière avec la Guinée-Bissau.

Le littoral est constitué d'une succession de grandes baies aux plages de sable blond séparées par des éperons rocheux, avec de nombreux villages de pêcheurs

du cap lui-même à **Diembering**, au nord, et jusqu'à l'embouchure du fleuve. D'innombrables cocotiers poussent au bord des plages et, en retrait, mille sentiers conduisent, à travers des bosquets d'arbres et des rizières, aux villages aux toits de chaume cachés sous les fromagers et les kapokiers. L'exploitation touristique de ces secteurs préservés a été surveillée par le gouvernement, mais cela n'empêche pas que les grands ensembles hôteliers du littoral y pullulent.

Le **club Méditerranée** gère un village de vacances de 300 lits, situé juste au cap Skirring. Il compte 266 bungalows, une piscine, des restaurants, une boîte de nuit et offre, outre des courts de tennis, tous les sports nautiques et de plage, de même qu'il organise de multiples excursions. **Kabrousse Mossor** est un peu plus petit (132 chambres climatisées) avec, ici aussi, piscine, restaurant et activités habituelles de loisirs. **La Paillote**, qui dépend de l'hôtel Aubert de Ziguinchor, propose 34 chambres réparties en bungalows dominant la plage, et l'**hôtel Emitaï** n'a que 27 chambres. Les petits hôtels, de même que le Kabrousse Mossor, ferment de mi-mai à fin octobre, pendant la saison des pluies.

Les autres hôtels touristiques du cap Skirring vont du grand **Savana**, avec ses 100 lits, ou du luxueux **Kassoumaï**, aux nombreux gîtes ruraux et campements de villages. A dix kilomètres au nord du cap Skirring, **Diembering** offre une plage plus sauvage où les palmiers ont presque le pied dans l'eau. Un hôtel de 40 places, assez rudimentaire, y a été construit, l'**Aten-Elou**, et il partage la plage avec le **campement Delmas**.

L'activité se concentre le long de la côte, mais il est recommandé de visiter les villages isolés ou la petite localité de **Kabrousse**, au sud du cap, dont le roi diola déclara en 1942 la guerre à la France !

L'une des plus passionnantes excursions d'une journée mène au vaste **parc national de la basse Casamance**. Situé 20 km avant le cap Skirring, en venant de Ziguinchor, ce parc couvre 5 000 ha, mais il ne possède qu'un gîte pour la

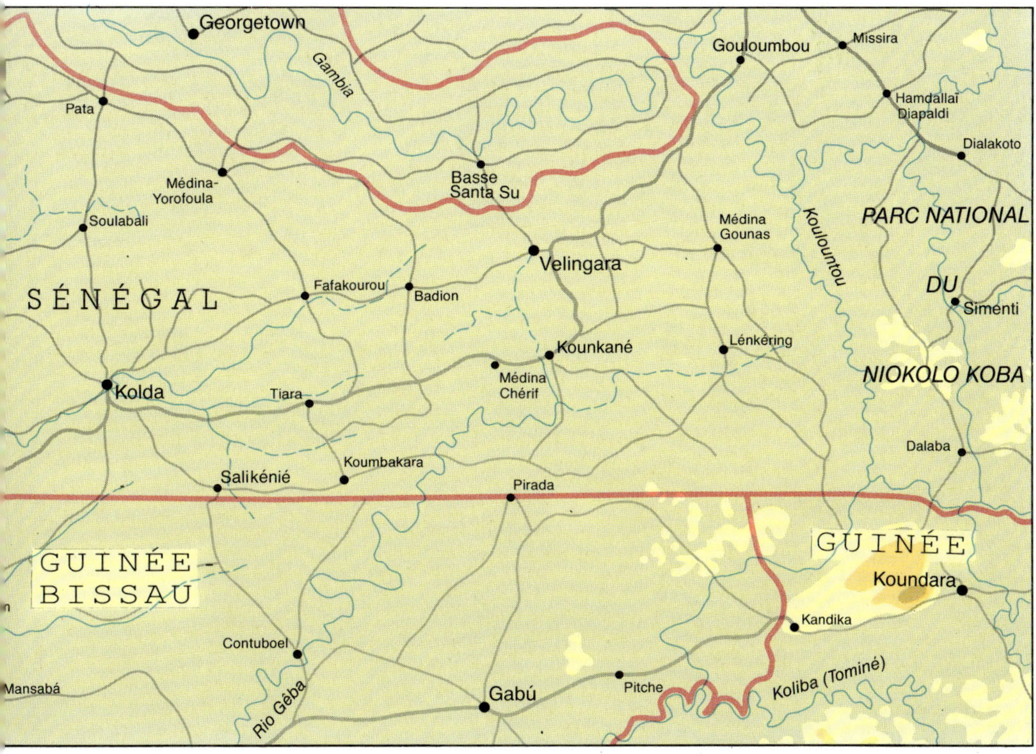

nuit, avec 10 chambres et un restaurant, ouvert juste à l'entrée. En arrivant au parc au lever du jour, on a le temps d'en faire le tour. Les autorités demandent que les touristes entrent par groupes de dix et le prix des billets d'entrée relève parfois d'une certaine fantaisie... A la sortie du parc, il existe un hameau diola où l'on peut acheter des souvenirs.

En haute Casamance

Lorsque, au départ de Ziguinchor, on remonte le cours de la Casamance, son lit s'élargit d'abord de façon spectaculaire, au point qu'on croirait naviguer sur un lac. D'immenses étendues de palétuviers avancent sur l'eau et la profondeur du fleuve diminue fortement en amont de son confluent avec le **Soungrougrou**. Les rives sont toujours couvertes de mangroves impénétrables mais elles se font, à certains endroits, plus hautes et plus abruptes à mesure qu'on passe devant les villages de **Goudomp**, sur une rive, et de **Tintinkome**, sur l'autre. Le fleuve se rétrécit ensuite au-delà de **Diatakounda**, et au bout d'une longue courbe apparaît sur la rive nord la ville de **Sédhiou**, chef-lieu du département.

De Bignona ou de Ziguinchor, on peut gagner Sédhiou plus rapidement en passant par les villages de **Dieba** et de **Marsassoum**. La route franchit le Soungrougrou et le terrain se fait ensuite rocailleux, pelé, cependant que seules quelques collines basses et quelques bosquets de palmiers rompent la monotonie du paysage. C'est pourquoi il est préférable d'effectuer en pirogue ce parcours qui offre quelques belles vues et rend le voyage sur le fleuve plus pittoresque.

Bien que Sédhiou soit plus un bourg qu'une ville, c'est l'une des localités les plus typiques des bords du fleuve. Des pirogues bariolées encombrent les berges rouges de latérite, et les filets déployés montrent bien que les habitants tirent une bonne partie de leur subsistance du fleuve, large à cet endroit de près de deux kilomètres. Le village de **Sandinière**, sur la rive opposée, est un agréable but de promenade sur l'eau. La faune aviaire est moins riche qu'à

L'impluvium d'une case.

l'embouchure, mais on peut encore voir les inévitables cormorans et des hérons, perchés dans les branches ou sur les racines à nu des palétuviers.

Un peu à l'écart de la rive et plus loin sur la droite, on peut voir la **station agricole expérimentale** et, après maints détours et méandres, le village de **Mankono**. Le fleuve devient alors étroit à mesure qu'on approche de **Kolda**, ville située au carrefour des routes qui commandent le trafic vers l'ouest. En amont, le fleuve disparaît peu à peu sous de gros rochers, alors qu'on commence à apercevoir les sables annonciateurs du désert qui borde les montagnes du sud-est. A l'extrémité est de la zone des villages du fleuve se trouve **Fafacourou**, sur la grand-route de Tambacounda à Kolda.

Au-delà de ce hameau, le désert s'étend jusqu'au pied des collines qui entourent **Vélingara** et à travers lesquelles, par un véritable canyon, la Gambie taille son lit. Depuis l'un des plus larges estuaires de la côte occidentale d'Afrique, avec son manteau de palétuviers riches d'une vie animale grouillante, le paysage a changé du tout au tout et c'est maintenant un panorama de collines rocailleuses, dénudées, émergeant d'un désert de sable, où ne poussent que quelques palmiers et des touffes d'herbe à éléphant.

Par la route la plus courte de Dakar à Ziguinchor, via Banjul, le premier village de Casamance est **Selet**. En venant de Gambie et en roulant plein sud, on peut se faire une idée de la variété des paysages de cette région. Le désert, une végétation éparse et une brousse épineuse précèdent les marécages et les marigots, puis les bolons d'eau libre. **Diouloulou**, le village suivant, est justement situé sur un bolon et, à partir de cet endroit, la route court vers l'est pour rejoindre **Baïla** puis **Bignona** et enfin **Ziguinchor**. De Diouloulou, on peut visiter un village diola typique ou suivre la piste vers la côte, jusqu'à **Abane** où existe un campement touristique. Si l'on préfère l'authenticité d'une case africaine, il est possible de loger, un peu plus loin au sud, à **Kafountine**, à 30 km de Diouloulou.

Rizières en Casamance.

A 20 km de Kafountine, la **presqu'île des Oiseaux** indique par son nom l'intérêt de ces lieux. L'endroit le plus proche où passer la nuit est le **campement de Sitokoto**, mais il existe également des terrains de camping tant à Sitokoto qu'à Kafountine.

Autour de la **forêt de Tendouk**, de nombreux villages exploitent des gîtes d'étape ou des campements assez rudimentaires. **Thionk-Essyl**, à la limite nord de la forêt, en exploite un dont les deux allées en croix desservent des cases comprenant deux ou quatre chambres. Ce gîte d'étape est l'archétype de ceux qu'on peut trouver dans la région.

Bignona

Un service de pirogues, de Ziguinchor à Diatop, fait escale à **Afinian**, à 32 km de Thionk-Essyl. Ce gîte géré par les villageois offre 40 lits. Après Afinian, la piste coupe la grand-route à **Bignona**, escale agréable, à mi-distance entre Ziguinchor et la Gambie, où deux hôtels sont ouverts : **Le Relais Fleuri** et **Le Palmier**.

Dans la région de Bignona, on peut parcourir plusieurs circuits intéressants, soit dans la **forêt de Kalounaye**, soit au village de pêcheurs de **Marsassoum**, sur la Soungrougrou. De Marsassoum ou de **Dieba**, tout proche, la piste s'enfonce sur 50 km dans un paysage vierge jusqu'à **Sédhiou**, au bord de la Casamance.

Au sud de la forêt de Kalounaye se trouve le **campement de Koubalan**. Le circuit au départ de Bignona et le long du cours d'eau du même nom traverse une région aux paysages variés et à la faune abondante.

La route de Bignona à Ziguinchor, courte et pittoresque, traverse de hautes futaies alternant, dans les combes, avec des rizières et les villages aux cases de toits coniques, typiques de cette région.

La récolte est une occasion de festivités et la fête casamançaise du *beweng*, qui dure deux jours, est haute en couleur. On offre des épis de riz aux divinités dans l'espoir d'attirer leur bénédiction sur la moisson. Des danseurs aux bras et aux jambes ceints de bandes couvertes de perles, aux coiffures flamboyantes garnies de longs rubans, virevoltent en ordre dispersé au rythme échevelé des tam-tams et des calebasses.

Dans la région de Ziguinchor, les cérémonies sont différentes de celles de la côte, près d'Oussouye. Les épreuves du feu qui font partie des danses initiatiques de la dernière semaine d'avril montrent que, par cette purification, un nouveau personnage naît des cendres de l'adolescence. En mai, la fête d'initiation, ou *nity*, est suivie par le *zulane*, célébration du roi d'Oussouye.

Les danses sont une phase essentielle du rituel de ces célébrations. Le *zumebel*, l'un des spectacles les plus populaires du Sénégal, figure une bataille entre jeunes filles. Il a lieu en juillet. Pour l'*elkonkon*, fête de la fertilité, hommes et femmes font assaut d'agilité dans de spectaculaires acrobaties. L'*o lumata*, au cours de laquelle les participants entrent en transe par l'absorption de drogues, a lieu à la fin de l'année. Les danses rituelles de l'*o lumata* sont destinées à permettre aux acteurs d'entrer en communication avec les ancêtres et avec les dieux qui veillent sur les « grands morts » ou sur la « vie éternelle ».

A gauche, la pêche au harpon dans le fleuve; à droite, danse frénétique d'une cérémonie initiatique.

LE SUD-EST DU SÉNÉGAL

Bordé à l'est par le Mali, au sud par la Guinée et la Guinée-Bissau, le Sénégal oriental, très différent du reste du pays, est en grande partie constitué de savane où domine l'herbe à éléphants. Il s'étend, au pied et sur les premiers contreforts du Fouta-Djalon, en collines dont l'altitude culmine à 1300 m.

Les hautes futaies tropicales couvrent les contreforts des collines jusqu'à la source des trois rivières qui arrosent cette région. La **Falémé** marque la frontière avec le Mali, alors que la **Gambie** et le **Niokolo-Koba** coulent à travers le parc national où ils sont grossis de plusieurs affluents, dont le **Niéri-Ko** et la **Koulountou**. Certains endroits ont des airs d'Afrique équatoriale, avec de très grands arbres et une forêt vierge épaisse.

Cependant, au nord-est de cette zone, au confluent du Sénégal et de la Falémé, le terrain est plat et semi-désertique. Là, des arbres résistants, tels que le baobab, le karité ou l'acacia, survivent dans un sol sablonneux, mais à mesure qu'on s'approche des frontières du sud-est, les acacias surgissent des hautes herbes et les palmiers se font plus nombreux. Dans les parties accidentées poussent des tecks et des acajous.

Les plus gros lions d'Afrique

La faune de cette région est plus riche qu'ailleurs en raison de la végétation dense et d'une population clairsemée. Dans les forêts de bambous, le long des cours d'eau et dans les galeries forestières de la haute forêt vierge, abondent oiseaux et animaux sauvages. Mais c'est dans le **parc national de Niokolo-Koba** qu'ils se trouvent en plus grand nombre.

C'est dans ce parc magnifique, l'un des plus beaux d'Afrique, que les grands mammifères ont trouvé refuge. On a compté 70 espèces animales, y compris des éléphants. On estime que le parc abrite entre 150 et 200 pachydermes, se déplaçant par petits groupes. Plus de 100 lions ont été recensés. La sous-espèce qui vit dans le parc est celle qui, en Afrique, compte les plus gros spécimens. Les panthères hantent également les plaines herbeuses et les collines, se tapissant dans les branches des acacias avant de fondre sur les antilopes. On trouve aussi des hyènes, des lycaons et des chacals, parmi les carnassiers.

D'autres mammifères plus petits se tiennent dans les galeries, au bord des cours d'eau, du minuscule écureuil au porc-épic. Les petits félins, qui préfèrent la savane arbustive, sortent de leurs terriers principalement la nuit; ce sont les civettes, les servals et les genettes.

Les prairies, près des rivières et des mares, sont le royaume des antilopes, y compris la plus belle et la plus grande, Sa Majesté l'éland de Derby. On y trouve aussi des hippotragues, des cobes onctueux , des cobes de Buffon, des bubales, sans parler des plus petites: céphalophe de Grimm, guibs harnachés, gazelles, qui se comptent par centaines de milliers. Quelques centaines de buffles hantent les hautes pailles et les sous-bois. A l'aube ou au crépuscule, ils sortent des couverts pour boire aux points d'eau.

Pages précédentes: cérémonie d'initiation bassari. A gauche, un Bassari; à droite, une lionne du parc de Niokolo-Koba.

Les hippopotames et les phacochères préfèrent les terrains humides ou boueux, autour des marigots, et chaque bras de rivière abrite sa famille d'hippopotames, qu'on aperçoit chaque jour, à peu près au même endroit. Les crocodiles, notamment les grands crocodiles du Nil, qui peuvent approcher quatre mètres, sont communs dans les cours d'eau où l'on a dénombré plus de 60 espèces de poissons et de reptiles aquatiques. D'énormes lézards, les varans, vivent sur les berges, de même que de petites tortues. On peut aussi voir de petits serpents d'eau et, plus poétiquement, de magnifiques papillons.

Les galeries forestières, le long des cours d'eau, retentissent habituellement des piaillements, des aboiements, des bavardages des singes, perchés sur des fromagers, des acajous ou des kapokiers. Ces couverts sont le lieu de prédilection des singes verts (ou vervets), qu'on aperçoit, en troupes, bondissant d'arbre en arbre alors que les colobes rouges (1) s'adonnent, grâce à leur queue touffue, à des exercices de voltige. Souvent, les pisteurs sont capables d'appeler ces petits animaux adorables et de les inciter à s'approcher. Avec un peu de chance, un observateur attentif peut déceler la présence des chimpanzés qui ont été repérés parmi les cinq espèces de primates qui vivent habituellement dans le parc.

Des nuées d'oiseaux hivernent ou vivent en permanence dans la réserve. Plus de 300 espèces y ont été recensées. On évalue à plus de trois millions le nombre des migrateurs qui y séjournent, fuyant les rigueurs de l'hiver européen ou nord-africain, se nichant dans chaque creux d'arbre, du palmier-balai au baobab. les hautes herbes, en bordure des points d'eau, abritent toutes sortes de tisserins, d'ignicolores écarlates, de pique-boeufs, d'aigrettes à bec bleu.

Les nids tressés des tisserins donnent aux acacias et aux cotonniers des allures d'arbres de Noël. Ceux des cigognes et des hérons sont facilement repérables, près des mares, dans les herbages, et on peut voir des spatules en grand nombre sur la plupart des mares où l'eau est libre. Les plus gros nids sont ceux de la

Coucher de soleil sur les marais.

comique ombrette du Sénégal, une massive plate-forme constituée de branchettes amoureusement entrelacées.

La convention de l'Unesco sur le patrimoine de l'humanité a choisi le parc de Niokolo-Koba comme lieu à préserver, l'une des 16 merveilles naturelles du continent noir. Cette région est le lieu d'Afrique le plus proche d'Europe ou d'Amérique où l'on puisse voir une telle quantité d'animaux en liberté dans leur habitat naturel. Les excursions à Niokolo-Koba sont organisées aussi bien depuis Dakar (voir le bureau national du tourisme) que depuis Banjul (contacter West African Tours à Bakau, Black & White Tours ou Hornbill Tours). Il est possible de visiter le parc par ses propres moyens, à condition d'être accompagné d'un guide officiel, mais la diversité des excursions organisées est telle qu'on est sûr de voir plus et mieux si l'on fait partie d'un groupe. On peut se rendre au parc en voiture, de préférence avec un véhicule à quatre roues motrices, et il existe des vols réguliers vers **Simenti**, l'aérodrome du parc.

L'attrait de Tambacounda

La plupart des visiteurs qui vont au parc passent par **Tambacounda**, chef-lieu du Sénégal oriental. Chaque semaine, deux trains et un avion relient Dakar à cette ville de 20 000 habitants. Il existe aussi une route bitumée sur 480 km entre Tambacounda et Dakar ou Banjul. Les visites organisées empruntent, pour accéder au parc, la route goudronnée de Tambacounda à Kédougou.

D'aucuns affirment que le nom de Tambacounda vient du roulement des tam-tams. La ville s'est développée grâce à sa situation à la fois sur la voie ferrée de Dakar à Kidira et Bamako et au carrefour des routes vers la frontière malienne, la Gambie et la Guinée. La ville présente en elle-même peu d'intérêt, si ce n'est son marché animé, ses avenues bordées de grands arbres et quelques échoppes d'artisans. L'histoire de Tambacounda remonte aux premières installations des Ouali-Oualis, qui avaient construit un poste afin de faire commerce avec les passagers des trains.

Rencontre entre des touristes et des animaux vue par le peintre Alpha Diallo.

C'est le point de départ des visiteurs qui se rendent au parc de Niokolo-Koba ou en pays bassari, dans les collines qui prolongent le **Fouta-Djalon**. En ville, on rencontre surtout des Peuls, des Saracolés, des Toucouleurs, des Malinkés, des Bambaras ou des Ouolofs. Les tribus autochtones se sont repliées dans les villages de brousse.

L'**hôtel Asta Kébé** est le meilleur: 61 chambres climatisées, une grande salle de restaurant et une piscine. Les tableaux d'affichage, près de l'entrée, sont couverts de placards donnant le programme des excursions et le personnel vous aidera à choisir celles qui vous intéresseront le plus.

L'**hôtel de la Gare** ne dispose que de commodités assez sommaires, avec ses dix chambres plus souvent occupées par des voyageurs que par des touristes. En cas de besoin, on peut trouver un lit notamment à la **maison des jeunes**, qui tient auberge, ou à la **mission catholique**, qui accueille parfois les gens de passage.

A Tambacounda, on peut louer des camionnettes pour visiter le parc, mais les taxis n'ont pas le droit d'y entrer, de même qu'il est interdit de se déplacer à pied sur les pistes intérieures. Une voiture tout-terrain est disponible pour les visiteurs qui arrivent à l'entrée de la réserve, mais il faut la faire appeler par radio du camp des gardes car elle est basée à Simenti, là où se trouve l'aérodrome.

Autour de Niokolo-Koba

En quittant Tambacounda par la nationale 7, on traverse d'abord les bourgades de **Missira** et de **Hamdalaye**. Après le pont sur le **Nieriko**, affluent de la Gambie, on arrive à **Ouassadougou**, village qui surplombe un gué sur la Gambie et, une fois celui-ci franchi, la route mène à une entrée du parc. Certaines excursions continuent sur la nationale 7 pendant une quinzaine de kilomètres. À **Dienoun Diala**, dix kilomètres plus loin, la route pénètre dans la réserve et une autre piste se dirige vers sa frontière nord puis, obliquant à l'est, vers le Mali.

Piste à l'intérieur du parc de Niokolo-Koba.

Après dix kilomètres dans le parc, la route aborde la **forêt de Tali Ndé Boulou** et, 32 km plus loin, on arrive au centre du parc, le village de **Niokolo-Koba**. On peut y trouver à se loger. La rivière dont le parc tire son nom traverse la localité. L'un des deux hôtels du parc est situé à proximité, de même qu'une station-service et un garage.

Le **campement-hôtel de Niokolo-Koba** compte 18 chambres, dont 6 climatisées, mais, pour le reste, le confort est rudimentaire. L'autre hôtel du parc est plus grand et surtout plus célèbre. Facilement accessible par les pistes forestières, aux embranchements de Dar Salam ou de Talé Ndi Boulou, le **campement de Simenti** est merveilleusement situé au cœur de la réserve, sous de grands arbres dominant une boucle de la Gambie. Il compte 40 chambres climatisées confortables, une piscine et un excellent restaurant. C'est à peu près le seul endroit, au Sénégal, où l'on sert parfois du gibier.

Le plus gros animal terrestre.

De la terrasse, la vue plonge sur une immense mare dans laquelle s'ébattent fréquemment des hippopotames, des éléphants et toutes sortes d'antilopes qui, au crépuscule, sortent des couverts pour venir boire. Simenti ne décevra pas ceux qui imaginent ce que peut être un campement de chasse en Afrique.

Pour le reste, le parc compte quelques campements, mais les conditions sont sommaires, encore que les séjours y laissent de merveilleux souvenirs à qui aime vivre au contact de la nature.

Au **camp de l'Éland** (de Derby), près du **gué de Vorouli**, un barrage submersible a été construit afin de contenir les crues de la Gambie. La plupart des autres campements sont situés aux confluents de cours d'eau, mais certains ne sont pas autre chose qu'une clairière dégagée, avec des abris de paille et des bancs, comme ceux de **Damantan** ou du **lac Fourou**. Implantées également sur les rives de la Gambie, les haltes de **Malapa** (très beau paysage) et de **Badoye** sont des lieux où l'on peut camper, mais il n'y a ni eau potable ni, bien entendu, électricité. Le visiteur doit apporter tout ce dont il a besoin et on

rappellera à ce propos qu'il faut au moins cinq litres d'eau par personne et par jour sous ces climats.

Les autres terrains de camping, sur les itinéraires des excursions organisées, sont le **camp du Lion**, au **gué de Bafoulabé** (en bassari, *ba-foula-bé* signifie «ici-fleuve-deux», pour indiquer un confluent) qui est situé dans un des plus beaux endroits du parc, et le **camp du Koba**, près du Niokolo-Koba. Un peu plus confortable, le **campement de Badi** est installé à 20 km de la nationale 7, à 100 km à l'ouest de Tali Ndé Boulou. Doté de sanitaires mais sans électricité, ce campement compte 20 cases au gué de Koba. On n'y trouve ni boisson ni nourriture et, ici aussi, il faut apporter ses vivres. En général, les excursions prévoient tout ce qui est nécessaire aux clients au cours du safari d'un ou deux jours. L'un des circuits les plus appréciés consiste, au départ de Niokolo-Koba, à suivre le cours sinueux de la Gambie, passant par les haltes des gués de Vorouli, Banhare, Malapa et Bafoulabé pour s'arrêter ensuite à **Simenti**.

La forêt-galerie longe le fleuve et ce circuit permet de faire halte au **gué de Malapa** (on peut souvent se baigner dans les rapides). Ce circuit, faisable en une demi-journée, peut être allongé afin de passer par la **boucle de Badi**, le point de vue de Bafoulabé et l'endroit appelé «la patte d'oie» avant d'atteindre, par le gué du **lac Fourou**, le village de **Ouassadougou** puis de revenir à Niokolo par la grand-route.

Des circuits plus courts sont possibles par les pistes bien balisées, notamment celles qui conduisent aux mares de **Diamouel** et de **Mansa-Farak** (ce qui représente une promenade d'un après-midi). On vous remettra une carte des pistes et la signalisation est claire. Les points de vue sont indiqués, de même que les espèces animales que vous aurez toutes les chances d'apercevoir.

Au sud, le parc est dominé par la **chaîne du Fouta-Djalon** et certaines collines dépassent 400 m d'altitude. Dans le parc, le point culminant est le **mont Assirik**, à peu de distance de la piste qui relie Niokolo-Koba à Vorouli.

Un village bassari.

Le pays bassari

A l'extrémité septentrionale de la nationale 7 se trouve **Kédougou**, bourg de 6500 habitants, proche de la frontière de la Guinée, au bord de la Gambie. La région alentour est le pays bassari, du nom de l'ethnie indigène. Les premières implantations humaines remontent à l'époque du trafic d'or de l'empire du Mali et son développement actuel est dû à la découverte des mines de fer de la Falémé, à Nafadji.

A huit kilomètres de la ville, les carrières d'Ibel ont été creusées dans une chaîne de collines. C'est de là qu'a été extrait le marbre dont sont faites de nombreuses maisons de Kédougou. Contrastant avec les habituelles cases de paille, ces habitations se parent des multiples teintes du marbre. Encore que la ville ne présente pas grand intérêt, on retiendra qu'elle fut le point de départ de nombreuses explorations à la découverte des sources de la Gambie.

Il n'existe aucune possibilité de se loger à Kédougou, à l'exception d'un petit terrain de camping à la sortie de la ville. Dans cette région déjà accidentée, qui préfigure le Fouta-Djalon, les pistes sont impraticables pour les voitures ordinaires et même les véhicules tout-terrain éprouvent des difficultés à circuler.

Le paysage, autour de Kédougou, est infiniment plus intéressant que la ville elle-même, et les cérémonies rituelles des fêtes bassaries fascinent les ethnologues et passionnent les observateurs. En outre, de nombreux chercheurs étudient la pharmacopée des Bassaris. Aujourd'hui, ceux-ci pratiquent principalement la culture du coton, la pêche et la chasse, mais aussi l'artisanat. Le souvenir le plus apprécié des touristes est le disque tressé qui sert à vanner le riz.

En avril, on peut avoir la chance d'assister aux cérémonies d'initiation, un vrai festival pour les yeux. Dans cette région, on trouve aussi des Peuls et une tribu purement locale, les Boins, établie à l'ouest de Kédougou, autour des villages d'**Ebarak**, de **Salemata** et d'**Etiolo**, dans ce que les initiés appellent: «la vallée heureuse».

Ci-dessous à gauche, jeune garçon le jour de sa circoncision; à droite, un Bassari.

On peut atteindre Etiolo, à 80 km de Kédougou, en quittant la grand-route à Salemata. Blotti dans un cirque de collines, au milieu d'un panorama surprenant, ce petit village attire de nombreux touristes. Au cœur du pays bassari, Etiolo est le meilleur endroit où assister à une cérémonie initiatique.

Les tribus bassaris sont bien moins dispersées que les autres. Il existe d'autres groupes ethniques, plus petits, et notamment, dans les collines qui entourent Bandafassi, vivent les quelque 1 500 membres de la communauté badik, plus communément appelés du nom peul de *tandanke*.

Les Diallonkos

Plus au sud, dans la région de **Fougolembi**, se trouve le pays des Diallonkos. Ceux-ci et les autres tribus de l'endroit vivent à cheval sur la frontière avec la Guinée-Bissau. En général, les tribus originaires de Guinée vivent dans les collines et les Peuls cultivent les basses terres, au fond des vallées.

A l'est de Kédougou, on peut encore rencontrer des orpailleurs et visiter les villages de **Binbou**, **Saraya** et **Ilimalo**. A quatre kilomètres d'Ilimalo, le lieu de pèlerinage de **Kourouniengouniengou** est dominé par un énorme rocher en équilibre au sommet de la falaise, d'où il surplombe toute la vallée. Ce phénomène géologique est tenu pour le plus spectaculaire du Sénégal.

A 25 km de Kédougou, dans les contreforts du Fouta-Djalon, se trouve la bourgade de **Fougolembi**, intéressant lieu d'excursion de la région frontalière. Pays des Diallonkos, on y trouve plusieur villages, tels **Sinthiou**, **Wallan**, **Toumanea** et **Niagalankomé**, où le mode de vie sociale n'a pas changé depuis des siècles.

L'une des curiosités du cru est **Iwol**, près de **Bandafassi**, hameau connu pour son baobab qu'on dit être le plus gros du pays. D'autres villages, tels **Ibel**, **Etchouar**, **Sangola** et **Landieni** sont, à courte distance, tout aussi pittoresques et on peut les atteindre par de petites pistes tracées à travers la forêt.

Le Fouta-Djalon

Les montagnes du Fouta-Djalon sont le royaume des Foulas; elles sont creusées de gorges profondes et de fertiles vallées. Bananes et *fonio* (une espèce de mil) se cultivent dans les vallées et les troupeaux abondent dans les collines. Entre le parc national de Niokolo-Koba et les **monts Bambouk** coule la **Falémé** au milieu des herbages. Cette région est une excellente zone de chasse.

A l'est du Niokolo-Koba demeure ouverte l'une des sept zones de chasse officielles, accessible de décembre à avril. Pour avoir toutes informations à ce sujet, il faut prendre l'attache de la direction des Eaux & Forêts à Dakar. La chasse est sévèrement contrôlée. Le parc de Niokolo-Koba est l'une des dernières enclaves de gros gibier en Afrique de l'Ouest. Le Sénégal oriental, du Fouta-Djalon aux territoires arides du nord et de l'est, est sous haute surveillance, afin de s'assurer que la faune demeure à l'intérieur de ces frontières, pour la plus grande joie des milliers de visiteurs du parc.

A gauche, vol de flamants au-dessus du parc de Niokolo-Koba; à droite, masque de fibres et de feuilles. Page suivante: un regard sur l'Atlantique.

INFORMATIONS PRATIQUES

Sénégal **295**
Préparatifs et formalités de départ 296
Aller au Sénégal 297
A l'arrivée 298
A savoir une fois sur place 298
Pour mieux connaître le Sénégal 300
Communications 302
Comment se déplacer 303
Où loger 305
Pour les gourmets 308
Distractions 311
Vie nocturne 312
Sports 313
Shopping 315
Informations particulières 316
La langue 316
Adresses utiles 317
En cas d'urgence 318
Gambie **319**
Préparatifs et formalités de départ 319
Aller en Gambie 319
A l'arrivée 320
A savoir une fois sur place 320
Pour mieux connaître la Gambie 322
Communications 323
En cas d'urgence 324
Comment se déplacer 325
Où loger 327
Pour les gourmets 329
Distractions 331
Sports 333
Adresses utiles 333
Bibliographie **334**
Crédits photographiques **335**
Index **336**

SÉNÉGAL

PRÉPARATIFS ET FORMALITÉS DE DÉPART

Passeports et visas

Nul ne peut entrer au Sénégal sans être titulaire d'un passeport en cours de validité. Seuls les ressortissants des pays suivants sont dispensés de visa: France, Allemagne, Italie, Maroc, Tunisie, Algérie et tous autres pays d'Afrique de l'Ouest voisins du Sénégal.

Les nationaux des autres pays doivent être en possession d'un visa délivré par les missions diplomatiques sénégalaises à l'étranger ou à l'arrivée au Sénégal (se renseigner au préalable). En général, les autorités consulaires délivrent des visas valables pour plusieurs entrées dans le pays, valables trois mois.

Vêtements à emporter

De novembre à mai, la région bénéficie d'un climat subtropical agréable, sec, chaud et ensoleillé, mais, la nuit venant, il se lève souvent une brise fraîche. Munissez-vous alors d'un lainage ou d'une veste en sus des vêtements normaux d'été en tissu léger. Au cours de la saison humide d'été, évitez tout ce qui peut coller à la peau. Le port du pantalon s'impose le soir (pour se protéger des moustiques et de la brise) et pour les safaris en brousse. De novembre à mai, le port de jeans est commode, par contre ni bas ni collants! Un chapeau est utile pour les séances de plage et en excursion. Ceux fabriqués en tissu, sur place, sont bon marché et agréables à porter. Pour les hommes d'affaires, il est recommandé de conserver veston et cravate. Éviter les vêtements et surtout les sous-vêtements de nylon qui sont incommodes s'il fait chaud ou humide et optez résolument pour le coton ou la toile. A la saison des pluies, un parapluie, un imperméable léger et des chaussures ne craignant pas l'eau sont à emporter.

Hommes et femmes portent des sandales ouvertes sur la plage, en ville et dans les hôtels. Les routes sont poudreuses, aussi faut-il choisir des chaussuers solides et qui peuvent s'ouvrir facilement pour vider le sable. Pour les excursions, les chaussures de toile, avec des chaussettes, sont ce qu'il y a de plus commode.

Il est bon de disposer de plusieurs costumes de bain. Les hôtels recommandent à leurs clients une tenue convenable dans les salles à manger et les bars, surtout le soir.

Dans les lieux publics, les touristes doivent respecter les coutumes musulmanes: les femmes ne doivent pas porter de robes au-dessus du genou, de pantalons ni de *sarong* drapé sur la poitrine. Pour les hommes, le short et la chemisette sont admis.

Les hôtels disposent tous d'un service de blanchissage, à des prix raisonnables, et le séchage du linge ne pose pas problème.

Objets à prévoir

Il vaut mieux partir de chez soi avec tout ce dont on aura besoin et ne pas trop compter sur les ressources locales. La seule ville de ces deux pays où l'on puisse trouver à peu près tout est Dakar, mais les prix y sont élevés.

Pour la plage, apportez votre propre serviette de bain car les hôtels n'aiment pas beaucoup qu'on prenne celles de leur service; un matelas gonflable (si vous avez assez de place) est utile à la fois sur la plage et au cours des excursions; des lunettes de soleil, des huiles et crèmes solaires et après-solaires ainsi que des lotions hydratantes (l'air est très sec en janvier et février), un écran pour les lèvres.

Comme pharmacie, beaucoup de produits contre les insectes (aérosols, crèmes, lotions) et contre les piqûres, pastilles digestives, comprimés de purification d'eau (surtout si vous devez faire des randonnées dans la brousse), pastilles pour la gorge, médicaments antipaludéens, une trousse médicale de première urgence, savon, shampooing, dentifrice, talc, produits de maquillage, ciseaux, aspirine, garnitures périodiques, déodorants, parfums, etc.

Pour les hommes, si vous voyagez hors des grandes villes, un rasoir électrique à piles rechargeables et tous produits de rasage.

Divers: appareil photographique (dans un sac protecteur), filtres, assez de films pour votre séjour et des sacs de plastique pour les conserver à l'abri de la poussière et de l'humidité, une ceinture avec des poches munies de fermetures à glissière assez grandes pour y glisser passeport et billets de banque et de passage, une lampe-torche.

Si vous voyagez seul ou à l'économie, outre la plupart des articles ci-dessus, prenez avec vous un bidon pour l'eau (plutôt deux petits qu'un grand), un sac de couchage en duvet, du papier hygiénique, des allumettes, des bougies, un petit fourneau à gaz et vos ustensiles habituels de camping, notamment pour faire bouillir l'eau et préparer vos repas... si vous vous lassez de la cuisine locale!

Pour de menus cadeaux: tous les gadgets du monde moderne, jugés trop petits chez vous pour être offerts, seront ici des cadeaux sans prix. De fait, rien n'est trop petit qui ne puisse faire plaisir, au moins à un enfant: stylos à bille, briquets jetables, petits carnets sont particulièrement appréciés. Pour les adultes, les cigarettes, quelles qu'elles soient, sont les bienvenues.

ALLER AU SÉNÉGAL

Par avion

L'aéroport international de Yoff, à quinze kilomètres au nord de Dakar, est l'un des plus grands d'Afrique de l'Ouest et l'un des mieux équipés. On compte, en moyenne, deux vols quotidiens entre Dakar et Paris. Parmi les compagnies aériennes desservant Dakar, notons Sabena, Swissair, Air France, Air Afrique, Royal Air Maroc, Aeroflot, Iberia, Ghana Airways et Nigeria Airways.

Certains vols à destination des capitales européennes font des escales en cours de route, notamment à Marseille et à Bordeaux.

De nombreux tour-opérateurs français organisent des vols en charter sur Dakar. En outre, les touristes venant d'Angleterre et se rendant en Gambie par vol charter peuvent poursuivre leur voyage jusqu'à Dakar en empruntant les lignes de Gambia Air Shuttle, d'Air Sénégal, de Ghana Airways, ou de toute autre compagnie desservant ces deux villes.

Par bateau

Se rendre en Sénégambie par voie maritime demande de huit à dix jours. Ce mode de transport, s'il reste théoriquement possible, est de moins en moins usité car les escales et les détours sont parfois imprévisibles. On peut trouver une cabine sur un cargo au départ de Liverpool, de Londres ou de quelques ports européens, mais cela demeure une aventure et le navire peut fort bien omettre la destination prévue à l'origine ou n'y mouiller qu'après un tout autre trajet. De plus, seuls quelques bateaux sont autorisés à embarquer des passagers et il sera prudent de se renseigner longtemps à l'avance. Le trajet de retour, vers l'Europe, est encore plus rare et aléatoire.

West India Conference Lines
323 India Buildings, Water Street, Liverpool L2 ORB, tél. 051. 236 1024
Agence maritime représentant les compagnies Elder Dempster, Palm Line, Guinea Gulf, Nigerian National, Black Star et Hoegh.

Si l'on tient à effectuer ce voyage, la sagesse commande de s'adresser longtemps avant le départ envisagé à la représentation diplomatique sénégalaise la plus proche ou à une agence de voyages sérieuse.

Par le train

Il existe une ligne de chemin de fer entre Bamako (Mali) et Dakar, sur laquelle circule, deux fois par semaine, un train qui s'arrête en gare de Tambacounda et de Kaolack. Les voyageurs à destination de la Gambie devront descendre à l'une de ces gares et poursuivre le voyage par leurs propres moyens (autocar rapide, taxi-brousse ou autre). Se renseigner aux agences de tourisme de Dakar ou de Bamako, mais le seul train «confortable» est l'express, une fois par semaine, à bord duquel il faut apporter nourriture et boissons.

Par la route

Il est possible de gagner par la route le Sénégal, et au-delà, la Gambie, en partant des rivages de la Méditerranée, mais le trajet est long, difficile et exige une préparation et un équipement sérieux. On ne peut l'entreprendre qu'en groupe, avec des véhicules tout-terrain en parfait état. La route la plus courte, par le Maroc, la Mauritanie et jusqu'à la frontière à Saint-Louis, est virtuellement impraticable en raison d'une part de la guerre qui sévit au Sahara occidental, d'autre part de la rupture survenue entre le Sénégal et la Mauritanie. D'autres chemins sont possibles, par l'Algérie et le Mali, mais ils impliquent une traversée, toujours risquée, du Sahara.

Le Sénégal est relié à la Guinée-Bissau, au sud, par une route parfaitement praticable entre Tanaf, en Casamance, et Fatim. Venant de Guinée, on peut franchir la frontière entre Koundara, en Guinée, et Velingara, en Casamance.

Se lancer à la découverte des pays de l'intérieur de l'Afrique est une entreprise de longue haleine, et il faudra se préoccuper des problèmes de visas pour être en règle aux yeux des administrations locales, toujours tatillonnes!

Les taxis-brousse et les autocars rapides sillonnent toutes ces routes. Comptez environ 2000 F C.F.A. de Ziguinchor à Banjul, 2500 F C.F.A. de Dakar à Barra, mais on peut marchander. La société Gambia Public Transport Corporation exploite un service d'autocars relativement confortables entre Dakar et Barra. Le prix du passage est de 2500 F C.F.A. entre Dakar et Barra et les cars quittent Dakar à 9 h et 11 h du matin, chaque jour, de la place Leclerc, juste au-dessous du Novotel (cinq heures de trajet avec une escale de dix minutes à Kaolack). Vous descendez à Barra et traversez la Gambie, en piéton, et, une fois arrivé à Banjul, vous pouvez prendre un taxi pour votre destination finale.

A L'ARRIVÉE

L'aéroport de Dakar-Yoff, situé à 15 km de la capitale, est, selon les normes africaines, de première classe et parfaitement organisé.

La queue pour le contrôle des passeports et des visas est à peu près normalement canalisée et ne prend en principe pas un temps insupportable. Les bagages sont déposés sur un tapis roulant et de nombreux porteurs se pressent pour vous offrir de les transporter, après le passage aux guichets de douane, jusqu'à l'extérieur. Le tarif est de l'ordre de 500 F C.F.A. par porteur. Il existe également des chariots à bagages, mais il est souvent difficile d'en trouver qui soient disponibles.

Les tolérances douanières permettent d'entrer au Sénégal avec deux appareils photographiques, une caméra, un magnétophone, un poste de radio ou tourne-disque portable, une machine à écrire, les bijoux personnels (pas plus de 200 g d'or), 200 cigarettes, 50 cigares ou 250 g de tabac et vos affaires personnelles.

L'aéroport de Yoff dispose de multiples boutiques, de cafétérias, d'un bureau de change et de postes téléphoniques. Les heures d'ouverture, et surtout de fermeture, sont imprévisibles et il serait déraisonnable de penser y avoir accès la nuit ou aux heures auxquelles nul vol n'est programmé.

Il existe aussi un bureau d'accueil du ministère du Tourisme, mais les horaires de ses hôtesses sont également fantaisistes.

Réservations

Comme vous ne devriez, en principe, rencontrer aucune difficulté pour vous rendre en ville, il est bon de téléphoner aux hôtels avant de quitter l'aéroport, spécialement si les hôtesses du bureau de tourisme sont présentes pour vous aider. Si vous ne pouvez y parvenir, rendez-vous au ministère du Tourisme en ville où vous recevrez l'aide nécessaire.

Il est généralement facile de réserver sa chambre à l'avance en téléphonant aux hôtels des villes de l'intérieur, si vous parcourez le pays.

A SAVOIR UNE FOIS SUR PLACE

Monnaie

Vous pouvez apporter avec vous toutes les devises que vous souhaitez, en espèces ou en chèques de voyage, mais vous ne pouvez quitter le territoire avec plus d'argent que vous n'en déteniez à l'arrivée. Une déclaration spéciale doit être souscrite (théoriquement).

Le Sénégal fait partie de la «zone franc» qui est commune à la France et à ses anciennes colonies d'Afrique. Le franc C.F.A. est valable dans tous ces pays. Le taux de change est de 1 FF pour 50 F C.F.A. Il existe des billets de 10000, 5000, 1000 et 500 F et des pièces de 100, 50 (couleur argent), 25, 10 et 5 F (couleur bronze).

D'autre part, les francs français sont à peu près partout acceptés, de même que les dollars américains (moins facilement), mais pour ainsi dire nulle autre monnaie. Les principaux hôtels ont un guichet de change, mais ils prennent une commission sur ces opérations.

La plupart des cartes de paiement (American Express, Diners Club, Visa, Mastercard) sont valables, sauf avec les commerçants autochtones. Les eurochèques, à condition d'être présentés avec la carte Eurochèque, sont acceptés dans un nombre croissant d'hôtels et dans les banques.

Les banques sont ouvertes, en général, de 9 h à 11 h et de 14 h 30 à 16 h 30, du lundi au vendredi.

Outre les principaux hôtels, la chambre de commerce, place de l'Indépendance, offre un service de change de devises étrangères en dehors des heures d'ouverture des banques.

Al Manar Islamic Investment Bank
Avenue Albert-Sarraut, Dakar
Banque centrale des États de l'Afrique de l'Ouest (B.C.E.A.O.)
Avenue Abdoulaye-Fadiga, Dakar
Banque internationale pour l'Afrique Occidentale (B.I.A.O.)
Place de l'Indépendance, Dakar
Banque internationale pour le Commerce et l'Industrie au Sénégal (B.I.C.I.S.)
Avenue Roume, Dakar
Banque nationale de développement du Sénégal (B.N.D.S.)
Avenue Roume, Dakar
Banque sénégalo-koweïtienne
Rue de Thann, Dakar
Banque sénégalo-tunisienne
Avenue Georges-Pompidou, Dakar
Bank of Commerce & Credit International (B.C.C.I.)
Place de l'Indépendance, Dakar
Caisse nationale de Crédit Agricole
Rue Huart, Dakar
Citibank
Place de l'Indépendance, Dakar
Société générale de banques au Sénégal
Avenue Roume, Dakar
Sonabanque
Place de l'Indépendance, Dakar
Union sénégalaise de banque (U.S.B.)
Boulevard Pinet-Laprade, Dakar

Santé

Aucun certificat de vaccination n'est exigé pour les touristes, notamment en ce qui concerne la fièvre jaune. Toutefois, une vaccination anticholérique peut être exigée si l'on vient d'un pays où cette maladie sévit. La réglementation est changeante et il est prudent de se renseigner au préalable.

En période d'épidémie (et cela vaut pour la Gambie), il est vivement conseillé :
- un vaccin contre la typhoïde ou la paratyphoïde, valable trois mois,
- un vaccin contre l'hépatite virale A, valable six semaines,
- un vaccin contre le choléra, valable six mois,
- un vaccin antipolio, valable deux ans.

Ces vaccins sont facultatifs, à moins que vous ne veniez d'un pays où ces maladies sévissent, mais elles sont, dans tous les cas, recommandées. Certaines peuvent être faites le même jour (fièvre jaune) ou séparées d'une ou deux semaines. Prenez vos précautions en temps utile avant le départ.

Il est bon, également, de souscrire une assurance maladie rapatriement avant de partir. Renseignez-vous auprès de votre agent de voyages ou de votre assureur.

Encore qu'une assistance médicale d'urgence gratuite puisse théoriquement vous être apportée dans les deux pays, il ne faut guère s'y fier, surtout si l'on se trouve loin des grands centres, et encore... Une assurance complète de ce genre de risques doit être prise.

• Le paludisme

Il est fortement recommandé de se munir de médicaments contre le paludisme car cette maladie, véhiculée par la femelle du moustique anophèle, est répandue partout dans ces deux pays et elle peut vous frapper à tout moment. La dose prophylactique est de 200 mg de Paludrine par jour et de 400 mg de Nivaquine une fois par semaine. Commencez une semaine avant le départ et continuez pendant les six semaines suivant votre retour. Il n'y a guère d'effets secondaires encore que certains prétendent que la Paludrine prise pendant une longue période peut entraîner des troubles de la mémoire. Si vous avez une crise, consultez immédiatement un médecin. Les symptômes sont une forte température, de violents maux de tête et des frissons suivis d'accès de fièvre.

Il y a moins de moustiques à la saison sèche (celle du tourisme), entre novembre et mai. Les hôtels sont en général pourvus de moustiquaires et la climatisation chasse les moustiques. Dans l'arrière-pays, où l'électricité peut faire défaut, il faut absolument une moustiquaire et se servir d'un insecticide en bombe ou en lotion. Il existe aussi des serpentins qu'on brûle dans les pièces et dont l'odeur, insupportable aux moustiques, est tolérée par les êtres humains. Un serpentin brûle huit heures environ. Prenez avec vous de quoi vous protéger.

• L'eau potable

On trouve à peu près partout des eaux minérales en bouteille, et il ne faut pas consommer autre chose, sauf exception.

En déplacement, voyage ou excursion, emportez beaucoup de liquide pour prévenir tout risque de déshydratation due à la chaleur.

Prenez avec vous des comprimés pour purifier l'eau, surtout si vous devez parcourir de longues distances et si vous ne savez pas d'où vient l'eau qu'on vous sert.

Les autres précautions à prendre dépendent de vos choix alimentaires et de votre résistance. Il faut absolument peler chaque fruit, qu'il soit ou non lavé. Certains éviteront les salades et autres légumes non cuits, de même que les crèmes glacées ou la glace dans une boisson. D'autres se résigneront à subir un vague malaise et mangeront ce qui leur sera servi. En général, les règles élémentaires de l'hygiène sont contrôlées et observées dans les principaux établissements.

Heures d'ouverture

La plupart des bureaux sont ouverts de 8 h à midi, puis de 14 h 30 à 18 h, du lundi au vendredi; de 8 h à midi le samedi.
Le vendredi après-midi, de nombreux bureaux et magasins n'ouvrent leurs portes qu'à 15 h, pour permettre au personnel musulman d'assister à la grande prière de la mi-journée.

Jours fériés

Le Sénégal et la Gambie célèbrent les fêtes du calendrier musulman. Celles-ci sont mobiles puisqu'elles dépendent des phases de la lune et du jour (ou même de l'heure) où elle sera aperçue. Il est fréquent qu'on n'en connaisse la date que le jour même. Le calendrier lunaire étant d'un cycle plus court que celui du soleil, ces fêtes avancent d'une année sur l'autre et il est donc impossible d'en donner ici la date. Que l'on sache seulement que ces fêtes sont:
- Korité (Aid el-Fitr) qui marque la fin du ramadan
- Tabaski (Aid el-Kebir) qui commémore le sacrifice d'Abraham, ou «fête du Mouton»
- Tamharit (nouvel an musulman)
- Maouloud (anniversaire du Prophète).

En outre, le Sénégal célèbre:
Le 1er janvier
Dimanche et lundi de Pâques
Le 4 avril, fête nationale
Le 1er mai, fête du Travail
L'Ascension
Dimanche et lundi de Pentecôte
Noël.

Électricité

Au Sénégal, les villes sont équipées pour distribuer normalement l'énergie électrique sous une tension de 220 V. Dans les localités isolées de l'intérieur, il faut souvent faire appel aux groupes électrogènes ou aux équipements fonctionnant sur batterie.

Prolongation de séjour

Si vous désirez demeurer au Sénégal au-delà des trois mois de votre visa touristique, vous devez demander une prorogation au ministère de l'Intérieur, dont le bureau spécialisé est à Dakar, place de l'Indépendance, près de l'hôtel Téranga.

Au départ

Vous devez confirmer votre retour au moins 72 h à l'avance, si vous empruntez un vol régulier, auprès de la compagnie aérienne concernée ou de votre agent de voyages.

Il n'est pas demandé de taxe d'aéroport, mais il est conseillé de remplir la fiche de déclaration de devises qui vous aura été remise à l'arrivée, pour le cas où on vous la réclamerait à l'embarquement.

Bien que l'aéroport soit convenablement organisé, il est sage de se présenter deux heures avant l'embarquement pour accomplir vos formalités, tant auprès de la compagnie aérienne pour vous faire enregistrer qu'auprès des autorités de police et de douane.

A moins que votre avion ne décolle à une heure très tardive de la nuit, les boutiques hors taxes, la cafétéria et le bureau de change sont, en principe, ouverts.

POUR MIEUX CONNAITRE LE SÉNÉGAL

Gouvernement et économie

Le Sénégal a accédé à l'indépendance en 1960. Sa constitution s'inspire de celle de la France, avec un président et une assemblée élus au suffrage universel. Le régime s'est révélé stable encore qu'il ait connu quelques soubresauts dus à l'agitation estudiantine. L'actuel président, M. Abdou Diouf, a préservé la paix sociale selon les méthodes constitutionnelles et démocratiques mises en place par son prédécesseur, M. Léopold Sédar Senghor, fondateur de la nation, et il a remporté les dernières élections sans fraude notable. Plus d'une douzaine de partis d'opposition sont légalement autorisés. L'éphémère confédération de Sénégambie, qui devait harmoniser la politique dans certains domaines entre le Sénégal et la Gambie, a été dissoute en 1990.

L'économie sénégalaise est essentiellement agricole et orientée sur la production de céréales: mil, sorgho, riz, maïs, légumes et fruits, ainsi que des cultures industrielles: arachide (la plus importante ressource), coton et canne à sucre. De plus, les eaux côtières poissonneuses favorisent la pêche dont le produit se partage entre l'alimentation locale et l'exportation.

Le tourisme ne représente encore qu'une faible fraction des ressources du pays par rapport à ce qu'il est en Gambie, mais il est cependant substantiel et en constant accroissement. Le pays dispose aussi de quelques richesses minières, notamment des phosphates et du minerai de fer.

Géographie

La région du Sénégal et de la Gambie occupe la partie la plus occidentale de l'Afrique. Le Sénégal est borné au nord par la Mauritanie, à l'est par le Mali, au sud par la Guinée et la Guinée-Bissau, et à l'ouest par l'océan Atlantique.

Le nord du Sénégal, qui fait partie du Sahel, est sec, aride et couvert de broussailles épineuses, et il a été victime, ces dernières années, des assauts de la sécheresse et des vols de sauterelles. Le pays est généralement plat et les seuls accidents de terrain dignes de ce nom se situent dans le sud-est, au pied des montagnes du Fouta-Djalon dont les prolongements pénètrent au Sénégal. L'intérieur du pays, au nord de la Gambie, est semi-désertique. Le fleuve effectue une vaste courbe et forme la frontière nord, irriguant au long de son cours les terres qu'il traverse. Les rivières Sine et Saloum, ainsi que leurs affluents, arrosent, pour leur part, un vaste delta entre Dakar et la frontière gambienne. Au sud de la Gambie, la région de Casamance est verte, couverte de forêts et on y trouve des rizières en grand nombre. Comme la Gambie, la Casamance est généralement bordée de mangroves.

Population

Le Sénégal compte environ six millions d'habitants répartis en plusieurs groupes ethniques. Les Peuls (appelés Foulas en Gambie) habitent en majorité le centre, l'est et le nord qu'ils partagent avec les Toucouleurs. Dakar compte une forte majorité d'Ouolofs et la région du cap Vert est terre léboue. Le sud est le domaine des Diolas et des Malinkes.

Parmi les étrangers, on trouve de nombreux Libanais, des Européens (surtout des Français). Jusqu'à une époque récente, de nombreux Maures vivaient au Sénégal où ils monopolisaient le petit commerce.

Langue

La langue vernaculaire la plus répandue est l'ouolof, que presque tout le monde comprend. Cependant, chaque groupe ethnique possède et conserve son propre langage, qui devient dominant dans la région où le groupe concerné est plus important.

Le français est la langue officielle et la seule utilisée en affaires et par l'élite.

Fuseau horaire

Le Sénégal et la Gambie sont alignés sur l'heure du méridien de Greenwich.

Climat

Toute la région du Sénégal et de la Gambie bénéficie d'un agréable climat subtropical. La saison sèche dure de novembre à avril-mai, elle est généralement très ensoleillée, avec une température moyenne de 24° à 26° et une brise fraîche de mer. Dans l'intérieur du pays, les températures peuvent être considérablement plus élevées, jusqu'à 40°. Mais les soirées peuvent exiger le port d'une veste ou d'un chandail, de même qu'une couverture pour la nuit, surtout dans l'intérieur. Il ne pleut pas, sauf exceptionnellement un orage tout à fait inattendu. L'harmattan, vent très sec venant du désert, souffle souvent en janvier et en février, apportant une poussière de sable parfois dense, paralysant le trafic aérien. C'est l'époque des maux de gorge. Le vent de sable tombe aussi vite qu'il est venu. Dans l'arrière-pays, la saison fraîche est plus courte et se termine vers fin février.

A la saison des pluies («l'hivernage») de juin à septembre, le taux d'humidité monte vertigineusement (90 % ou plus), si bien que la température, déjà haute (28° en moyenne), paraît encore plus forte. La pluie tombe à verse, accompagnée de vents violents, et cela peut durer quelques heures au bout desquelles le ciel redevient clair et on peut bénéficier d'un court répit avant que la chaleur et l'humidité reprennent le dessus.

Les mois les plus chauds sont ceux des demi-saisons: mai-juin et octobre sur la côte, mars-juin et octobre dans l'intérieur.

Fêtes

Le spectacle le plus renommé est la procession des «Fanals» à Saint-Louis dont le musée abrite de beaux spécimens.
Il existe également de nombreuses fêtes, propres à chaque groupe ethnique. Dans la région de Thiès, en mai, ont lieu les danses rituelles connues sous le nom de Syniaka, alors qu'un peu plus tard dans la saison, en juin-juillet, on célèbre ailleurs les fêtes du Fil et les cérémonies initiatiques. Dans le Sénégal oriental, les Bassaris organisent ces mêmes cérémonies en mars. Les Casamançais, quant à eux, célèbrent la fête de Zulane en juin, de Zumebel en juillet et la fête des moissons en mai.

Religions

Encore que, dans leur grande majorité, les Sénégambiens soient de confession musulmane, ces deux pays pratiquent une totale liberté religieuse et l'islam n'impose aucune loi, notamment à propos des jours ouvrables et l'on a conservé le système du week-end mis en place par les anciens colonisateurs.
Toutefois, le vendredi, jour saint de l'islam, les heures de travail sont aménagées pour permettre aux fidèles de faire leurs dévotions. On peut alors voir les hommes et les femmes, dans leurs plus beaux «boubous», se presser vers la mosquée pour participer à la grande prière.

Chaque jour, un musulman pratiquant récite les cinq prières que prescrit le Coran. En arabe (et en ouolof), ces prières sont:

Subh (fajar), à 6 h,
Suhr (tisbar), à 14 h,
Asr (takusan), à 17 h,
Maghrib (timis), à 19 h,
Isha (gewe), à 20 h.

Dans l'intérieur du pays, on trouve des églises catholiques dans la plupart des villes et des villages les plus importants, surtout dans le sud et sur la Petite Côte.

Cathédrale du Souvenir africain
Avenue de la République
Messe à 7 h 30 tous les jours, à 19 h le samedi, à 9 et 10 h le dimanche.

Temple de Saint-Paul
Rue Carnot
Culte à 8 h 30 et à 11 h 15 le dimanche, en français et en anglais.

Temple de la rue 11
Sicap Amitié II
Église évangélique. Études bibliques à 9 h et service à 10 h le dimanche, en français et en anglais.

Chapelle de l'Assemblée de Dieu
Boulevard du Général-de-Gaulle
Service dominical à 10 h.

COMMUNICATIONS

Médias

L'Office de radiodiffusion et de télévision du Sénégal (O.R.T.S.) est l'organe du gouvernement qui détient le monopole d'État sur la radio et la télévision. Ses émissions radiophoniques sont diffusées en ouolof, diola, peul, mais le français, langue officielle, reste la langue la plus usitée. Radio-Sénégal émet des bulletins d'information en anglais (sur 1 300 kHz), du lundi au vendredi, entre 18 h 40 et 19 h 5 et le samedi de 18 h 45 à 19 h.

Il est d'autre part possible de capter les stations gambiennes de Radio-Syd, Radio-Gambia et le B.B.C. World Service, de même que, sur un bon récepteur à ondes courtes, les émissions de la plupart des pays du monde.

La télévision sénégalaise diffuse, de 18 h 15 à 23 h 15 chaque soir, des émissions de variétés et des programmes culturels, éducatifs et sportifs, de même que des films. Un journal télévisé en langue anglaise est diffusé le jeudi et le dimanche entre 19 h 50 et 20 h.

Presse

La presse est libre et il existe de nombreuses publications de tous ordres. Le seul quotidien est *le Soleil*, qu'on trouve à peu près partout dès le matin. Les autres périodiques sont *Sud-Hebdo*, journal politique, économique et financier; *Walfadjiri*, journal d'affaires hebdomadaire; *le Devoir*, bimensuel d'actualités; *le Cafard libéré*, journal satirique qui se veut l'homologue du *Canard enchaîné*.

Le Dakarois est une petite revue mensuelle qui publie des nouvelles diverses, des recettes de cuisine, beaucoup de publicités, des informations touristiques et un panorama des activités culturelles ou de loisirs. Une version abrégée en anglais est publiée sous le titre *This Month in Dakar*. On trouve, dans les kiosques de Dakar, de nombreux journaux et publications étrangers, notamment en français, mais les presses anglaises et américaines sont également présentes, sans trop de retard.

Postes et télécommunications

Le courrier, entre le Sénégal et l'Europe, est raisonnablement rapide. Une lettre parvient à son destinataire dans un délai de quatre à huit jours.

Poste centrale
Boulevard Pinet-Laprade, Dakar
Ouverte de 8 h à 16 h, du lundi au jeudi, et de 8 h à 13 h le vendredi.

Les villes d'importance ont un bureau de poste et les hôtels, de façon générale, vendent des timbres et se chargent d'expédier le courrier de leurs clients.

Le téléphone et le télex sont équipés de matériel français et gérés par la société Sonatel. Les communications internationales, payables en monnaie locale ou par télécarte, sont possibles aux deux bureaux de la Sonatel. Les cabines téléphoniques sont rares et en général hors d'usage.
La télécopie est disponible dans les principaux hôtels.

Sonatel
Boulevard de la République
Rue Wagane-Diouf
Ouvert jusqu'à 1 h du matin. On peut expédier des télex et des télégrammes de ces bureaux.

Pour les appels internationaux, l'indicatif est *00* suivi du code du pays (en sautant le 0) puis le numéro du correspondant. Pour Paris, par exemple, il faut composer : *00 33 1 45 67 89 01*.
France *33*
Belgique *32*
Canada et États-Unis *1*
Suisse *41*.

COMMENT SE DÉPLACER

Dans l'intérieur du Sénégal, les villes et les villages sont, pour la plupart, dépourvus de toute indication de rues et de routes. Mais n'importe qui, arrêté dans la rue, vous indiquera votre chemin et au besoin vous guidera. La ville de Dakar, par contre, est bien balisée, les plaques de rues sont nombreuses et, dans les quartiers du centre, il est facile de se repérer.

Les gens se proposent spontanément pour servir de guides. Il faut cependant être prudent, et cela en fonction de l'aspect de celui qui vous aborde et de l'endroit où vous vous trouvez. De toute façon, des guides professionnels peuvent être mis à votre disposition par les grands hôtels ou les agences de voyages.

Les meilleures cartes de Dakar et du pays sont celles qu'édite l'Institut géographique national français. La carte routière Michelin 953 est, sur le plan général, la plus pratique pour connaître le réseau routier et elle comporte de précieuses indications. On les trouve dans toutes les librairies de Dakar et le ministère du Tourisme édite gratuitement un plan de Dakar.

Liaisons avec l'aéroport

Les passagers voyageant en groupe seront accueillis à l'aéroport de Dakar-Yoff d'où des autobus les emmèneront vers leur destination finale. Les principaux hôtels de la capitale disposent de minibus pour recevoir les clients ayant fait leurs réservations.

Les voyageurs indépendants trouveront devant l'aérogare des taxis et des autocars qui les conduiront au centre-ville. Les taxis noir et jaune, ceux autorisés, sont rangés en lignes à l'extérieur de l'aérogare. Il existe un tarif des courses, qui est affiché sur un panneau en tête des files. En 1990, le trajet jusqu'à Dakar coûtait 3 000 F C.F.A. (60 FF) de jour et 3 500 F (70 FF) de nuit, entre minuit et cinq heures du matin. Si vous avez beaucoup de bagages, comptez en plus 1 000 F (20 FF), mi-paiement, mi-pourboire. Avant de monter, confirmez au chauffeur que vous connaissez le prix et que vous vous y tiendrez. N'acceptez pas les propositions qui vous seront faites par des individus à l'intérieur de l'aérogare ; il y a gros à parier qu'ils n'ont pas de licence et qu'ils vous extorqueront un prix exorbitant.

Un service d'autocars fonctionne, devant l'aérogare, jusqu'à minuit. Il peut être utile, mais il est souvent bondé. L'aller simple coûte 500 F (10 FF).

Transports publics

Dakar et la région du cap Vert sont desservis par la S.O.T.R.A.C. (Société des transports en commun du cap Vert) qui exploite un réseau dense, aussi bien urbain que sur de longs parcours intervilles.

Les autobus sont bon marché et circulent assez régulièrement. Toutefois, ils sont souvent pris d'assaut et bondés aux heures de pointe et il vous faudra veiller attentivement sur votre sac et vos poches, car les voleurs à la tire sont légion. Les autocars S.O.T.R.A.C. portent un numéro de ligne, suivent un parcours déterminé, et le chauffeur sera toujours prêt à vous indiquer votre arrêt (si vous avez la chance de pouvoir demeurer près de lui aux heures d'affluence).

Les deux gares routières de Dakar sont situées l'une dans l'avenue Malick Sy, l'autre au rond-point de Colobane, à l'entrée de l'autoroute. L'autobus de Banjul part de la gare de Malick Sy.

S.O.T.R.A.C.
Rue El-Hadj Amadou-Lassane-Ndoye, Dakar, tél. 23 23 16

Taxis

Les taxis «officiels», ayant une licence administrative, sont peints en jaune ou orange et noir; on les voit partout, maraudant dans les rues de la ville ou stationnés en file devant les principaux hôtels, ou encore aux stations qui leur sont (en principe) réservées. La prise en charge est de 60 F C.F.A. (1,20 FF) et leur compteur marche au kilomètre. Assurez-vous que le chauffeur fait fonctionner son taximètre et méfiez-vous des petites astuces qui vous vaudront de payer bien plus que la course normale. Celles-ci vont de l'exigence d'une forte somme, tard la nuit, si vous êtes en position de faiblesse, c'est-à-dire sans autre moyen de transport, jusqu'à l'absence d'argent pour ne pas avoir à vous rendre la monnaie.

Taxis-brousse

Il s'agit, en général, de breaks Peugeot qui emportent sept passagers et qui pullulent sur toutes les routes du pays. Sans horaires ni trajets fixes, ils quittent les gares routières quand ils ont leur compte de passagers. Pour vous rendre à Saint-Louis, par exemple, allez à la gare routière et demandez où se trouvent les taxis-brousse pour cette ville. Ils sont groupés dans un même secteur de l'esplanade. Le pilote de votre taxi urbain vous y conduira et vous éviterez ainsi d'être assailli par des vendeurs ambulants, des candidats porteurs de vos bagages ou d'autres individus moins innocents. Si vous prenez place dans un véhicule vide, souvenez-vous que vous devrez attendre jusqu'à ce qu'il soit au complet. Vous pouvez proposer de payer, pour partir plus vite, les places inoccupées... qui se rempliront en cours de route.

Il existe aussi ce qu'on nomme les autocars rapides, reconnaissables à leur carrosserie peinte en bleu, qui desservent en général les communes de la banlieue, s'arrêtant à la demande. Ces véhicules sont en principe soumis à un tarif officiel, variable selon le trajet.

Cycles

Les bicyclettes sont plutôt rares au Sénégal, encore que beaucoup de travailleurs en fassent leur moyen de transport individuel. Certains complexes hôteliers en louent à leurs clients.

Transports fluviaux

Les fleuves navigables sont le Sénégal, la Gambie, le Saloum et la Casamance que l'on traverse par des bacs.
Celui qui franchit le Sénégal à Rosso a des horaires assez fantaisistes et, depuis la fermeture de la frontière avec la Mauritanie, son trafic est à peu près complètement interrompu. Dans l'éventualité (à éviter autant que possible) où l'on voudrait faire appel à ses services — et uniquement pour passer en Mauritanie — il faut au préalable se renseigner à Dakar ou à Saint-Louis.

Deux navires relient Dakar et l'estuaire de la Casamance. Le *Casamance Express* est un petit cargo qui dispose de quelques cabines et d'un assez large espace pour les passagers qui acceptent de dormir à la belle étoile.

L'*African Queen* est un yacht de luxe, jouissant d'un grand confort et de tous les équipements sportifs souhaitables. Il est armé par la société Africatours.

Africatours
9-11 avenue Franklin-D.-Roosevelt, 75008 Paris, tél. 47.23.78.59

Trains

La régie exploite deux lignes de passagers. La première relie Dakar à Saint-Louis, avec des correspondances pour Louga et Linguère. Théoriquement, il existe deux trains quotidiens et le trajet dure quatre heures. Il vaut mieux, cependant, se renseigner au préalable.

La seconde ligne va de Dakar à Bamako, au Mali, via Thiès, Diourbel et Tambacounda, avec un embranchement sur Kaolack.

La gare de Dakar est un beau bâtiment, tout près du port.

Renseignements ferroviaires
Tél. 22 31 40
Régie des chemins de fer du Sénégal
11, rue Parchappe, Dakar, tél. 21 72 24

Location de voitures

Un permis de conduire national ou international en cours de validité est exigé. La conduite se fait à droite et les règles usuelles de circulation sont les mêmes qu'en Europe (priorité à droite).

Dans l'intérieur du pays, les services de dépannage sont rares mais, à Dakar, on trouve des réparateurs convenables et souvent bien équipés.

Hertz
26, rue Jules-Ferry, tél. 22 52 87
Locations avec ou sans chauffeur. Hertz a aussi un bureau à l'aéroport (tél. 22 39 93), à Saint-Louis (tél. 61 12 60), à Nianing (tél. 57 10 85) et à Ziguinchor (tél. 91 11 71).
Car Afrique
100, rue J. Gomis, tél. 21 88 67
Dakar Auto
7, rue Masclary, tél. 21 55 58
Eurocar
Boulevard de la Libération, tél. 22 18 99
Locatour
Avenue Lamine-Guèye, tél. 22 71 44
Soatour
29, rue Amadou-Lassane-Ndoye, tél. 21 38 45
Transacauto
61, rue Félix-Faure, tél. 22 20 16

Vols intérieurs

Au Sénégal, la compagnie nationale Air Sénégal exploite des vols réguliers de Dakar à Saint-Louis, Ziguinchor et Tambacounda. Les horaires sont variables.

Il est possible d'affréter des avions légers (huit places à bord d'un Kiger 90 ou cinq places à bord d'un Seneca 2) à l'aéroport de Yoff.

Air Sénégal
45, avenue Albert-Sarraut, Dakar, tél. 22 72 29
Sénégalair
31, avenue Roume, tél. 21 34 25

A pied et en auto-stop

La chaleur et les distances, au Sénégal et en Gambie, ne sont guère propices aux voyages à pied et c'est d'ailleurs un sport assez mal vu. L'auto-stop (gratuit) n'est pas entré dans les mœurs, encore qu'on voie partout d'innombrables piétons, au bord des routes, lever le pouce pour arrêter un véhicule qui passe. Cela se pratique surtout aux abords des villes, un peu moins en rase campagne. Si vous tentez cette expérience, un chauffeur s'arrêtera sans doute mais, à peu près à tous les coups, il vous demandera de lui payer le prix du passage.

OÙ LOGER

Le Sénégal offre tout ce qu'on peut souhaiter, du plus luxueux palace de 300 chambres pourvues du parfait confort, tel que vous en trouverez en Europe et en Amérique, jusqu'à la plus modeste «case de passage».

A la différence de la Gambie, où la plupart des hôtels sont de construction récente et spécialement conçus pour le tourisme, notamment le tourisme de masse, le Sénégal possède des hôtels modestes, dont les plus anciens remontent au début du siècle et s'adressent à toutes les catégories de clients.

L'influence française demeure forte dans l'industrie hôtelière et plusieurs établissements, encore dirigés par des Français, offrent un accueil et un service exactement semblables à ceux qu'on trouve dans les hôtels de moyenne catégorie en France.

Il est impossible de donner la liste complète des hôtels, auberges, gîtes d'étape ou «haltes» du pays, mais vous trouverez ci-dessous une sélection des principaux établissements. Notez que, parfois, il n'existe pas de téléphone et que, d'autres fois, l'adresse n'est pas indiquée, si la localité est trop petite.

Le ministère du Tourisme attribue aux hôtels de une à quatre étoiles, la plus haute catégorie est affectée de quatre étoiles plus la lettre L (pour luxe). Cette dernière catégorie comprend les grands palaces avec l'air conditionné, des chambres de dimensions convenables, salle de bains et toilettes. La plus basse désigne le «gîte d'étape» ou un petit hôtel.

Dakar

Teranga Sofitel (**** L)
Rue Colbert, B. P. 3320, tél. 23 10 44, télex 21 634

Novotel (**** L)
Avenue Abdoulaye Fadiga, B. P. 2073, tél. 23 10 90, télécopie 23 89 29, télex 21 831

Savana (**** L)
Pointe Bernard, tél. 22 60 23, télex 51 424

Indépendance (**** L)
Place de l'Indépendance, B. P. 221, tél. 23 10 19, télex 21 835

Al Afifa (****)
46, rue Jules-Ferry, tél. 23 85 43, télex 51 424

La Croix du Sud (****)
20, avenue Albert-Sarraut, B. P. 232, tél. 23 29 47, télex 51 576

Le Lagon II (****)
Route de la Corniche Est, B. P. 3115, tél. 23 58 31, télécopie 32 77 27, télex 51 214

Al Baraka (****)
35, avenue Abdou-Karim-Bourgi, B. P.758, tél. 23 52 32 / 22 02 37, télex 21 428

Afritel (****)
Avenue Faidherbe, tél. 23 28 95, télex 61 200

Nina (****)
43, rue du Docteur-Thèze, B. P. 1758, tél. 23 22 30, télex 61 105

Pacha (****)
40, avenue Lamine-Guèye, B. P. 924, tél. 23 10 18, télex 21 636

Le Plateau (***)
62, rue Jules-Ferry, tél. 22 55 26, télex 61 252

La Paix (***)
38, rue Amadou-Lassane-Ndoye, tél. 22 29 78

Atlantic (***)
52, rue du Docteur-Thèze, tél. 23 63 80 / 21 21 72

Central (**)
16, avenue Georges-Pompidou, tél. 23 72 17

Continental (**)
10, rue Galandou-Diouf, B. P. 2324, tél. 23 03 71

Gorée

Hostellerie du Chevalier de Boufflers
Gorée, tél. 22 53 64

Ngor

Les Almadies (**** L — Club Méditerranée)
Pointe des Almadies, B. P. 3236, tél. 23 38 42, télex 31 526

Complexe Méridien (**** L)
Route de Ngor, Ngor, tél. 23 01 45
Diarrama, tél. 23 10 05
Réservation auprès du Méridien Paris : *tél. 47 57 15 70, télex 31 516*

Massata Samb (**** L)
Route de Ngor, tél. 20 05 12, télex 31 515

Sunugal (****)
Route de Ngor, tél. 20 03 30, télex 31 514

Village Club Calao (***)
Route de Ngor, tél. 20 05 40, télex 31 501

Hôtel de l'Aérogare
Aérogare de Dakar-Yoff, tél. 20 07 35

Hôtel Darkassé (*)
Route de Ngor, B. P. 8077, tél. 23 03 53

Thiès

Hôtel de Thiès (**)
Rue Faidherbe, B. P. 94, tél. 51 15 26

Hôtel Rex (*)
Rue Douaumont, tél. 81 081

Petite Côte

Village-club Le Baobab (****)
La Somone, tél. 22 02 66

Village-hôtel de l'Hippocampe (**)
La Somone, tél. 26 814

Club Aldiana (****)
Nianing, B. P. 2985 Dakar, tél. 57 10 84, télex 77 106

Domaine de Nianing (***)
Nianing, tél. 57 10 85, télex 77 125
Sorties en mer, promenades en calèche.

Le Finio
Joal, tél. 57 61 12

Centre touristique de la Petite Côte
Rue de la Préfecture, B. P. 91, Mbour, tél. 57 10 04, télex 51 683

Savana Koumba (****)
B. P. 88, Mbour, tél. 57 11 13, télex 77 128

Saly Hôtel (****)
B. P. 69, Mbour, tél. 57 11 31 / 57 11 25, télex 77 124

Royam (****)
B. P. 149, Mbour, tél. 57 10 79, télex 77 118

Palm Beach - Bougainvilliers (****)
B. P. 64, Saly Portudal, tél. 22 03 81, télex 77 105
Réservations en France, *tél. (1) 42 96 22 00*

Novotel Saly (****)
Saly Portudal, tél. 57 11 91, télex 77 111

Savana Saly (****)
Saly Portudal, tél. 57 11 12, télex 77 128

Le Dior (***)
Rue de la Gare, B. P. 120, Kaolack, tél. 41 15 13 / 41 18 45, télex 51 479

Le Paris (**)
B. P. 334, Kaolack, tél. 41 10 19 / 41 18 45, télex 74 063

Keur Saloum (**)
Toubakouta, tél. 41 24 16, télex 74 063
Campement de pêche sur le Saloum.

Les Palétuviers
Toubakouta, tél. 21 87 73, télex 51 475
Circuits de chasse (camp dans le Sine-Saloum).

Les Piroguiers (***)
B. P. 22, Foundiougne, tél. 45 11 34, télex 74 068.
Réservations en France, *tél. 59 28 13 57*

Le Pélican du Saloum (***)
Ndangane, B. P. 27 Dakar, tél. 23 54 46

Centre Touristique (**)
B. P. 185, Kahone, tél. 41 11 16

Campement-hôtel de Djifère
Réservations hôtel de Thiès, B. P. 94, tél. 51 15 26

Saint-Louis

Mame Coumba Bang (****)
Route nationale 2, B. P. 214, Saint-Louis, tél. 61 19 53 / 61 18 50, télex 75 111

La Résidence Saint-Louis (***)
Rue Blaise-Diagne, B. P. 284, Saint-Louis, tél. 61 12 60, télex 75 119

Hôtel de la Poste (**)
B. P. 48, Saint-Louis, tél. 61 11 18, télex 75 112
Peut organiser des circuits de chasse.

Le fleuve, Diourbel et le Ferlo

Gîte d'étape du Fleuve
B. P. 42, Richard-Toll, tél. 63 32 40
Fréquenté par des chasseurs. Contacter l'hôtel de la Poste, *Saint-Louis, tél. 61 11 18, télex 75 112*

Campement-hôtel
B. P. 1725, Maka-Diama, tél. 21 97 68, télex 51 432

Le Baobab (***)
B. P. 51, Diourbel, tél. 71 14 07

Casamance et Sénégal oriental

Club Méditerranée (**** L)
Cap Skirring, tél. 91 10 43

Savana (****)
Cap Skirring, tél. 91 15 52 / 91 15 86, télex 21 572

Kabrousse Mossor (****)
Cap Skirring, tél. 93 15 19, télécopie 91 14 27, télex 73 026

La Paillote (***)
B. P. 55, Ziguinchor, tél. 91 13 79, télex 73 021

Emitaï (***)
Cap Skirring, tél. 94 11 26, télex 7301

Village-hôtel de la pointe Saint-Georges (**)
B. P. 63, Ziguinchor, tél. 91 12 27, télex 73 012
Organise des parties de pêche en rivière.

Le Diola (****)
Route de Kandé, B. P. 268, Ziguinchor, tél. 91 12 62, télex 73 026

Le Nema Kadior (****)
Route de Kandé, B. P. 236, Ziguinchor, tél. 91 10 52, télex 73 020

Aubert (***)
B. P. 55, Ziguinchor, tél. 91 13 79, télex 73 021

Le Tourisme (**)
B. P. 63, Ziguinchor, tél. 91 12 27

L'Escale (*)
Ziguinchor, tél. 91 12 04

Le Relais Fleuri (**)
B. P. 33, Bignona, tél. 94 12 02
Peut organiser des circuits de chasse.

Campement-hôtel Le Hobe
Kolda, tél. 96 11 70

Village-hôtel La Palmeraie
Sedhiou

Asta Kebe (***)
B. P. 194, Tambacounda, tél. 81 10 28, télex 74 059

Niji Hôtel (*)
B. P. 119, Tambacounda, tél. 81 12 50

Hôtel de la Gare
Tambacounda, tél. 98 015

Hôtel du Niokolo-Koba - Relais de Simenti (**)
B. P. 117, Tambacounda, tél. 23 10 55

D'autre part, la région de la Casamance est le cadre du projet des «campements de village», qui permet d'offrir aux voyageurs intéressés par la perspective de partager la vie quotidienne des habitants de la brousse un hébergement à prix modique. Ces campements sont gérés par des coopératives villageoises et sont constitués de cases, semblables à celles du village, meublées sommairement de deux ou quatre lits avec des matelas de mousse et des moustiquaires. L'éclairage est généralement assuré par des lampes-tempête et un petit bâtiment à l'écart abrite des douches et toilettes. On peut y prendre des repas très simples, préparés à la façon locale, et avoir l'occasion d'assister aux activités et aux festivités du cru. Ces campements existent dans les villages d'Elinkine, Enampore (vaste case à impluvium), Baila, Koubalan, Thionck-Essyl, Affinian, Abané, Oussouye et Palmarin.

M. Adama Goudiaby, directeur du centre artisanal de Ziguinchor, est à même de fournir tous renseignements sur les réservations, les fêtes programmées, etc.

POUR LES GOURMETS

Le fond de l'alimentation du peuple est simple: dans le nord, le plat principal est à base de mil, dans le sud, à base de riz. Ce dernier gagne d'ailleurs du terrain. On consomme beaucoup de poisson, de mer près des côtes, de rivière dans l'intérieur. La viande est moins fréquente, encore qu'on en trouve sans peine un peu partout.

Bien souvent, la viande aurait grand besoin de passer par les mains d'un boucher digne de ce nom avant de parvenir dans votre assiette car elle est débitée de façon pour le moins... artisanale! On vous la servira, le plus souvent, sous forme de bifteck, de ragoût, de boulettes ou de brochettes, dans presque tous les restaurants. Le poulet, grillé ou rôti, est souvent tendre et savoureux.

On trouve aussi des légumes divers. Le plat sera souvent relevé par l'adjonction de piment ou autres épices fortes.

Les touristes auront plaisir à déguster les fruits frais qui abondent: mangues, ananas, bananes, oranges (la variété locale conserve une écorce verte même quand elle est mûre), melons d'eau, papayes, etc. Ils sont vendus un peu partout, aux abords des hôtels comme sur les marchés ou au bord des routes. On peut les déguster à toute heure, mais encore faut-il les laver et les peler soigneusement.

Laissez-vous aussi tenter par les arachides, grillées dans leur coque et vendues aussitôt par les marchandes. Encore que presque toute la récolte soit destinée aux huileries, on en trouve partout, pour quelques pièces de monnaie, et elles sont souvent utilisées pour préparer des sauces savoureuses.

Sur cette alimentation africaine de base se sont greffées des habitudes culinaires héritées des colonisateurs d'antan, anglais en Gambie, français au Sénégal.

Sénégalais et Gambiens partagent le même goût pour le thé préparé à la manière arabe, souvent avec de la menthe, servi après le repas selon un rituel immuable. La tradition veut qu'on en consomme trois verres à la suite: le premier est fort, râpeux et légèrement amer, le deuxième est plus sucré et plus léger, le troisième est un véritable sirop très pâle.

Le Sénégal offre sur le plan gastronomique une large diversité de choix. L'influence française a été bénéfique, si bien que non seulement la cuisine purement africaine a connu quelques améliorations, mais encore on peut y trouver une alimentation qui marie les plaisirs de ces deux formes de gastronomie.

Le poisson en est un ingrédient essentiel. Le colin, connu localement sous le nom de *thiof*, est excellent, qu'il soit servi simplement grillé, farci à la saint-louisienne ou accompagnant le riz. Le plat national le plus célèbre, le *tiep-bou-diene*, est connu à travers toute l'Afrique de l'Ouest (il est confectionné avec du riz cuisiné avec du poisson et des légumes). Les autres plats renommés sont le *mafé*, ragoût à base d'arachides, et le *yassa* (viande, poulet ou poisson cuit dans une marinade de citrons et d'oignons).

Les crustacés sont également délicieux. Les huîtres, récoltées dans le Sine-Saloum et en Casamance, sont excellentes et on n'a guère à redouter les intoxications, comme en Gambie. Les grosses crevettes sont pêchées au large des côtes, de même que toutes sortes de coquillages, de moules, sans parler des admirables langoustes.

Le Sénégal offre, à la différence de la Gambie, toutes les catégories de restaurants, depuis la petite *dibiterie* qui sert de la viande grillée, jusqu'au restaurant de grand luxe, confortable mais aux prix élevés, en passant par une large variété de brasseries à la française (ne vous attendez pourtant pas à trouver une brasserie alsacienne avec serveuses en costume!).

Voici une liste de restaurants dans et autour de Dakar. Ailleurs, dans le pays, les meilleures tables sont celles des hôtels indiqués plus haut. Hors de la capitale, il est rare de trouver un restaurant de qualité indépendant d'un hôtel, mais il existe d'innombrables *dibiteries* ou cafés.

Chez Loutcha
Rue Blanchot, tél. 21 03 02
Cuisine euro-africaine à prix modiques.

Terrou Bi
Corniche Ouest, tél. 22 02 47
Restaurant luxueux, spécialisé dans les produits de la mer (langoustes vivantes pêchées pour vous en vivier).

Le Ramatou
Route de Ngor à Dakar-Yoff
Cuisines française et sénégalaise à prix raisonnables.

Le Bilboquet
Avenue Roume, tél. 22 17 42
Bonne cuisine française bourgeoise dans un environnement à la normande.

Le Virage
Route de Ngor, tél. 20 06 57
Vue panoramique sur la mer et bonnes spécialités de poissons et de fruits de mer.

Le Lagon
Route de la Petite Corniche, tél. 21 53 22
Excellent restaurant de poisson dans un cadre moderne sur la mer.

Brasserie Sarraut
Avenue Albert-Sarraut, tél. 22 55 23
Restaurant bourgeois typiquement français avec terrasse sur l'avenue.

Le Kermel
Place du marché Kermel
Café-restaurant français.

Le Rustic
Avenue Georges-Pompidou, tél. 22 18 76
Restaurant de bonne tenue, café en terrasse.

Le Ponty
Avenue Georges-Pompidou
Café fréquenté et restaurant en terrasse dans une avenue commerçante.

Le Dagorne
Rue Dagorne, tél. 22 20 80
Bon restaurant de poisson à prix modérés. Cuisine française.

Chez Charlie
Route de Rufisque, Thiaroye-sur-Mer, tél. 34 07 42
Tables sous des auvents dans un jardin. Spécialités de poissons et de cuisine nord-africaine.

Le Rond-Point
Place de l'Indépendance, tél. 22 10 29
Poisson et langoustes.

Maître Bœuf
Centre nautique Pehoa, Ngor, tél. 20 03 64
Grillades au charbon de bois et poisson.

Le Forum
Avenue Lamine-Guèye, tél. 21 93 88
Café-restaurant-salon de thé. Particulièrement fréquenté par les journalistes de l'O.R.T.S. toute proche.

La Voile d'Or
Plage de Copacabana, Bel-Air, tél. 21 86 48
Restaurant de poisson sur la plage, sous les palmiers.

Le Coq Gaulois
Boulevard Dial-Diop, tél. 22 19 11
Spécialités sénégalaises et françaises.

La Marmite
Rue Félix-Faure, tél. 21 41 98
Cuisine sénégalaise et ouest-africaine.

Le Wallame
Avenue Bourguiba, tél. 22 78 24
Bonnes spécialités africaines.

Café de Paris,
Avenue Georges-Pompidou, tél. 21 56 20
Bon restaurant de cuisine française.

La Croix du Sud
Avenue Albert-Sarraut, tél. 23 29 47
Restaurant élégant dépendant de l'hôtel. Haut lieu de la gastronomie franco-sénégalaise. Prix élevés.

Le Chevalier de Boufflers
Gorée, tél. 22 53 64
Restaurant dans le cadre admirable d'une vieille maison de Gorée avec une terrasse sur le port. Excellente cuisine spécialisée dans les produits de la mer.

L'Auberge Rouge
Rue Blanchot, tél. 21 72 56
Restaurant dans une maison coloniale charmante. Bonne cuisine française.

Safari 2000
Rue Parent, tél. 21 27 19
Cuisine gastronomique française. Prix assez élevés.

Hôtel de la Paix
Rue Ndoye, tél. 22 29 78
Restaurant servant une cuisine traditionnelle. Cadre agréable avec un bar accueillant.

Le Saint-Louis
Rue Félix-Faure, tél. 22 54 23
Ravissante maison coloniale avec une cour centrale fleurie. Prix raisonnables pour une très bonne cuisine.

Le Cauri
Rue Bourgi, tél. 22 55 59
Bonne cuisine sénégalaise. Spécialité de *tiep-bou-diene*.

Mbaye Barrik
Près de l'avenue Bourguiba
Cuisine sénégalaise dans une ambiance très «couleur locale».

Le Djolof
Marché de Soumbedioune
Bonne cuisine sénégalaise.

Le Trastevere
Rue Mohammed-V, tél. 21 49 20
Cuisine italienne avec pizzas et pâtes fraîches.

La Pizzeria
Rue Bourgi, tél. 21 09 26
Cuisines italienne et française.

Restaurant Farid
Rue Vincens, tél. 21 61 27
Spécialités libanaises.

La Tonkinoise
Rue Dagorne, tél. 21 60 80
Spécialités vietnamiennes.

Hanoï
Rue Carnot
Spécialités chinoises et vietnamiennes.

Boissons

La Gambie et le Sénégal, où l'islam prédomine, ne mettent pas en pratique, du moins officiellement, l'interdiction coranique de consommer de l'alcool et n'imposent aucune restriction à la vente de boissons alcoolisées. Les Sénégalais sont grands amateurs de la bière locale, légère en alcool et propre à étancher la soif. La marque Flag est la plus populaire, mais on trouve un peu partout, encore qu'elles soient plus chères, de nombreuses marques de bière importées.

De plus, le vin provient de France, d'Espagne ou d'Afrique du Nord, mais il est assez cher car les frais de transport et les droits de douane sont élevés. Les vins du Maroc offrent un bon rapport qualité-prix.

Il n'existe pas de réglementation contraignante sur les heures d'ouverture des débits de boisson et de nombreux restaurants se doublent d'un café ou d'un bar, comme en France.

Voici une liste de quelques cafés de Dakar où les prix ne sont pas exorbitants et le cadre agréable. Les Sénégalais sont sensibles aux salutations et ils acceptent volontiers de lier conversation avec qui en manifeste l'envie.

L'Auberge Rouge
Rue Moussé-Diop

Bar Yang-Yang
Avenue Blaise-Diagne

Le Mama Guedj
Avenue Lamine-Guèye

Bar Odéon
Sicap Liberté 6

Le Fouquets
Avenue Lamine-Guèye

De plus, particulièrement dans les faubourgs, il existe de petits bistrots plus ou moins clandestins (d'où leur nom de «clando»). Si vous vous sentez l'âme aventureuse et si vous savez les découvrir, car ils n'ont en principe pas d'enseigne, une descente dans un «clando» vous donnera une idée assez précise de la vie quotidienne du travailleur sénégalais.

DISTRACTIONS

Les plaisirs qu'offrent le Sénégal et la Gambie sont des plaisirs simples. La plupart des attraits des vacances dans cette région sont décrits dans les chapitres de ce guide consacrés aux plages, aux lieux de chasse et de pêche, aux sports, etc. Nombreux sont les touristes qui ne dépassent pas le stade du bain de soleil sur le sable!

Activités culturelles

Musée de l'I.F.A.N.
Place de Soweto
Exceptionnelle collection de masques traditionnels.

Malgré les efforts du gouvernement pour assister les arts et les artistes, les galeries d'art sont rares.

Galerie 39
Avenue Georges-Pompidou, Dakar
Gérée par des Français, elle organise chaque année plusieurs expositions.

Galerie nationale d'Art
Avenue Albert-Sarraut.

Des manifestations musicales sont organisées assez régulièrement dans les principales villes. Les deux stades de Dakar (Iba-Mar-Diop et Demba-Diop) ainsi que le théâtre national Daniel-Sorano accueillent la plupart des concerts.

Excursions

Nombreux sont ceux qui viennent pour une quinzaine de jours de vacances au cap Vert ou sur la Petite Côte et qui effectuent un bref tour en Casamance, par exemple, pour se faire une idée de la zone sud. Les visiteurs de la Gambie s'envolent pour passer une journée dans l'activité dakaroise, alors que les vacanciers français au Sénégal louent une voiture et vont explorer la Gambie anglophone pour se dépayser un peu plus. Les touristes de l'un et l'autre pays vont parfois passer une nuit en Guinée-Bissau, dans l'extrême sud, ou aux îles du Cap-Vert.

Afric-Tourism
9, boulevard Pinet-Laprade, B. P. 2576, tél. 23 17 65

Car-Afric
100, rue de Bayeux, B. P. 1881, tél. 23 88 67

Intertourisme
3, allées Robert-Delmas, B. P. 1122, tél. 23 45 29, télex 51 683

Express Sun Travel
2, place de l'Indépendance, B. P. 1578, tél. 23 31 81, télex 61 371

Sénégal Tours
5, place de l'Indépendance, B. P. 3126, tél. 23 31 81, télex 21 699

Sénégal Contact
8, boulevard Pinet-Laprade, B. P. 3662, tél. 23 60 73 / 23 45 30, télex 21 672

Sénégal Tourisme international
12-15, rue du Docteur-Thèze, B. P. 8117, tél. 21 05 76

Sénégal Découvertes
51-53, boulevard Pinet-Laprade, tél. 21 74 98

Nouvelles Frontières
18, rue Sandinieri, B. P. 145, tél. 21 34 34, télex 21 837

Socopao Voyages
Boulevard Pinet-Laprade, tél. 21 68 72

Téranga Voyages
Avenue Malick-Sy, tél. 22 32 74

Vacances & Loisirs
Place de l'Indépendance, tél. 21 45 31

- **En Europe**

Africatour
23, rue Linois, 75015 Paris, tél. 40 59 41 41
Resinter
2, rue de la Mare Neuve, 91021 Évry cedex, tél. 64 97 70 04
5, rue du Ventoux, 91021 Évry cedex, tél. 60 77 95 40
Jumbo
Quai de la Mégisserie, 75001 Paris, tél. 42 61 84 22
Uniclam
63, rue Monsieur-le-Prince, 75006 Paris, tél. 43 29 12 36
Création Voyages
31, avenue Jean-Jaurès, 75019 Paris, tél. 42 45 53 87
République Tours
41, avenue de la République, 75001 Paris, tél. 43 55 30 00
Nouvelles Frontières
87, boulevard de Grenelle, 75015 Paris, tél. 45 68 70 00

Jelmoli Reisen
Nansenstrasse 5, CH 8050 Zurich, tél. 01 316 71 30

Alfonso Marroquin
AC1 s.a., rue de l'Association, 41000 Bruxelles
Représentant d'Uniclam pour le Benelux.

Parcs naturels

Le Sénégal compte plusieurs parcs nationaux dont la faune, notamment aviaire, est particulièrement riche.

Direction des parcs nationaux
Point E, Dakar, B.P. 3135, tél. 21 06 28

Voici la liste de ces parcs. Pour plus d'informations sur chacun d'eux, reportez-vous aux chapitres traitant de la région où ils sont situés.

Parc national de Niokolo-Koba
L'un des plus vastes parcs animaliers de l'Afrique de l'Ouest. Il couvre 75 000 ha au Sénégal oriental. Vous pourrez y voir des éléphants, des lions et des antilopes. L'hébergement y est possible soit dans des campements, soit dans les hôtels de Tambacounda.

Parc national des oiseaux du Djoudj
Au nord-ouest du pays, près de l'embouchure du Sénégal, à 60 km de Saint-Louis, accessible par une bonne route carrossable. C'est le lieu de rassemblement de millions d'oiseaux migrateurs. La meilleure époque pour le visiter va de fin octobre à avril. Il est possible, dans certaines conditions, d'y camper et des excursions en pirogue y sont organisées.

Parc national du delta du Saloum
A 80 km à l'ouest de Kaolack, ce parc englobe d'innombrables îles couvertes de mangroves et de dunes de sable. Vous y trouverez des flamants roses, des cigognes et de très nombreux autres oiseaux. Des campements touristiques y sont ouverts.

Parc national de la langue de Barbarie
Refuge des oiseaux et des tortues de mer, ce parc est formé d'une longue bande de sable, étroite, enserrée entre le cours du Sénégal et l'Atlantique. Il est facile, en partant de Saint-Louis, de s'y rendre.

Parc de la Madeleine
Juste au large de Dakar, en face de la Corniche Ouest, un archipel de trois îles est constitué en réserve pour la préservation de multiples colonies d'oiseaux marins. Il est accessible en pirogue, tous les jours.

Parc national de la basse Casamance
Situé à l'extrême sud du pays, d'une superficie de 5 000 ha, le parc est couvert de forêts et de mangroves. L'entrée se trouve à 12 km d'Oussouye et à 75 km de Ziguinchor. Le camping y est autorisé et on peut effectuer des excursions en pirogue dans les bolons.

VIE NOCTURNE

Dakar, on s'en doute, possède de nombreuses boîtes de nuit. De plus, assez régulièrement, des concerts de musique populaire sont donnés en plein air par des clubs ou des associations de jeunes et il est facile d'y assister. Consultez la presse ou écoutez la radio pour en avoir les détails.

Les groupes les plus célèbres, tels que celui de Youssou Ndour, le Super-Étoile de Dakar ou le Super-Diamono, se produisent souvent dans certains établissements, jouant tous les soirs ou seulement certains jours de la semaine. Les clubs dans lesquels ils donnent leur spectacle changent assez fréquemment, mais les réceptionnistes des hôtels sauront vous renseigner.

Les boîtes de nuit ouvrent leurs portes et les ferment très tard dans la nuit. A minuit, il n'est pas rare qu'elles soient encore aux trois quarts vides et ce n'est que vers quatre heures du matin que la fête bat son plein. Habituellement, l'entrée (de 1500 à 3000 F C.F.A., soit 30 à 60 FF) comprend la première consommation.

Harry's Club
Boulevard de la République, tél. 21 90 88

Miami
Rue de Reims, tél. 21 39 69

Kilimanjaro
Village artisanal de Soumbedioune, tél. 21 99 89

Play Club
Rue Jules Ferry, tél. 21 24 84

Sahel Night Club
Boulevard de la Gueule-Tapée, tél. 21 21 18

Casino du Cap-Vert
Route de Ngor, tél. 20 09 74

SPORTS

La lutte dite africaine est le sport roi. Les combats ont lieu le samedi ou le dimanche en fin d'après-midi (sauf en période de ramadan). L'ambiance surchauffée et les réactions de la foule sont encore plus spectaculaires que les combats eux-mêmes. Les lutteurs arborent les amulettes (gris-gris) qui leur porteront chance et ingurgitent ou s'aspergent de diverses «potions magiques» qui les protégeront des mauvais coups. Entre les reprises, les suiveurs-soigneurs de chaque pugiliste dansent, battent du tam-tam, sifflent, s'époumonnent, tourbillonnent devant le public, faisant monter l'excitation, stimulant leur héros pour qu'il vienne parader devant ses supporters et fasse des démonstrations de sa plastique avantageuse et de sa force. En fait, la lutte elle-même est, en comparaison, de très brève durée: le premier qui tombe a perdu!

Les hôtels proposent des places pour assister à ces joutes, mais n'importe qui peut y venir et s'asseoir dans les gradins qui entourent l'arène.

Des courses de pirogues ont également lieu, mais de façon irrégulière, souvent à l'occasion de fêtes nationales ou lors du passage d'un chef d'État étranger. Il faut se renseigner auprès des bureaux de tourisme. Le spectacle en vaut la peine, surtout si les régates sont courues par des pirogues à trente rameurs ou plus. Elles ont lieu, le plus souvent, sur le fleuve à Saint-Louis ou dans la baie de Soumbedioune à Dakar.

Le football est aussi un sport populaire. Vous verrez, n'importe où, des équipes improvisées se disputer un ballon dans les rues de la ville ou sur un espace dégagé. Mais les grands matchs se disputent dans les stades. Il suffit de consulter les journaux locaux pour savoir où et quand une compétition a lieu. Ici encore, le spectacle est autant sur la pelouse que dans les gradins.

Sports de plage

En ce qui concerne les sports de plage, les centres touristiques disposent généralement de tout l'équipement souhaitable. Les grands hôtels, dans les zones hautement touristiques, jouissent d'une plage privée et la presqu'île près de Dakar recèle de belles plages.

Celles-ci sont propres et surveillées. Là où nager peut présenter un risque, des panneaux rouges «Baignade interdite» préviennent le public. Les plages les plus recherchées sont celles de Yoff, de Ngor, des Almadies et l'anse Bernard. Pour les jeunes, on préférera celles de Bel Air et de Hann, où il n'y a pas de vagues.

Tennis

Les courts publics de tennis, alors que la plupart des hôtels en offrent à leurs clients, sont assez rares.

Tennis Club dakarois
Tél. 21 16 07
Union-Olympique Club de la Corniche
Tél. 22 21 98

Équitation

De nombreux hôtels proposent des locations de chevaux. Il n'existe pas de centres hippiques publics, mais certains clubs accueillent les visiteurs de passage.

Ranch de Doli
Région de Diourbel
Cercle de l'Étrier
Tél. 32 52 63

Cercle hippique sportif
Tél. 34 02 33

Aviation légère

Aéroclub Iba-Guèye
Bâtiment annexe de l'aéroport de Dakar-Yoff, tél. 20 04 12
C'est le seul qui existe. Il peut organiser des baptêmes de l'air ou des vols de promenade.

Écoles de danse

Après la fermeture de l'école de danse Mudra, qui avait pour but l'étude et la popularisation des danses traditionnelles africaines, plusieurs de ses anciens professeurs et élèves ont ouvert leur propre école. Elles offrent toutes un éventail complet des styles (classique, danse moderne, jazz, etc.), mais elles sont surtout spécialisées dans l'apprentissage des danses purement africaines.

Lorenzetti
4, rue Mage, tél. 22 12 37
Manhattan Dance School
127, rue Carnot
Marie Ève
Rue Victor-Hugo, tél. 22 00 14
Atelier Sobo-Bade
50, rue Mohammed-V
Xarit Danse
14, avenue A. K. Bourgi, tél. 21 32 63

Chasse

La saison cynégétique au Sénégal s'étend du 15 décembre au 30 avril. La chasse est strictement contrôlée.

Le service des Eaux & Forêts de Dakar délivre les permis de chasse aux amateurs titulaires d'une assurance, d'un permis de port d'arme et de tous certificats utiles (il faut aussi trois photographies d'identité). Il perçoit les droits de chasse. Il existe trois catégories de permis.

Celui de petite chasse, valable une journée, permettant d'abattre au plus 15 perdreaux, ou pintades, francolins, oiseaux du même genre ou lapins.

Celui de moyenne chasse, qui donne droit au gibier ci-dessus mais également à un des specimens des espèces suivantes : gazelle, ourébi, cobe onctueux, cobe de Buffon, phacochère ou deux grandes outardes.

Celui de grande chasse, qui n'est délivré que si l'on chasse avec un lieutenant de chasse, ce qui est assez rare. Il autorise à tirer le gros gibier.

Certains animaux, tels que le lion, ne peuvent être abattus qu'avec la permission personnelle du chef de l'État.

Enfin, il existe un permis spécial pour le gibier d'eau.

Pour chasser avec ses propres armes, il faut obtenir au préalable une autorisation du ministère de l'Intérieur. On peut louer les services de guides de chasse professionnels et ceux-ci se chargeront alors de toutes les formalités ou fourniront les armes à leurs clients. Il est interdit d'importer des munitions et celles-ci doivent être achetées sur place. Une assurance responsabilité civile est obligatoire.

Direction des Eaux, Forêts & Chasses
Parc forestier de Hann, B.P. 1831. Dakar, tél. 23 76 14 / 23 06 28

Pêche

Les eaux sénégalaises sont poissonneuses et le pays est devenu un haut lieu de la pêche sous toutes ses formes. Comme en Gambie, le *surf-casting*, sur les plages ou depuis les rochers de la côte, permet la capture de toutes sortes de poissons, y compris requins et raies.

Dans une pirogue, sur un bolon, sur la Casamance ou le Saloum, on peut attraper aussi bien des poissons de mer que d'eau douce. Ce ne sont pas seulement de petits spécimens et l'on peut fort bien trouver au bout de sa ligne un barracuda de grande taille.

La pêche sous-marine, pour laquelle une assurance est obligatoire, se pratique essentiellement autour du cap Vert. On y capture surtout des mérous et des barracudas.

Enfin et surtout, le Sénégal est un centre de pêche au gros car ses eaux abondent en espadons, marlins et requins. Le cap Vert et la Petite Côte sont les meilleurs endroits pour pratiquer ce sport.

Voici une liste des principaux centres de pêche, qui vous fourniront tout l'équipement nécessaire et vous organiseront toutes les sorties en mer dont vous pouvez rêver, depuis la pirogue pour un après-midi jusqu'à un week-end complet, incluant la naturalisation de vos prises. Consultez aussi les agences de voyages et les grands hôtels, en particulier le club Méditerranée à Ngor ou au cap Skirring. Les parties de pêche qu'organisent les hôtels le sont en fonction du nombre d'inscrits (quatre ou cinq en général) ; il est donc prudent de réserver.

• **Pêche au gros**

Centre de pêche sportive de Dakar
Air Afrique, embarcadère de Gorée à Dakar, B. P. 3132, tél. 21 28 58

Centre de pêche des hôtels Méridien
B. P. 8092. Dakar, tél. 23 10 05

Centre de pêche du Savana-Frantel
B. P. 1015. Dakar, tél. 22 60 23

Africa Safari
Dakar, tél. 21 07 16 / 22 26 84

Centre de pêche de la Petite Côte
B. P. 64, Mbour, tél. 51 10 75

Les Piroguiers
B. P. 22, Foundiougne, tél. 45 11 34

• **Pêche en pirogue**

Les Barracudas
B. P. 14, Dakar, tél. 21 94 38

Village-hôtel de Keur Saloum
Toubacouta. B. P. 334, tél. 41 10 19

Hôtel Kabrousse-Mossor
Cap Skirring, B. P. 236, Ziguinchor, tél. 91 14 26

Hôtel Savana
Cap Skirring, tél. 91 15 52

• **Pêche sous-marine**

Oceanium Diving Club
B. P. 3870, Dakar, tél. 22 19 19

SHOPPING

Le marchandage

On peut faire ses achats de deux manières: l'une, comme en Europe, l'autre typiquement locale, «à l'africaine», de façon décontractée. Dans les magasins modernes et les supermarchés où les prix sont affichés, on paie ce qui est indiqué et les choses sont simples et rapides. Mais, sur les marchés, dans les échoppes ou les boutiques, on discute, on marchande, et c'est évidemment plus complexe... mais combien plus amusant!

Comment s'en tirer au mieux? Sachez d'abord qu'il serait parfaitement déraisonnable (et le vendeur en serait le premier surpris) de payer le prix qui est demandé. Le prix normal se situe entre la moitié et les deux tiers du montant annoncé. Pour avoir le juste prix, il faut prendre patience, entrer dans le jeu du vendeur. Il est parfaitement admis qu'on prenne un air offusqué, que l'on quitte la boutique, qu'on marque une pause sur le pas de la porte, qu'on visite un magasin voisin, qu'on revienne pour reprendre la discussion. Le vendeur ne comprendra pas que vous puissiez être (ou paraître) pressé. Alors, proposez une somme, entre 20 % et 30 % du montant demandé et laissez-vous convaincre de pousser les enchères jusqu'à la moitié. Au-delà, renoncez... ou attendez que le vendeur vous relance quand vous aurez quitté sa boutique et accepte finalement votre proposition.

Horaires

Les heures d'ouverture, sur les marchés et dans les boutiques indigènes, sont variables. Cela peut aller de l'aube jusqu'à très tard dans la soirée. Jamais un marchand africain ne refusera de servir un client sous prétexte qu'il est en train de remballer ses marchandises et qu'il a fini sa journée.

Qu'acheter

Les produits locaux les plus intéressants sont principalement les tissus peints à la main ou les batiks, vendus à la toise ou sous forme de chemises, de shorts, de robes, pantalons, vêtements d'enfants, linge de table ou de maison. Les étoffes locales appelées *lagos*, imprimées en couleurs très vives, portent souvent des dessins très originaux. Les *wax*, imprimés d'origine anglaise ou danoise, sont aussi populaires, mais sensiblement plus chers. Il existe aussi des toiles locales, teintées à l'indigo, dans tous les camaïeux, dans certaines stalles des marchés.
Les tailleurs, assis devant une machine à coudre qui ronronne toute la journée, vous confectionneront en un temps record une paire de shorts ou même une tenue complète.

Les autres souvenirs sont les sculptures sur bois, la bijouterie en filigrane d'or ou d'argent, les masques, les colliers de perles, les bracelets d'argent ou de cuivre ouvragé, la vaisselle de bois, les poupées en costume folklorique, les batiks, les peintures naïves (*sower* ou sous-verres). Dans certaines boutiques d'hôtels, on peut acheter une série de posters représentant la flore et la faune. De même, on trouve quelques instruments de musique traditionnels.

La bijouterie d'or et d'argent est, partout, proposée à la vente, surtout par les orfèvres mauritaniens, encore que leur nombre ait considérablement diminué depuis les émeutes raciales de 1989.

INFORMATIONS PARTICULIÈRES

Les affaires

Les prises de contacts professionnels, en Afrique, sont généralement moins formelles, moins protocolaires, plus chaleureuses qu'en Europe ou en Amérique. Les relations personnelles sont très importantes et l'intervention d'intermédiaires est chose fréquente. Ceux-ci s'attendent à une commission, même si rien n'a été convenu au préalable.

Direction du commerce extérieur
Ministère du Commerce, rue René-Ndiaye, Dakar, tél. 22 36 41
Chambre de Commerce
Place de l'Indépendance, B. P. 6018, Dakar, tél. 21 71 89

Une foire internationale est organisée tous les deux ans (les années paires).

Centre international d'échanges
Route de l'Aéroport, Dakar-Yoff, B. P. 3329, tél. 20 03 75 ou 23 10 11, télex 43 0SG

Photographie

Les deux pays de la région sont totalement ouverts aux photographes, mais, généralement, les gens n'aiment pas être pris en photo. Cela est notamment vrai des personnes âgées et de celles qui vivent dans les régions de l'intérieur, loin des centres touristiques et des grandes villes, car elles s'imaginent qu'une photographie vole l'âme!

Si vous tenez à faire des portraits, demandez-en d'abord la permission, mais ne vous étonnez pas si on vous la refuse. Il sera fréquent qu'on vous demande de l'argent. Il est cependant facile de filmer des scènes de la rue depuis une voiture en marche ou avec un téléobjectif, de plus loin.

Partout, sauf à Dakar, les films et les pellicules peuvent être rares. Dans tous les cas, les prix sont nettement plus élevés qu'en Europe.

LA LANGUE

Le français est la langue officielle du Sénégal et presque tout le monde le parle. Il en va de même de l'anglais en Gambie. Dans cette partie de l'Afrique de l'Ouest, plus de dix langues vernaculaires coexistent, mais celle qui est la plus utilisée est l'ouolof.

Vocabulaire de base

Voici quelques expressions usuelles qui pourront vous rendre service.

Bonjour	*Salam aleikoum*
Comment allez-vous?	*Nanga Def*
Je vais bien	*Mangui fi re.* (Gambie : *Diamba rek)*
Comment va la famille?	*Ana Oua Keurgue?*
Elle va bien	*Niungui fi*
Merci	*Diera dieuf*
Oui, non	*Ouao, dédet*
Viens, viens ici	*Kaï, kaï fi*
Je veux, je voudrais	*Dama bouga*
Je voudrais manger	*Dama bouga lek*
Manger, boire	*Lek, naan*
Petit déjeuner	*Ndeki*
Déjeuner	*Agne*
Dîner	*Rer*
Aller, venir	*Dem, nio*
Je vais (je m'en vais)	*Mangi dem*
Je reviendrai	*Dina nio at, dina deloussi at*
Le jour, la nuit	*Betiek, goudi*
Maintenant, aujourd'hui	*Légui, tey*
Hier, demain	*Demb, elek (souba)*
A demain matin	*Bi soubi*
A la prochaine fois	*Bi beneen yon*
Pain, eau	*Mbourou, ndor*
Viande, poisson	*Yap, diène*
Un peu	*Touti rek*
J'ai chaud, froid	*Dama tangué, sédé*
J'ai soif	*Dama maar*
Est-ce chaud, froid?	*Dafa tangué, sédé?*
Où?	*Ana?*
Ici, là	*Fi la, fale la*
Où est l'hôtel, le marché?	*Ana hotel, marsé?*
Parlez-vous français?	*Dangana toubab?*
Parlez-vous anglais?	*Dangana angalais?*
Je ne parle pas ouolof	*Degouma ouolof*
Je ne comprends pas	*Degouma*

Combien ?	*Niata ?*
Combien coûte ceci ?	*Bi niata le ?*
C'est trop cher	*Dafa diafé*
Diminuez le prix	*Ouanyi ko*
Bon (c'est bon)	*Barna*
Pas bon (ce n'est pas bon)	*Baroul*
Attendez	*Haaral!*
Continuez	*Talal*
Où est le restaurant ?	*Ana restaurant bi ?*
Je veux aller là	*Fi lay ouak*
J'ai assez mangé, merci	*Sour naa*
Elle est jolie	*Rafèt ne*
C'est bon (la nourriture)	*Néené*
Mon ami	*Souma harit*
Donnez-moi, vendez-moi	*Dior ma, djaï ma*
Mettez cela là	*Baï ko fi*
Apportez	*Indi ko*
Apportez-moi une bière	*Indi ma bière*
Tenez	*Am*
Excusez-moi	*Baal ma*
Laissez-moi	*Baï ma*
Je vais dormir	*Damaï dem nopelou*
Ma femme, mon mari	*souma diguène, diekeur*
Thé (à la sénégalaise)	*Ataya*
Argent	*Raliss*
Je n'ai pas d'argent	*Anouma raliss, amoul raliss dara*
J'ai la migraine	*Souma bop dey méti*
J'ai mal au ventre	*Suma bir dey méti*
J'ai déjà donné	*Sarak bi argué na.*

• **Chiffres**

1	*Ben*
2	*Niar*
3	*Nièt*
4	*Nienti*
5	*Diouroum*
6	*Diouroum (ak) ben*
7	*Diouroum niar*
8	*Diouroum nièt*
9	*Diouroum nienti*
10	*Fouk*
20	*Niar fouk*
30	*Nièt fouk*
40	*Nienti fouk*
50	*Diouroum fouk*
100	*Témère*

• **Argent** (parfois différent des chiffres)

5 F C.F.A.	*Dérem*
10 F	*Niar dérem*
15 F	*Nièt dérem*
20 F	*Nienti derem*
25 F	*Diouroum y dérem*
30 F	*Diouroum ben dérem* (6 x 5, etc.)
50 F	*Fouk*
100 F	*Niar fouk*
150 F	*Fan wére*
500 F	*Téémer*
1 000 F	*Niar téémer*
5 000 F	*Diouni*

ADRESSES UTILES

Ministère du Tourisme
5, avenue André-Peytavin. B. P. 4049, Dakar, tél. 22 22 26 / 22 53 71 / 22 13 80
Bureau national de tourisme sénégalais
15, rue de Rémusat, 75016 Paris, tél. 40 50 07 90

Ambassade du Sénégal
14, avenue Robert-Schumann, 75007 Paris, tél. 47 05 39 45
196, avenue Franklin-Roosevelt, 1050 Bruxelles, tél. 673 00 97 / 672 90 51

Ambassade de France
1, rue El-Hadj Amadou-Lassane-Ndoye, tél. 21 01 81
Ambassade de Belgique
Route de la Corniche Est, tél. 22 47 20
Ambassade de Suisse
Rue René-Ndiaye, tél. 22 58 48
Ambassade du Canada
45, boulevard de la République, 4e étage, B. P. 3373, tél. 21 02 90

Ambassade du Maroc
Route d'Ouakam, tél. 24 69 27
Ambassade de Mauritanie
37, avenue du Général-de-Gaulle, B. P. 1209, tél. 21 63 43
Ambassade de Guinée
4,5 km, route d'Ouakam, B. P. 7123, tél. 24 86 06
Ambassade de Guinée-Bissau
Point E, rue 6, tél. 24 59 22
Ambassade d'Algérie
5, rue Mermoz, B. P. 3233, tél. 22 35 09 / 22 45 27
Ambassade de Côte d'Ivoire
2, avenue Albert-Sarraut, 3e étage, B. P. 359, tél. 21 36 73 / 21 01 63
Ambassade d'Égypte
Building Sorano, 65, avenue de la République, 1er étage, tél. 21 24 75 / 22 19 64

EN CAS D'URGENCE

La délinquance, au Sénégal, est également faible, du moins par rapport à d'autres pays, mais, comme la plupart des métropoles, Dakar aujourd'hui surpeuplée connaît un sérieux accroissement de la petite criminalité. A Banjul, il y a peu de risques que vous soyez dévalisé dans les rues ou menacé par un vendeur de souvenirs à qui vous refusez d'acheter sa pacotille. Mais, à Dakar, ce genre d'incident est à craindre. Tous les Blancs (et les touristes plus que les autres) sont supposés être riches: aussi ne faites pas étalage de votre fortune.

Ne laissez aucun objet de valeur à la portée d'une tentation, sur un siège de voiture, au dossier de votre fauteuil dans un lieu public ou dépassant visiblement de votre poche. La plupart des vols sont commis lors d'un moment d'inattention, une légère bousculade pendant que vous regardez ailleurs. Ne vous promenez pas tout seul sur une plage déserte, surtout la nuit, quand les vigiles ont terminé leur ronde. Certains lieux, notamment le long de la Corniche à Dakar, sont le domaine de prédilection des voleurs. Si vous visitez un marché où vous serez à tout moment entouré et bousculé par la foule, laissez à l'abri montre et bijoux; gardez votre sac à main bien fermé et ne conservez pas d'argent dans vos poches, surtout dans la poche-revolver de votre pantalon. Si vous observez un animal ou des oiseaux dans un endroit isolé, allez-y en groupe et n'emportez ni argent ni objet de valeur (les jumelles ne tentent pas spécialement les voleurs).

Si vous perdez quelque chose, signalez-le à votre hôtel ou à la police et à votre agent de voyages, mais ne soyez pas surpris si rien ne se passe. Les hôtels disposent de coffres-forts, utilisez-les. Si vous perdez votre passeport ou vos pièces d'identité, signalez-le à votre représentation diplomatique (consulat ou ambassade) et demandez un certificat de perte ou un passeport temporaire. Signalez aussi toute disparition de chèques de voyage, de carte de crédit ou de chéquier au correspondant local de votre banque et prévenez celle-ci par téléphone.

Police
Tél. 23 23 23
Brigade spécialement affectée à la sécurité des touristes.
Pompiers
Tél. 18

Services médicaux

Les grands hôtels disposent d'un service médical assuré soit par une permanence, soit par un médecin exerçant à proximité. En matière de santé publique, le pays est sans doute l'un des mieux équipés d'Afrique, avec dix hôpitaux et un réseau de cliniques et de dispensaires. Toutefois, il ne faut guère s'attendre à trouver un service médical digne de ce nom dans les petites villes et les villages de l'arrière-pays. Il n'existe pas de service public d'ambulances, mais celui organisé par l'Institut de santé est disponible.

Institut de santé
Tél. 22 62 52
Hôpital principal
Avenue Roume
Le meilleur de Dakar.
Hôpital A. Le Dantec
Avenue Pasteur
Hôpital de Fann
Route d'Ouakam

Le quotidien *le Soleil* publie chaque jour la liste des médecins et des pharmacies de garde la nuit, de même que le mensuel *le Dakarois* et son homologue *This Month in Dakar*.

Quelques médecins exerçant à Dakar

J.-L. Cabrol
Tél. 21 23 64
B. Diop
Tél. 22 02 59
H. d'Erneville
Tél. 22 02 67
V. Frament
Tél. 22 47 65
I. Guèye
Tél. 21 16 38
L. Leblanc
Tél. 21 35 74
M. Touré
Tél. 21 59 46

Dentistes

A. Aidara
Tél. 21 68 47
G. Drouet
Tél. 21 11 58
P. Lagier
Tél. 21 11 58
M.-H. Ndiaye
Tél. 22 65 77

GAMBIE

PRÉPARATIFS ET FORMALITÉS DE DÉPART

Passeports et visas

Comme au Sénégal, un visa est indispensable pour entrer en Gambie, sauf pour les citoyens des pays suivants lorsqu'ils effectuent un séjour touristique ou pour affaires ne devant pas dépasser trois mois: Royaume-Uni et tous pays du Commonwealth, tous pays d'Afrique de l'Ouest, Danemark, Allemagne, Finlande, Grèce, Islande, Italie, Liechten-stein, Luxembourg, Hollande, Norvège, Suède, Tunisie, Turquie et Uruguay.

Tous les nationaux d'autres États doivent être en possession d'un visa. Les ressortissants israéliens et sud-africains n'ont pas le droit d'entrer en Gambie.

En principe, le visa est délivré pour 90 jours, mais des visas de transit, dont la validité est inférieure à cinq jours, sont délivrés à condition d'être déjà en possession d'un visa pour un pays voisin.

Il est sage de prendre un visa pour la Gambie pendant qu'on séjourne au Sénégal car des excursions de deux jours sont organisées fréquemment.

ALLER EN GAMBIE

Par avion

La compagnie British Airways propose deux vols hebdomadaires directs de l'aéroport londonien de Gatwick au petit aérodrome de Yundum, près de Banjul. Ghana Airways et Nigeria Airways exploitent plusieurs vols par semaine, qui desservent les villes côtières: Lagos, Freetown, Abidjan, Conakry et Dakar. Gambia Air Shuttle assure une liaison avec Bamako, au Mali, avec la Guinée-Bissau, les îles du Cap-Vert et Dakar, par des vols réguliers.

Air Sénégal relie Dakar à Banjul les jours où Gambia Air Shuttle ne le fait pas.

Les Européens peuvent prendre un des vols réguliers de Sabena, Swissair, Air France, Air Afrique, Royal Air Maroc, Aeroflot ou Iberia jusqu'à Dakar et poursuivre de la même manière. Bon nombre d'agences de voyages offrent des tours circulaires et parfois même peuvent vendre des places sur des vols charters. Se renseigner auprès de son agent de voyages.

Par la route

Les liaisons routières entre le Sénégal et la Gambie sont aisées. Une bonne route goudronnée est tracée de Dakar, via Kaolack, jusqu'à Barra Point (environ quatre heures et demie de trajet), à l'embouchure de la Gambie, juste en face de Banjul. On peut aussi passer, après Kaolack, par la route transgambienne, jusqu'à Farafenni (compter cinq bonnes heures de route).

A Farafenni, le bac (de 15 mn à 20 mn) vous dépose à Mansa Konko, d'où une route à peu près convenable mène, vers l'est, à Basse Santa Su et, vers l'ouest, à Banjul (en trois heures environ), ou encore, en continuant sur la route transgambienne, à Ziguinchor, en Casamance. Préparez-vous à supporter une longue attente avant d'embarquer sur le bac. Les voitures particulières jouissent d'une très relative priorité sur les camions, mais un taxi-brousse pourra faire la queue pendant des heures. Les Japonais ont fourni à la Gambie deux nouveaux bacs pour la traversée, mais la construction des rampes d'accès, sur les rives, est seulement en projet!

Si vous traversez la Gambie à Barra, le bac vous déposera dans Banjul même. Le bac tourne toutes les deux heures (le dernier tour est à 18 h) et prend un peu moins d'une heure entre chargement et déchargement sur l'autre rive. Les véhicules immatriculés à l'étranger doivent payer leur passage en devises (en franc C.F.A. si vous venez du Sénégal), ceux immatriculés en Gambie paient en dalasis (40 dalasis pour une voiture particulière).

On prend les billets de passage aux guichets d'un bâtiment fort mal indiqué, sur le bord gauche de la route, un quart d'heure après la frontière. Il est facile de le manquer!

Les contrôles de douane et de police sont effectués, sur le côté sénégalais, à Karang et à Hamdalaye en Gambie. Vérifiez que votre assurance est valable pour la Gambie; les véhicules assurés au Sénégal ont besoin d'un avenant d'extension pour la Gambie. Prenez de quoi boire et manger, pour le cas où vous manqueriez le bac et que vous deviez attendre le prochain. On trouve des boissons fraîches près de l'embarcadère ou à la terrasse du bar Lingaire, près du portail d'accès au bac.

Pour aller à Barra quand on vient de Kaolack, il faut tourner à droite et quitter la route transgambienne, après avoir dépassé les *tans* (étendues plates desséchées) du Saloum, là où un poteau de signalisation, toujours plus ou moins renversé, indique «Les Palétuviers» et «Karang». Banjul n'est indiquée nulle part et, si vous manquez ce carrefour, vous vous retrouverez en route pour Ziguinchor!

Du sud, la route transgambienne part de Ziguinchor en direction de Mansa Konko. A Bignona, un embranchement sur la gauche permet de rejoindre la Gambie par la très jolie route de Diouloulou qui vous mène à Banjul en deux heures. Il n'y a aucun bac sur ce parcours, ce qui est appréciable. Il faut seulement s'arrêter aux contrôles de douane et de police, tant en quittant le Sénégal qu'en entrant en Gambie.

A L'ARRIVÉE

L'aéroport de Yundum est à 35 km de Banjul et à 20 km de Bakau, le centre touristique. Les formalités sont réduites au minimum: contrôle du passeport et du certificat de vaccination anti-amarile (fièvre jaune), et vous passez dans la galerie où les agents de voyages attendent leurs clients. Les bagages sont déposés à l'extérieur et les passagers doivent les chercher eux-mêmes, les porter devant les douaniers... qui ne se privent pas de les fouiller! Tout cela se passe en plein air... au soleil!

Les effets personnels (y compris appareils photographiques, jumelles et caméras vidéo, qui ne sont pas destinés à la revente) sont admis en franchise. De même, vous pouvez importer 200 cigarettes ou 250 g de tabac, 1 l d'alcool, 2 l de vin ou de bière, 30 cl de parfum ou d'eau de toilette.

Il existe, à l'aéroport, un petit bureau de la Gambia Commercial Development Bank où l'on peut effectuer des opérations de change. Il existe également un bureau de Gamtel par lequel vous pouvez passer des communications téléphoniques internationales et un kiosque où l'on vend des boissons fraîches.

Réservations

Si vous n'avez pas effectué de réservation avant votre arrivée, la meilleure chose à faire est de se rendre au bureau de téléphone de Gamtel à Bakau et, de là, d'appeler les divers hôtels recensés. Ne vous débattez pas avec le téléphone de l'aéroport car tout le monde s'en va dès que les bagages sont livrés et vous vous retrouverez tout seul, loin de tout et sans moyen de transport... A la saison touristique, il peut être difficile de trouver une place dans les grands hôtels.

Banjul Travel Agency
Buckle Street, Banjul, tél. 28 813 / 28 473
Columbia Travel Agency
Kaibara Avenue, Fajara, tél. 96 135

A SAVOIR UNE FOIS SUR PLACE

Monnaie

Comme au Sénégal, on peut importer toutes les devises qu'on souhaite, en espèces ou chèques de voyage, mais on ne peut emporter plus de fonds qu'on n'en a importé. Une déclaration doit en principe être souscrite à l'entrée et à la sortie du territoire.

Les banques changent aussi bien les espèces que les chèques de voyage au cours officiel en vigueur. Munissez-vous de votre passeport pour effectuer des opérations de change. Les dollars américains, les livres sterling ou les francs C.F.A. seront parfois acceptés par les marchands locaux, mais le marché noir des devises est officiellement poursuivi. Les monnaies des autres pays, tels l'Algérie, le Ghana, la Guinée, le Mali, le Maroc, le Nigeria, le Sierra Leone ou la Tunisie, ne sont ni admises ni même échangées.

La monnaie locale est le dalasi, divisé en 100 bututs. Il existe des billets de 25 (bleu), 10 (vert), 5 (rouge) et 1 (pourpre) dalasis; les pièces sont de 1 dalasi (hexagonale), 50, 25, 10 et 5 bututs. Actuellement, le taux de change est de l'ordre de 12 dalasis pour 1 livre sterling ou de 7 dalasis pour 1 dollar.
Les grands hôtels ont un bureau de change, mais leur commission est plus élevée que celle des banques.

Les cartes de crédit sont acceptées par les grands hôtels et les sociétés de location de voitures. Vérifiez cette question avec votre banquier avant de partir et, sur place, avec votre hôtel. Les restaurants n'acceptent généralement que des paiements en espèces. Les cartes de crédit les plus facilement admises sont American Express, Diners Club, Visa, Mastercard. Il en est de même des eurochèques.

Banques

Standard Chartered Bank
Buckle Street, Banjul (siège social)
Atlantic Road, Fajara (près de l'hôtel Tropic Gardens)
Basse Santa Su
International Bank for Commerce & Industry (B.I.C.I.)
11 Wellington Street, Banjul (siège social)
Bakau (derrière l'immeuble de la C.F.A.O.)
Serekunda
Central Bank of the Gambia
Buckle Street, Banjul
Gambia Commercial & Development Bank
Buckle Street, Banjul (siège social)
Bakau
Aéroport de Yundum
Gambia Commercial Development Bank
Farafenni
Basse Santa Su

Les heures d'ouverture des banques sont généralement de 8 h à 13 h du lundi au jeudi, et de 8 h à 11 h les vendredi et samedi. Certaines banques de Bakau ouvrent leurs guichets l'après-midi, de 16 h à 18 h 30, du lundi au vendredi.

Prolongation de séjour

La procédure est la même qu'au Sénégal, si ce n'est que vous devez vous adresser à l'Immigration Department du ministère de l'Intérieur (au coin de Dobson Street et d'Anglesea Street) en donnant un motif légitime et en justifiant de ce que vous possédez des ressources suffisantes pour demeurer sur le territoire.

Santé

Il sera demandé de présenter un certificat de vaccination contre la fièvre jaune, datant de moins de dix ans, pour toute personne entrant ou sortant, âgée de plus d'un an. Si des raisons médicales s'opposent à cette vaccination, un certificat en ce sens devra être présenté aux autorités sanitaires. Cette vaccination doit être antérieure de dix jours au moins à l'arrivée en Gambie. Cette question est à examiner avec votre médecin avant de partir.

Poids et mesures

Si le Sénégal n'utilise que le système métrique, la Gambie, qui l'emploie aussi, a cependant conservé parallèlement le système britannique (pied, once, pinte, etc.).

Électricité

En Gambie, la distribution de l'électricité est parfois capricieuse, avec de fréquentes coupures de courant. Les hôtels, les supermarchés, les banques et les restaurants disposent habituellement de leur propre groupe électrogène afin de conserver au frais vivres et boissons et faire fonctionner les conditionneurs d'air. Le courant est normalement sous 220 V, mais les variations constantes d'intensité peuvent endommager les appareils, notamment l'électroménager; aussi beaucoup de gens utilisent-ils des régulateurs de tension.

Dans l'arrière-pays, les villes (Basse, Mansa-Kanko, Farafenni, Bansang) et les villages les plus importants distribuent l'électricité quelques heures dans la journée et le soir mais, ici encore, des chutes de tension sont à craindre. Les radios, rasoirs et torches fonctionnant avec des batteries sont essentiels et il n'est pas rare de ne pouvoir obtenir une boisson vraiment fraîche.

Heures d'ouverture

Les administrations ouvrent de 8 h à 16 h, du lundi au jeudi, et de 8 h à 13 h le vendredi. Pour les autres bureaux, les horaires sont variables, certains ferment pour le repas de midi, d'autres ouvrent le vendredi après-midi ou le samedi matin.

Jours fériés

En plus des fêtes musulmanes, on fête :

Le 1er janvier
Le 18 février, jour de l'Indépendance
Le Vendredi saint
Le 1er mai
Le 15 août, fête de l'Assomption
Noël.

Au départ

Ceux qui voyagent par des tours organisés n'ont pas besoin de confirmer leur retour, mais ceux qui empruntent des vols charters doivent le faire au moins 48 h à l'avance.

Les passagers des vols réguliers doivent reconfirmer auprès de l'agent de la British Airways, à l'hôtel Atlantic, ou de la Gambia Airways, dans Wellington Street, ou encore auprès d'une agence de voyage.

Une taxe d'aéroport est perçue sur toute personne quittant le territoire : 7 dalasis pour les étrangers, payables en devises, 35 dalasis pour les résidents gambiens. Les voyageurs participant à des groupes organisés devront vérifier si cette taxe est ou non incluse dans le prix payé.

Après l'enregistrement et le passage au contrôle des passeports, vous aurez à identifier vos bagages et à les placer vous-même dans le chariot qui les emportera à l'avion.

Il n'est pas toujours possible d'obtenir un rafraîchissement dans le hall de l'aérogare, aussi est-il prudent de s'en munir, surtout si l'attente menace d'être longue. On trouve des articles en vente hors douane, mais ils sont plus chers que dans les supermarchés de Banjul ou de Bakau... Le bureau de la Gambia Commercial Development Bank vous changera, dans une modeste limite, vos dalasis inemployés... que vous ne pourrez pas changer ailleurs.

POUR MIEUX CONNAITRE LA GAMBIE

Gouvernement et économie

La Gambie a été remarquablement calme depuis son indépendance en 1965. C'est un État souverain, qui devint une république en 1975, dont le chef est le président sir Daouda Jawara, chef du Parti populaire du progrès (P.P.P.). Le président est élu pour cinq ans. L'assemblée compte 49 députés dont certains sont membres du National Convention Party (N.C.P.), d'autres de l'United Party (U.P.).

En 1982 fut fondée avec le Sénégal la confédération de la Sénégambie dans le but de coordonner les politiques des deux pays en matière de défense, d'économie, de communication et de transport. Mais la confédération a été dissoute en 1990. La Gambie est membre du Commonwealth.

L'économie de la Gambie est agricole, fondée sur la culture de l'arachide dont le commerce représente 90 % des exportations. La pêche représente une grande richesse potentielle et elle est fort encouragée par le fond de développement des Nations Unies. La sécheresse a porté un coup sévère aux récoltes de ces dernières années, si bien que le pays n'assure toujours pas son autosuffisance alimentaire, en ce qui concerne le mil et le sorgho, ainsi que le riz qui doit être importé de Thaïlande et des États-Unis.

Le tourisme, secteur dynamique de l'économie, fournit du travail, saisonnier certes, à de nombreux Gambiens. La politique générale est d'élargir l'éventail des ressources et de nombreuses initiatives ont reçu l'aide d'organisations internationales. La majeure partie de la population tire sa subsistance de l'agriculture, de la pêche et des ressources forestières.

Géographie

La Gambie est une étroite bande de terre, ne dépassant pas 50 km dans sa plus grande largeur, orientée d'est en ouest sur 500 km, de part et d'autre du cours de la Gambie, au centre du Sénégal. Elle est bordée à l'ouest par l'Atlantique et enclavé par le Sénégal. A l'exception de quelques collines rocailleuses dans l'extrême est, le pays est plat. Au nord, la Gambie ouvre sur la brousse et le désert du Sénégal. Le sud est progressivement plus tropical, avec des palmiers dattiers et à huile, des cotonniers, des bambous, des acajous et des arbres fruitiers tropicaux en abondance. La marée remonte, sur une centaine de kilomètres, le fleuve qui partage le pays en deux et qui est navigable sur la presque totalité de son cours, jusqu'à Basse Santa Su, ce qui permet aux barges d'assurer la collecte des arachides dans l'arrière-pays. Sur les berges, en retrait des mangroves, on cultive le riz dans de petits champs irrigués par la crue. Dans les endroits plus secs, plus sablonneux, on fait pousser du mil et du sorgho. Les agrumes se sont acclimatés, notamment les oranges, les pamplemousses et les citrons verts. Enfin, sur près de 50 km, la Gambie dispose de belles plages qui attirent les touristes et les pêcheurs.

Population

Les mêmes groupes ethniques qu'au Sénégal se retrouvent en Gambie avec, en outre, des Akous. Les Mandingues forment l'ethnie la plus nombreuse et ils sont répartis un peu partout dans le pays. Banjul est une ville principalement habitée par les Ouolofs.

Les Akous sont les descendants des affranchis et ils représentaient, au cours de la première moitié de ce siècle, la classe sociale la plus évoluée. Les Peuls sont nomades, les Saracolés sont essentiellement des marchands et les Diolas forment, avec ceux de Casamance, un même peuple.

On y trouve aussi des étrangers: Libanais, Indiens, Nigérians, Ghanéens et Sierra-Leonais.

Langue

La langue vernaculaire la plus répandue est l'ouolof, que presque tout le monde comprend. Cependant, chaque groupe ethnique possède et conserve son propre langage, qui devient dominant dans la région où le groupe concerné est plus important.

L'anglais est la langue officielle et la seule utilisée en affaires ou dans les relations sociales.

Fêtes

Les festivals organisés en des occasions particulières sont rares. Les gens adorent les fêtes, mais elles sont célébrées à titre privé, pour un baptême ou un mariage. Vous pouvez avoir la chance de vous lier d'amitié avec un Gambien dont la famille célèbre un événement pendant votre séjour et d'y être invité. Il peut aussi se trouver que vous arriviez dans un village en liesse, au milieu des tam-tams et des danses, et on vous fera place. Les jours de fêtes, de petits groupes d'enfants ou de jeunes se déguisent en oiseaux, en animaux sauvages ou en magiciens, et dansent dans les rues au son des sifflets et des tam-tams. Mais cela ne se produit pas partout.

Pendant la semaine de Noël et du jour de l'an, les «Fanals» déroulent leurs processions dans les rues de Banjul, de Bakau ou de Serekunda. Des bateaux extravagants, faits d'éclats de bambous sur lesquels sont tendus et collés des découpages de papier, sont confectionnés par les clubs ou les associations en l'honneur de quelque bienfaiteur. Ils paradent dans les rues, après le coucher du soleil, illuminés de l'intérieur par des bougies, accompagnés de joueurs de tambours et de danseurs jusqu'à la demeure de celui qu'on veut ainsi honorer.

Aux premiers jours de la nouvelle année, les «fanals» sont solennellement remis au bienfaiteur qui les exposera... après avoir généreusement remercié les donateurs. Il est facile d'aller les admirer et il suffit de se renseigner à votre hôtel. Il en existe de beaux modèles au National Museum de Banjul.

Religions chrétiennes

Cathédrale Notre-Dame de l'Assomption
Hagan Street, Banjul
Messes à 7 h, 9 h 30 et 19 h 30.
Église du Saint-Esprit
Box Bar Road, Banjul
Messes à 7 h et 10 h 30.
Église de l'Étoile de la Mer
Bakau
Messes à 9 h et 10 h 15.

Cathédrale anglicane Sainte-Marie
Independence Drive, Banjul
Matines à 9 h, grand-messe eucharistique à 9 h 20, vêpres à 19 h 15.
Église Saint-Paul
Fajara
Église du Christ
Serekunda
Église des Martyrs africains
Farafenni
Église Saint-Cuthbert
Basse Santa Su

COMMUNICATIONS

Médias

Le gouvernement contrôle deux stations de radio qui suivent la politique officielle mais qui disposent librement de leurs programmes.

Radio Gambia (648 kHz), de ses studios situés dans Bakau New Town Road, à Bakau, près du stade, diffuse des programmes dans toutes les principales langues du pays et en anglais, avec des bulletins d'information, des programmes éducatifs ou consacrés aux sports, à la culture, aux religions et à la musique.

Radio Syd est née en 1967, sous l'impulsion d'une Suédoise, Britt Wadner, qui vint en Gambie, via Radio-Caroline et les Canaries, après que sa station pirate, radio Mercure, émettant au large du Danemark, eut été menacée de saisie par les autorités danoises. Ses studios sont aujourd'hui sur la terre ferme, à Mile Two, à la sortie de Banjul. Ses programmes vont des musiques européenne et africaine aux informations en anglais et en suédois.

Elle diffuse aussi des informations publicitaires et des messages personnels, moyennant un prix modique. Elle émet sur 909 kHz (*Syd*, le nom de la station, est le mot suédois signifiant «sud»).

Radio Sénégal, sur 1 300 kHz, se capte facilement et ses programmes en langues vernaculaires et en français sont très suivis.

Les émissions du B.B.C. World Service sont diffusées sur ondes courtes, dans les bandes des 11, 13 et 19 m dans la journée et le soir dans les bandes des 25, 31 et 49 m le matin.
La Gambie n'a pas de chaîne de télévision, mais on reçoit aisément la télévision sénégalaise... ce qui ne décourage pas les non-francophones.

Presse

La liberté est entravée par le manque de moyens financiers. Le gouvernement publie le *Gambia News Bulletin*, hebdomadaire, et diverses revues indépendantes, telles que *The Gambia Onward*, paraissent à intervalles irréguliers, sous une forme en général assez fruste. On trouve aussi des journaux et publications anglais édités hors des frontières.

Postes et télécommunications

En Gambie, le courrier vers ou en provenance de l'Angleterre est rapide et peu coûteux. Une lettre met cinq jours pour arriver à destination.

Poste centrale
Russell Street, Banjul
Près de l'Albert Market.

Il existe des bureaux à Bakau (en retrait de la route, en face de l'hôtel African Village), sur Kairaba Avenue (en face de l'école de Mrs. Ndow), à Serekunda, ainsi que dans les principaux bourgs de l'intérieur. Les heures d'ouverture vont de 8 h 30 à 12 h 15 et de 14 h à 16 h du lundi au vendredi; de 8 h 30 à midi le samedi.

La plupart des hôtels vendent des timbres, à condition que vous achetiez en même temps des cartes postales. Ils ont, en général, leur propre boîte à lettres.

Pour le téléphone et le télex, un système très récent, utilisant les communications par satellite, a été installé en Gambie où il est exploité par Gamtel. Vous pouvez passer des communications internationales, mais seulement à partir de certains postes publics. Ils se trouvent dans les bureaux de Gamtel.

Gamtel
Atlantic Road, Bakau
En face de l'hôtel African Village. Ouvert de 8 h à 11 h.
Kotu Beach Complex
Près du Novotel. Ouvert de 8 h à 10 h.
Serekunda
Au carrefour de Kairaba Avenue et de Serekunda Avenue. Ouvert de 8 h à 11 h.
Russell Street, Banjul
Près de la poste centrale. Ouvert 24 h sur 24.
Telegraph Road
Près de l'hôtel Atlantic. Ouvert 24 h sur 24.
Aéroport de Yundum
Ouvert de 8 à 10 h.

Les appels internationaux sont centralisés au guichet principal de Gamtel et le prix dépend de la durée de la communication. Notez soigneusement le temps que vous passerez au téléphone car il peut vous être présenté une facture fantaisiste. Pour des appels à l'étranger, composez *000* suivi du code du pays et du numéro de votre correspondant (en omettant le 0).

Pour les appels domestiques, sur le territoire de la Gambie, des cabines fonctionnant avec des pièces de monnaie ont été installées récemment à divers endroits.

Les télex et les télégrammes peuvent être expédiés des bureaux indiqués ci-dessus. Pour la télécopie, certains appareils sont disponibles aux bureaux de Russell Street et de Telegraph Road, de même que dans la plupart des grands hôtels.

EN CAS D'URGENCE

La Gambie est l'un des pays d'Afrique de l'Ouest où le touriste est le plus en sécurité. Certains lieux cependant, notamment près des hôtels Palm Grove ou Wadner Beach à Banjul, sont le domaine de prédilection des voleurs.

Police
Tél. 17
Ambulances
Tél. 16
Pompiers
Tél. 18

Services médicaux

Comme au Sénégal, les principaux hôtels de Gambie se sont attaché les services, à la

demande, d'une infirmière ou d'un médecin qui prendront soin des incidents mineurs à l'infirmerie de l'établissement. Au besoin, il sera fait appel à l'hôpital le plus proche. Si vous êtes seul et si vous tombez malade, il vous appartiendra de consulter, par vos propres moyens, un praticien de l'hôpital. Les ambulances sont rares, encore que, théoriquement, un service d'urgence existe (*tél. 16*).
Le Royal Victoria Hospital de Banjul est servi par de bons médecins, dispose d'un service de chirurgie, de même que la Westfield Clinic de Kanifing.

Medical Research Council
Atlantic Road, Fajara
Centre de recherches et non un hôpital. Il n'est pas équipé pour traiter les urgences. Où que vous soyez, les soins ne sont pas gratuits, même les plus bénins, et il est prudent de souscrire une assurance couvrant ce genre d'incident.

Médecins exerçant à Banjul et Bakau

S. J. Palmer & L. Peters
Western Clinic, Kanifing, tél. 92 213 / 92 142
S. Ceesay
Tél. 28 111
J. A. Mahoney
Tél. 95 325
M. K. B. Faal
Banjul Clinic, Independance Drive, tél. 28 832
A. Sallah
Lamtoro Clinic, Independence Drive, tél. 28547

Dentiste

R. O. W. Carrol
9 Cameron Street, Banjul, tél. 28304

Le seul hôpital, en haute Gambie, est celui de Bansang, dirigé par des médecins chinois. Il existe des dispensaires, publics ou privés, gérés par des missions, dans les villes et les villages importants : Basse, Brikama, Kaur, Marakissa, Bwiam, Georgetown, Fatoto, Karantaba, Kerewan, Sibanor, Somita et Kuntaur.

COMMENT SE DÉPLACER

La signalisation routière et urbaine est presque inexistante. Mais le pays est petit et le réseau routier fort simple. Les grandes directions sont indiquées. A Banjul, les rues sont faciles à trouver, mais la numérotation des immeubles est fantaisiste… quand elle existe.
On trouve un choix de cartes touristiques à la librairie Méthodiste et dans les boutiques des hôtels. Le ministère de l'Information diffuse, moyennant 35 dalasis, une carte-guide bien faite et Admap, en liaison avec Enterprise Holidays, publie une carte touristique simplifiée pour 15 dalasis. Toutes deux sont claires, précises et on les trouve dans toutes les librairies.

Librairie Méthodiste
Buckle Street, Banjul, tél. 28 179

Liaisons avec l'aéroport

A l'arrivée à l'aéroport de Yundum, les passagers des groupes ou ceux qui ont effectué une réservation dans un grand hôtel auront le privilège de prendre des autocars spéciaux qui les conduiront à leur hôtel, car il n'existe pas de service public de transport. La société Hertz peut envoyer à votre rencontre un véhicule avec chauffeur, si vous en avez fait la demande auprès de votre hôtel. Il n'existe pas de service de location de voiture à l'aéroport. Les taxis ont un tarif fixe pour le trajet jusqu'à Bakau (80 dalasis) ou Banjul (100 dalasis).

Si vos moyens ne vous le permettent pas ou si vous ne pouvez trouver quelqu'un pour partager le prix du taxi, il vous faudra marcher jusqu'à la grand-route (1,6 km) et prendre un véhicule de transport public jusqu'à Serekunda d'où un taxi vous emmènera à destination. Les taxis officiels et les minibus ne se trouvent que sur les routes et voies principales. Si vous souhaitez être déposé devant votre porte, il vous en coûtera un supplément.

Les voyageurs en groupe seront également rassemblés dans un autocar pour le retour. Les véhicules de transport public ne pourront vous déposer qu'à l'entrée de la zone aéroportuaire et il vous faudra marcher en portant vos bagages…

Autocars

La société Gambia Public Transport Corporation (G.P.T.C.) a le monopole du transport public. Ses énormes autocars M.A.N., peints en bleu et blanc, grouillent dans et autour de Banjul et de Serekunda, et parcourent le pays jusqu'à Basse et Fatoto, sans oublier une ligne biquotidienne entre Banjul et Dakar.

Les tarifs sont modestes (2 dalasis pour le trajet de Banjul à Serekunda) mais les horaires sont irréguliers et les véhicules sont souvent assaillis par la foule et bondés aux heures de pointe (heures de sortie des bureaux et des écoles).

Ils chargent et déchargent leurs passagers aux arrêts prévus.

Les autocars longue distance vont de Banjul-Serekunda, sur la rive sud du fleuve, jusqu'à Fatoto et, sur la rive nord, de Barra jusqu'à Farafenni et Lamin Koto (avec une correspondance pour Georgetown).

Les autocars express mettent dix heures pour aller jusqu'à Basse et s'arrêtent seulement à Soma, Georgetown, Bansang et Basse. Ils ne s'arrêtent pas (en principe) dans les villages en cours de route. Il pourra vous arriver d'avoir à changer de véhicule en chemin.

Pour vous rendre de Banjul à Dakar par autocar, prenez votre ticket (60 dalasis ou 2500 F C.F.A.) au terminal du bac à Banjul. Traversez à pied jusqu'à Barra et rejoignez l'autocar qui y stationne. Les formalités de police et de douane, à Karang, peuvent être longues. Comptez au moins cinq heures pour le voyage.

Heures des départs quotidiens: prendre le bac de 8 h à Banjul pour l'autocar de 9 h à Barra, ou le bac de 10 h pour l'autocar de 11 h.

Taxis

Il est possible de s'assurer, par un arrangement avec le chauffeur, les services d'un taxi pour toute la journée. Les tarifs sont exposés sur des panneaux dans les halls des hôtels et sont valables pour le véhicule, sans tenir compte du nombre de passagers; ils comprennent le carburant. Si vous désirez vous rendre quelque part, en un lieu non indiqué sur le tableau, négociez avec le chauffeur avant de partir. Comparez son prix avec d'autres prix et d'autres distances du panneau, ou peut-être même avec d'autres chauffeurs, avant de conclure. Payez comptant au retour.

Quelques tarifs:
550 dalasis pour un aller retour de Banjul à Tendaba Camp;
600 dalasis pour un aller retour de Banjul à Ziguinchor;
1500 dalasis pour un aller retour de Banjul à Dakar dans la journée.

Les taxis, en Gambie, peuvent être n'importe quel type de voiture, sans couleur ni caractéristique particulières, à l'exception de leur plaque d'immatriculation jaune. Ils n'ont pas de taximètre et les tarifs existent pour les touristes uniquement sur certains parcours à partir de l'hôtel. En général, un panneau devant l'hôtel indique ces tarifs. Ils sont relativement élevés.

Quelques tarifs:
75 dalasis pour un aller retour de l'hôtel Bungalow Beach à Bakau avec une heure d'attente;
130 dalasis pour un aller retour de l'hôtel Bungalow Beach à Banjul avec une heure d'attente;
80 dalasis pour un aller retour de l'hôtel Bungalow Beach au restaurant avec deux heures d'attente.

Toutefois, pour ce prix, vous aurez le taxi pour vous seul, de porte à porte, et vous ne serez pas contraint d'embarquer d'autres clients en route. Convenez du prix avant de partir, quoi que puisse indiquer le tableau d'affichage de l'hôtel.

Taxis-brousse

Les *bush taxis* sont généralement des breaks ou des minibus autorisés à transporter des passagers (sept à neuf).

On peut leur faire signe, sur le bord des routes, et ils s'arrêtent s'il leur reste des places. Mais ils ne circulent que sur les principales routes et ils ne vous déposeront pas devant votre porte, sauf si vous payez au chauffeur un fort supplément (par exemple 12 dalasis en sus d'une course tarifée à 3 dalasis!).

Ils refusent souvent d'embarquer des passagers européens, car ceux-ci sont supposés avoir les moyens de se payer les services d'un véritable taxi.

Si vous devez parcourir un long trajet en taxi-brousse, allez à la gare des taxis de Serekunda. Choisissez un véhicule déjà presque plein; ainsi vous n'aurez pas à attendre trop longtemps. Mais, ici encore, convenez du prix du passage avant de partir.

Quelques tarifs:
Serekunda-Brikama: 12 dalasis; Serekunda-Soma: 35 dalasis; Serekunda-Ziguinchor: 45 dalasis.

Location de voitures

Il faut un permis de conduire national ou international en cours de validité et l'on conduit à droite, comme au Sénégal.

Il n'existe à peu près pas de garagiste dépanneur. Si vous pouvez téléphoner, appelez l'agence à laquelle vous avez loué votre véhicule et l'on viendra sans doute vous aider. Sinon, vous devez faire réparer sur place, pour autant que cela soit possible, et remettez alors la facture des réparations à l'agence.

Hertz
Senegambia Hotel, tél. 93 393
Véhicules sans chauffeur (Volvo). Les hommes d'affaires qui ne séjournent en Gambie que quelques heures peuvent y louer des voitures à l'heure avec un maximum de 12 h, carburant en sus. On peut les réserver avant d'arriver par l'intermédiaire des agences de British Airways ou des agences de voyages.
Avis
Atlantic Road, Bakau, tél. 96 119, télex 2303
Véhicules avec ou sans chauffeur.
Black & White Safaris
Serekunda, tél. 93 174 et 92 815
Voitures tout-terrain (Land-Rover) à quatre ou huit places, avec chauffeur qui fait office de guide.
Francisco's
Carrefour de Kairaba Avenue et d'Atlantic Road, tél. 95 332
Jeeps Suzuki.
Fritz Enterprises
17 Kairaba Avenue, Serekunda, tél. 91 464
Citroën 2CV sans chauffeur.
Autogam
Atlantic Road, Bakau, tél. 96 020
Peugeot 305 et 505 sans chauffeur.

Cycles

On peut louer des bicyclettes à l'heure, à la demi-journée ou à la journée dans presque tous les grands hôtels (Senegambia, Kotu Complex, Fajara, Tropic Garden, African Village, Sunwing, Atlantic, Palm Grove). Le pays n'est pas accidenté, il faut seulement se méfier de la chaleur sur les longues distances.

Les tarifs de location, raisonnables, varient selon la saison. Ils sont indiqués sur un panneau dans le hall de l'hôtel ou en façade. Faites-vous confirmer les prix avant de partir en promenade. Vérifiez les freins et demandez une chaîne de sécurité et un cadenas.

Bacs sur la Gambie

De Banjul à Barra, toutes les deux heures, de 8 h à 18 h.

De Barra à Banjul, toutes les deux heures, de 9 h à 19 h.

Le trajet prend de 20 à 40 mn et coûte 40 dalasis pour un véhicule normal immatriculé en Gambie, 50 dalasis pour un véhicule tout-terrain, 4500 F C.F.A. pour un véhicule immatriculé à l'étranger, 5000 F C.F.A. pour un véhicule tout-terrain.

De Mansa Konko à Farafenni (et *vice versa*), sur la route transgambienne, pas d'horaire fixe, le bac traverse quand il est plein. Prévoir une longue attente.

A l'île MacCarthy, de ou vers la rive sud, le bac passe preque aussitôt que vous arrivez à bord. La traversée est gratuite. De même pour rejoindre ou venir de la rive nord.

Vols intérieurs

Il n'existe pas de lignes aériennes intérieures. On peut néanmoins prendre l'avion pour se rendre, à la demande, aux îles du Cap-Vert (île de Sal) par Gambia Air Shuttle, chaque vendredi.

Dakar est relié par un vol quotidien (trafic partagé entre Gambia Air Shuttle et Air Sénégal).

Un visa est exigé pour entrer au Sénégal pour les ressortissants de certains pays. Les prix et les horaires sont sujets à de fréquentes modifications.

Gambia Air Shuttle
23 Buckle Street, Banjul, tél. 26 998
Air Sénégal
Gambia Airways, 69 Wellington Street, Banjul, tél. 28 207
Banjul Travel Agency
61 Buckle Street, Banjul, tél. 28 813 / 28 473

Senegalese High Commission
10 Cameron Street, Banjul, tél. 27 469
Pour les visas.

OÙ LOGER

Depuis que la Gambie est devenue une destination privilégiée pour les vacances d'hiver, les hôtels se sont multipliés à une vive cadence. Certains demeurent ouverts toute l'année, d'autres ne sont exploités que pendant la saison touristique, de novembre à avril. Les opérateurs touristiques de nombreux pays européens proposent des séjours «tout compris» à des prix intéressants. Mais, dans tous les cas, il demeure possible de trouver une chambre quelque part pour l'homme d'affaires en déplacement ou le voyageur solitaire. Seuls les plus grands hôtels acceptent les cartes de crédit: American Express, Diners Club, Visa, Masterautocard, etc.

Les ensembles hôteliers pour touristes en groupe forment un monde à eux seuls, au milieu de jardins plantés d'arbres tropicaux et de massifs de fleurs, avec leur piscine, leurs bars et restaurants, leurs équipements pour les activités de loisirs et leur plage privée. Il existe aussi des hôtels plus petits, à prix plus réduits, mais qui n'offrent pas les mêmes attraits et les mêmes commodités. On peut y prendre une chambre en arrivant alors qu'une réservation est en principe nécessaire pour les palaces, généralement par l'intermédiaire d'agences de voyages. Pendant la haute saison, mieux vaut s'y prendre à l'avance. La climatisation n'est pas indispensable à la saison sèche, mais il est préférable de la faire marcher aux autres saisons. La plupart des chambres disposent d'une salle de bains et de toilettes individuelles.

Il n'existe pas de classement par catégorie.

Banjul et la côte

• Hôtels de classe internationale

African Village
Atlantic Road, Bakau, tél. 95 307 / 95 384
Ouvert uniquement en haute saison.

Hôtel Amis Beach
Cape Point, tél. 95 106 / 95 035
Ouvert toute l'année.

Hôtel Atlantic
Marina Parade, Banjul, tél. 28 601
Ouvert toute l'année. Réservation en Europe à Londres par *Copthorne Hotel, Angleterre, tél. 0800-41 47 41.* Tennis, voiliers.

Hôtel Bakotu
Kotu Beach Complex, tél. 95 555
Ouvert uniquement en haute saison.

Bungalow Beach
Kotu Beach Complex, tél. 95 288
Possibilité de louer une suite avec kitchenette. Ouvert toute l'année.

Hôtel Fajara
Fajara, tél. 95 351
Ouvert toute l'année. Tennis, voiliers.

Kotu Strand Village
Kotu Beach Complex, tél. 95 609
Certaines suites comportent une kitchenette et un réfrigérateur. Ouvert toute l'année.

Hôtel Palm Grove
Mile 2, Banjul, tél. 28 630
Ouvert toute l'année.

Hôtel Senegambia Beach
Kololi Point, tél. 92 717 / 92 718 / 92 719 / 91 838 / 91 839 / 91 840
Ouvert toute l'année. Tennis, voiliers.

Hôtel Sunwing
Cape Point, tél. 95428
Uniquement en haute saison. Tennis, voiliers.

Hôtel Tropic Garden
Atlantic Road, Bakau, tél. 95369
Ouvert toute l'année.

Hôtel Wadner Beach
Mile 2, Banjul
Ouvert uniquement en haute saison.

• Hôtels de moyenne catégorie

Ces hôtels n'ont pas de piscine et offrent moins de commodités que les grands hôtels ci-dessus. Ils sont souvent utilisés par les agences de voyages pour loger des clients en surnombre, à des prix plus modiques. Cependant, ils sont confortables et agréables.

Hôtel Cape Point
Cape Point, tél. 95 005

Francisco's
Atlantic Road (au carrefour de Kairaba Avenue), Fajara, tél. 95 332

Hôtel Friendship
Près du stade, Bakau, tél. 95 829

Hôtel Romana
Atlantic Road (derrière la C.F.A.O), Bakau, tél. 95 127

• Autres hôtels

Ces hôtels sont meilleur marché et ne répondent pas entièrement aux normes modernes de confort. Ils n'ont pas leur propre groupe électrogène et donc peuvent être victimes de coupures de courant.

Hôtel Adonis
Hill Street/Wellington Street, Banjul, tél. 27 262

Hôtel Apollo
35 Buckle Street, Banjul, tél. 28 184

Atlantic Guest House
Atlantic Road, Bakau (près de l'hôtel Tropic Garden); pas de téléphone

Hôtel Carlton
Independence Drive, Banjul, tél. 27 258

City Travellers Lodge
Dobson Street, Banjul

Gambisara Motel
Kairaba Avenue (en face de Gamtel), Serekunda, tél. 93114

Kantora Hotel
Independence Drive, Banjul, tél. 28715

Intérieur du pays

• Auberges et campements

Hôtel Eddie's
Farafenni, tél. 31259
Restaurant, bar et boîte de nuit. Possède son groupe électrogène.

Apollo 2
Basse
Sommaire mais propre.

District Commissioner's Rest House
Georgetown
Vous y préparerez vous-même vos repas sur votre fourneau. On peut se servir du réfrigérateur quand l'électricité fonctionne. L'eau courante n'est fournie que l'après-midi et le soir.

Mansa Konko Government Rest House
Espérez qu'il y a de la place... Apporter vivres et boissons.

Bansang Rest House
Demandez la permission au service administratif de Mansa Konko. Apporter ses vivres.

Tendaba Camp
A 160 km de Banjul sur le fleuve
Ce campement fournit des repas aux touristes venant en excursion de Banjul et de Bakau, mais il est ouvert toute l'année pour les clients qui souhaitent y séjourner. Le logement est assuré dans des cases, les douches et toilettes étant dans un bâtiment séparé. Il existe un bar et un restaurant. Le camp dispose d'un groupe électrogène. Il est plaisant d'y séjourner. Joignez-vous aux excursions organisées tant sur le fleuve qu'en brousse à partir du camp.

Peter's Camp
Lamin Koto; contacter Gambia River Excursions, tél. 95 526
Campement récemment ouvert sur la rive nord du fleuve, en face de Georgetown.

Il n'existe pas d'auberges de jeunesse, ni d'ailleurs dans la plupart des pays d'Afrique.

POUR LES GOURMETS

La plupart des hôtels et des restaurants servent une cuisine européenne et gambienne, mais il est possible de goûter à des nourritures plus exotiques: chinoises, thaïlandaises, vietnamiennes, suédoises, libanaises ou «internationales»! Les *fast-foods* et les *snack-bars* se multiplient partout, en particulier les *chawarmas* libanais (fines tranches de viande grillée servies dans un sandwich de pain sans levain).

La Gambie est un pays où le poisson est roi puisqu'on en pêche aussi bien en mer que dans le fleuve. Le malheur est que sa présentation soit désespérément monotone. Heureusement, il reste les crevettes sautées à l'ail, préparées à la manière locale avec des sauces relevées, les langoustes grillées, le barracuda, le mulet, la truite de mer et la sole qui sont excellents. Les crustacés et les coquillages peuvent se consommer sans risque (sauf les huîtres de palétuvier) et sont remarquables. Il faut les déguster soit en bisque, soit grillés avec des aromates, au feu de bois.

Les spécialités gambiennes auxquelles il faut goûter sont le *benachin* (riz au poisson accompagné de légumes divers), le *domoda* (ragoût de viande et de légumes avec une sauce à l'arachide), le *chicken yassa* (poulet mariné dans du jus de citron et des oignons, puis sauté), le *sissay niebe* (poulet accompagné de petits haricots secs marqués d'une tache noire), les *akara bean fritters* (beignets de haricots), les *oleleh* (gâteaux de haricots cuits à la vapeur et revenus dans l'huile de palme).

Sur tous les marchés, des femmes vendent dans de vastes cuvettes tous ces produits de leur cuisine qu'elles servent sur une tartine de pain frais. Vous pouvez y goûter. Si le cœur vous en dit, pour 5 dalasis ou même moins, offrez-vous un sandwich de *niébés* nappés d'huile de palme, c'est une expérience à tenter...

La plupart des hôtels et des restaurants assurent un service à la carte ou pratiquent le système de la table d'hôte. On sert alors des plats africains ou européens. Quelques hôtels se sont fait une spécialité : le **Sunwing** pour des spécialités scandinaves de poisson fumé ; le **Rive Gauche** du Novotel pour la cuisine française ; le **Bungalow Beach** par son buffet de fruits de mer (façon scandinave) le samedi soir ; le **Tropic Garden** pour la cuisine japonaise ; le **Senegambia** pour ses pizzas.

Voici une liste des restaurants notables du pays. Sauf dans les grands hôtels, il faut reconnaître que la Gambie manque de bonnes tables. Aussi ne vous étonnerez-vous pas de ne pas trouver de la grande cuisine ou des décors luxueux ou recherchés dans ces établissements.

Banjul

African Heritage Gallery
Wellington Street, tél. 26906
Repas rapides à la manière danoise. Bon choix de plats de viande et de poisson.

Braustube
Leman Street, tél. 28371
Salle à l'intérieur et en plein air. Restaurant germano-libanais. Poisson fraîchement pêché au gril, bonne cuisine.

Oasis Bar & Restaurant
Clarkson Street, tél. 26996
Cuisines gambienne et internationale.

Samburger Fast Food
Cameron Street
Chawarmas libanais et boissons sans alcool.

Hôtel Carlton
Independence Drive, tél. 27258
Déjeuners et soupers dans une cour intérieure ombragée.

Hawa's Bar
Russell Street
Boissons fraîches après le shopping.

Hors de Banjul

Ambassador Bar & Restaurant
Kairaba Avenue, tél. 91269
Excellente bière à la pression, poisson et frites, poulet grillé.

Baalbeck Restaurant
Atlantic Road, Bakau, tél. 96120
Établissement libanais. Délicieuses soupes et grillades.

Bakadaji Restaurant
Près de Kairaba Avenue, Latrikunda
Difficile à trouver sans guide. Cuisine africaine excellente.

Bamboo Restaurant
Près de Kairaba Avenue, Fajara, tél. 95043, 95764
Restaurant chinois. Remarquables beignets de crevettes parmi d'autres spécialités chinoises.

Bobo's
Bakau New Town Road
Restaurant et bar à l'anglaise. Plaisantes tables en alcôve.

Dolphin
Près de l'hôtel Senegambia
Petit bar et restaurant dominant la mer. Bonne cuisine anglaise typique.

Francisco's
Carrefour d'Atlantic Road et de Kairaba Avenue, Fajara, tél. 95258
Restaurant gambien-danois très agréable dans un jardin tropical.

Golden Dragon
Kairaba Avenue, Fajara (juste après l'embranchement de Kotu Beach)
Cuisine libanaise avec pain sans levain (*kafta*, poulet, merguez, cervelle d'agneau), 12 dalasis pour des portions copieuses.

Rice Bowl
Cape Point Road, tél. 95504
Restaurant chinois.

Samou's
Old Cape Road, Bakau, tél. 95237
Cuisines gambienne et européenne.

Le Saïgon
Kairaba Avenue (près du cimetière militaire de Fajara), Fajara, tél. 96026
Restaurant vietnamien. Spécialités de soupes et de *nems*.

Yellow Gate
Près de Kairaba Avenue
Cuisines chinoise et malaise. Excellent *satay*.

Weinstube
Juste devant l'hôtel Senegambia
Restaurant jumeau de la Braustube de Banjul.

Palma Nova Bar & Restaurant
New Town Road, près de Bakau, tél. 95 220

Paradise Beach Bar
Sur la plage, entre Fajara et l'hôtel Bungalow Beach
Établissement connu pour ses boissons fraîches et ses repas rapides.

Ilmondo Bar
Sur la plage, près de l'hôtel Bungalow Beach
Matelas de plage, parasols, boissons fraîches et sandwiches.

Avenue Bar & Restaurant
Kairaba Avenue
Bar en plein air, cuisine gambienne.

Sofanyama Bar & Restaurant
En face de l'hôtel Senegambia
Tables installées sous une véranda ombragée. Boissons fraîches, snacks et repas rapides.

Lamin Lodge
Mandinari (sur la route de l'aéroport, tourner à gauche et suivre la piste vers le fleuve sur 3 km)
Restaurant flottant pittoresque sur un bolon. Poisson frais et frites.

Boissons

La bière est la boisson favorite des Gambiens. Il existe une brasserie locale qui fabrique une bière légère, la Joyful, servie en cannette ou à la pression. Cette même brasserie fabrique des boissons sans alcool. Il n'existe pas de limitation des heures d'ouverture des débits de boisson. Les bars et cafés, ouverts toute la journée et tard le soir, proposent souvent des plats simples aussi bien que des rafraîchissements. De nombreux restaurants, en dehors des heures de repas, servent des boissons.

Uncle Dembo's
Près de l'hôtel Senegambia

Sambou's
Old Cape Road

Tropic Smile
Bakau

Rising Sun
Bakau

Avenues Bar & Restaurant
Kairaba Avenue

B.B.C. Bar
Kairaba avenue

Martha's Bar & Restaurant
Complexe hôtelier de Kotu Beach

Il existe d'innombrables autres petits bistrots, au bord des routes ou autour des hôtels. Certains sont attirants, d'autres beaucoup moins.

DISTRACTIONS

Activités culturelles

Vous ne pouvez pas attendre d'un pays aussi petit qu'il puisse compter des musées, des opéras ou autres lieux éminemment culturels.

National Museum
Independence Drive
Fort bien agencé et bien tenu, expose de belles collections de bijoux, de vêtements, d'ustensiles domestiques, d'objets rituels, accompagnés de photographies, de cartes et de diagrammes clairs. La reproduction, en grandeur nature, d'une barque (qui servait autrefois à la collecte des arachides le long du fleuve) trône dans le jardin.

African Heritage
Wellington Street
Seule galerie d'art digne de ce nom. Des sculptures, des gravures sur bois, des peintures, des vêtements et des bijoux sont exposés de façon artistique et proposés à la vente au public. Le cadre est agréable, dans les salles d'exposition bien agencées, jouissant d'une jolie vue sur le fleuve en contrebas.

Certains artistes présentent leurs œuvres dans leurs propres locaux. Il existe plusieurs ateliers d'art à Bakau, à Cape Saint Mary, près du restaurant Sambou's, le long d'Atlantic Road, en retrait de New Town Road, chacune avec son enseigne pour en indiquer l'emplacement.

En ce qui concerne les concerts, les séances de cinéma ou les autres événements culturels, se référer aux panneaux d'affichage dans le hall des hôtels ou surveiller les annonces sur les murs de la ville ou à la radio pour savoir ce qui figure au programme.

Agences de voyages

Gamtours (Gambia National Tours)
Kanifing Industrial Estate, tél. 92 505 / 92 259 / 91 497
Safaris jusqu'à Basse Santa Su.

Gambia Safari
C/o Gamtours

Gambia Tours
Senegambia Beach Hotel, Kololi, tél. 92 727 / 92 718

West Africa Tours
New Town Road, Bakau, P. O. Box 222, Serekunda, tél. 95 258
Safaris jusqu'à Basse Santa Su, en pirogue, avec pique-nique et barbecue au bord de l'eau, se terminant par une soirée africaine, un dîner typiquement gambien et un spectacle.

Black & White Enterprises
Serekunda (en face du commissariat de police, près du marché), P. O. Box 201, Banjul, tél. 92 815
Safaris jusqu'à Basse Santa Su.

Gambia Sportfishing
Denton Bridge, c/o Black & White Enterprises
Pêche en mer et en rivière. Parties de pêche au barracuda d'une demi-journée ou toutes espèces d'une journée (bateau de six mètres de type Orkney).

Mass Cham
Hôtel Atlantic, Banjul, tél. 28 601 / 28 043

Damel Travel Services
Hôtel Atlantic, Banjul, tél. 28 601 / 28 602

Gambia River Excursions
Tél. 95 526

Graham Rainey
Tél. 95 915
Excursions en bateau sur le fleuve (*Spirit of Galicia* et *Spirit of Africa*) jusqu'à Georgetown; les passagers sont hébergés à bord ou à terre. A Lamin Lodge (près de Mandinari), restaurant dans un bolon et mirador sur une jetée.

Colombus Travel Agency
112 Kairaba Avenue, tél. 96 135

Parcs naturels

Abuko Nature Reserve
Entre Serekunda et l'aéroport de Yundum
Seul parc national de Gambie ouvert au public. Fondés par Eddie Brewer, ancien lieutenant de louveterie nommé par la suite directeur de la conservation de la faune par le président Jawara, et par sa fille Stella, ces 10 ha de la forêt classée de Gambie ont été préservés dans leur état d'origine tout en permettant aux visiteurs de parcourir la réserve à pied. Certains marigots abritent des crocodiles et de nombreux oiseaux ont élu domicile aux alentours. Plusieurs miradors ont été édifiés pour observer les singes, les écureuils, les iguanes et, avec un peu de chance, les sitatoungas (antilopes dotées de très belles cornes), quand ils sortent des couverts et viennent boire.

Baboon Island
Réserve fermée au public afin de protéger des intrusions des touristes les chimpanzés que l'on s'efforce de réacclimater dans leur habitat naturel. Stella Brewer est à l'origine de la création de cette réserve.

Vie nocturne

La vie nocturne n'est guère animée en Gambie. Les plus grands hôtels ont leur propre boîte de nuit, ouverte à leurs clients et parfois au public extérieur. Certaines ouvrent tous les soirs, d'autres seulement le week-end. L'entrée est tantôt gratuite, tantôt payante.
A la saison touristique, les hôtels organisent souvent des réjouissances pour leur clientèle. Ce peut être une bonne occasion d'admirer des spectacles de danses folkloriques, des joueurs de tam-tams, des mangeurs de feu, des acrobates, ou encore des présentations de mode locale. Les spectacles de cabaret, comme on peut en voir en Europe, sont rares. Parfois, les hôtels se groupent et font venir un artiste pour une tournée de longue durée. Celui-ci se produira alors dans divers établissements. Pour les représentations données par des groupes folkloriques africains en tournée, consultez les affiches et écoutez la radio. De grands concerts sont quelquefois organisés au stade national.

Dunda Nightclub
Atlantic Hotel, tél. 28 601
Entrée gratuite.

Bellengo Nightclub
Kombo Beach (Novotel), tél. 95 605
Entrée 20 dalasis.

Senegambia Beach Hotel Nightclub
Tél. 92717 / 92718 / 92719
Orchestre le dimanche soir avec barbecue nocturne. Entrée 30 dalasis.

Musu's Disco
Cape Point
Entrée gratuite.

Tropicana Nightclub & Disco
Sur la route de l'hôtel Senegambia.
Au milieu d'un bosquet d'arbres.

Oasis
Clarkson Street, Banjul
Entrée gratuite.

Tropic Garden Hotel Nightclub
Entrée gratuite.

SHOPPING

Des livres sur l'histoire de la Gambie, ses contes et ses légendes, sa flore et sa faune, des œuvres d'écrivains gambiens figurent en bonne place sur les rayons de la librairie Méthodiste et dans les boutiques d'hôtels.

En ce qui concerne les tissus, les prix en Gambie sont inférieurs à ceux pratiqués au Sénégal et ce fait explique pourquoi, dans chaque véhicule de transport en commun en provenance de Banjul, on voit des femmes rapportant de véritables cargaisons de produits divers, en particulier des étoffes, achetés moins cher de l'autre côté de la frontière...

SPORTS

Dans un pays aussi petit, il est évident que les structures sportives sont limitées. En fait, les principales activités de ce genre sont concentrées autour des plages et des piscines. La plupart des hôtels de bord de mer mettent des petits voiliers, des planches, à la disposition de leur clientèle, parfois des bateaux plus grands et souvent des moniteurs.

Certains d'entre eux ont même une salle de squash ou un terrain de badminton, de volley ou de basket-ball. Les touristes qui séjournent quelques jours peuvent s'inscrire à titre temporaire au Golf Club de Fajara, en face de l'hôtel, et se livrer aux joies du golf sur un parcours de 18 trous, fort bien dessiné, ou jouer au tennis, au squash, au badminton, au billard et bénéficier de la piscine. Il existe également des courts de tennis ouverts au public au club des Cèdres (Cedar Club) de Serekunda ou au Reform Club de Banjul.

Chasse

La Gambie veille avec un soin jaloux sur sa faune et sur la préservation de toutes les espèces. Pratiquement, on ne peut à peu près pas chasser. Un peu partout est affichée une déclaration très officielle du président Jawara, dite «déclaration de Banjul», qui date de 1977. La seule chasse qui demeure permise est celle pratiquée en battue aux phacochères, sur les ordres de la police, quand ces animaux saccagent les récoltes. Ces parties de chasse sont absolument imprévisibles et il faut se renseigner auprès des services de police pour obtenir, peut-être, la permission d'y participer. Mais il vaut mieux ne pas y compter.

Pêche

La pêche à la ligne en mer ou en rivière, soit sur une plage, soit en pirogue, est par contre un sport très couru et ne requiert aucune organisation particulière. En rivière, on peut louer une pirogue n'importe où, pour de brèves parties de pêche. La pêche au gros, pour capturer les espèces nombreuses dont les eaux côtières abondent, est mise en place par la plupart des grands hôtels ainsi que par Sportfishing.

ADRESSES UTILES

Gambia National Tourist Office
Ministry of Information and Tourism, Apollo Hotel Building, Orange Street Wing, Banjul, tél. 28472 / 28497 / 26396

Gambia National Tourist Office
57 Kensington Court, London W8 5DG, Great Britain, tél. 01 93 76 89

Ambassade de Gambie
126, avenue Franklin-Roosevelt, 1050 Bruxelles, tél. (02) 640 10 49, câble GAMEXT Brussels
Gambia High Commission
11, rue de Thiong, Dakar, tél. 21 44 76, câble GAMEXT Dakar

British High Commission
48 Atlantic Road, Fajara, Kombo Saint Mary, P. O. Box 507, Banjul, tél. 95 133 / 95 134 / 95 578
Haut commissariat du Sénégal
10a Cameron Street, Banjul, tél. 27 469 / 27 680

BIBLIOGRAPHIE

Histoire coloniale

Martin (Jean)
L'Empire renaissant — L'Aventure coloniale de la France I, Denoël, 1987
Barry
Le Royaume du Walo, Maspéro, 1972
Brigaud (F.)
Histoire du Sénégal, éditions Clairafrique, Dakar, 1964
Camara (C.)
Saint-Louis du Sénégal, I.F.A.N., Saint-Louis, 1968
Comte (Gilbert)
L'Empire triomphant — L'Aventure coloniale de la France II, Denoël, 1987
La Gorce (Paul-Marie de)
L'Empire écartelé — L'Aventure coloniale de la France III, Denoël, 1988
Planchais (Jean)
L'Empire renaissant — L'Aventure coloniale de la France IV, Denoël, 1988
Biondi (Jean-Pierre)
Saint-Louis du Sénégal, Denoël (collection Detins croisés), 1987
Brunschwig (Henri)
L'Afrique noire au temps de l'empire français, Denoël (collection Destins croisés), 1988
Park (Mungo)
Travels into the interior of Africa, Eland, London & Hippocrene, NewYork, 1983
Picciolia (André)
Missionnaires en Afrique, Denoël (collection Detins croisés), 1987

Histoire contemporaine

Lugan (Bernard)
Afrique, l'histoire à l'endroit, Librairie académique Perrin (collection Vérités et Légendes), 1988
Deschamps (Hubert)
Le Sénégal et la Gambie, Presses universitaires de France (collection Que sais-je ?), 1968
Diop (cheik Anta)
Nations nègres et cultures, Présence Africaine, 1954
L'Unité culturelle de l'Afrique noire, Présence Africaine, 1959
Identité culturelle et société postindustrielle, Présence Africaine, 1980
Prinz (Manfred)
Visages publics du Sénégal : dix politiques parlent, l'Harmattan, 1991
Chamard (P.-C.) et **Sall** (Mamadou)
Le Sénégal, géographie, Nouvelles éditions Africaines, Dakar, 1977

Littérature

Adams (A.)
Le Long Voyage des gens du fleuve, Maspéro, 1977
Haley (Alex)
Racines, Alta, 1977
Loti (Pierre)
Le Roman d'un spahi, Calmann-Lévy, 1936
Senghor (Léopold Sédar)
Liberté I, Négritude et humanisme, éditions du Seuil (collection l'Histoire immédiate), 1964
Liberté II, Nation et voie africaine du socialisme, éditions du Seuil (collection l'Histoire immédiate), 1971
Liberté III, Négritude et civilisation de l'universel, éditions du Seuil (collection l'Histoire immédiate), 1977
Liberté IV, Socialisme et planification, éditions du Seuil, (collection l'Histoire immédiate), 1985
Ce que je crois, Grasset & Fasquelle, 1988
Poèmes, éditions du Seuil, 1954
Chants d'ombre, éditions du Seuil, 1956
Nocturnes, éditions du Seuil, 1961
Éthiopiques, éditions du Seuil, 1956
Élégies majeures, éditions du Seuil, 1979
Delcourt (J.)
L'Ile de Gorée, histoire religieuse du Sénégal, éditions Clairafrique, Dakar, 1976

Guides

Duchemin (G.-L.)
Saint-Louis du Sénégal, guide historique, I.F.A.N., Saint-Louis, 1955
Dupuy (A.-R.)
Le Guide du parc national de Niokolo-Koba, éditions G.I.A., Dakar, 1970
Lunel (A.)
Sénégal, Atlas des voyages, éditions Rencontres, Lausanne, 1966

CRÉDITS PHOTOGRAPHIQUES

A l'exception de celles spécifiquement indiquées ci-après, les photographies qui illustrent ce guide sont dues au talent de Michel Renaudeau (agence Hoa-Qui).

Pour le surplus, l'iconographie de cet ouvrage a été rassemblée grâce à la collaboration et avec l'aimable autorisation des photographes et des établissements suivants.

F. Soltan (© agence C.E.D.R.I.) Couverture — Jeune femme au pied d'un fromager dans la région du Sine-Saloum

Allsports pictures	116
Associated Press	57, 58-59
Andy G. Gravette	143g, 159, 251
Musée du Louvre	36
Mary Evans Picture Library	24, 26, 28-29, 30, 32, 33, 38-39, 40, 42, 43, 48
Kim Naylor	87
Susan Pierres	122, 126, 146, 152, 153, 156-157, 158, 165, 166, 168, 169, 171, 172, 173
Spectrum Colour Library	244
Tony Stone Worldwild	76-77, 195g
Topham Picture Source	9, 56, 84-85, 136, 139, 162

INDEX

A
Abane, 279
Afinian, 280
African Heritage, 142
Agence West African Tours, 147
Albreda, 161
Aldhungari, 174
Allées Canard, 191
Allées Robert-Delmas, 190
Ambassade des États-Unis à Banjul, 147
Ambassade du Royaume-Uni à Banjul, 147
Ambassade du Royaume-Uni à Dakar, 190
Anse Bernard, 190
Anse des Madeleines, 189
Armitage High School, 169
Asssemblée nationale de Dakar, 190
Atelier d'art et d'artisanat de Thiès, 208
Auberge des Cocotiers, 211
Avenue Albert-Sarraut, 188
Avenue André-Peytavin, 189
Avenue du Président-Lamine-Guèye, 189
Avenue Georges-Pompidou, 188
Avenue Lamothe, 220
Avenue Pasteur, 190
Avenue William-Ponty, 188

B
Badoye, 289
Bafoulabé, 290
Baïla, 279
Bakau, 139, 147
Bakau-Kachikaly, 152
Bakel, **234**
Balangar, 165
Bald Cape, 150
Bambey, 243
Bambylor, 209
Bandafassi, 292
Banjul, **139**
Banque centrale de Dakar, 188
Banque internationale pour le Commerce et l'Industrie, 140
Bansang, 174
Baol, 241
Bao Bolon, 266
Barajali, 168
Bargny, 195, 251
Barra, 273
Barrakunda, 170
Bar Chat'n'Take, 149
Barra Point, 159, 160
Bar Rose, 149
Bar Thiam, 203
Bar Uncle Dembo's, 149
Basse Santa Su, **169**, 170, **174**
Bassin du Djoudj, 226
Batelling, 171
Berefet, 171
Berending, 162
Bignona, 279, **280**
Binbou, 292
Bintang Gereejal, 171
Bodé, 245
Bolon de Bintang, 171
Bolon de Kamobeul, 273
Bolon de Nainija, 165
Bolon de Sofanyama, 173
Boucle de Badi, 290
Boulevard Atlantic Boulevard, 147
Boulevard de la République, 189
Bounoum, 246
Brasserie Braustube, 141
Brasserie Sarraut, 188
Brikama, **153**, **171**
Bwian, 171

C
Cambérène, 195
Campement Delmas, 277
Campement de Badi, 290
Campement de chasse de Keur Massene, 228
Campement de chasse de Maka Diama, 227
Campement de Djifère, 257, 261
Campement de Koubalan, 280
Camp de l'Éland, 289
Camp de Lamin, 167
Campement-hôtel de Linguère, 246
Campement de Nidaga Peul, 209
Campement-hôtel de Niokolo-Koba, 289
Campement de Simenti, 289
Campement de Sitokoto, 280
Camp du Koba, 290
Camp du Lion, 290
Cap Manuel, 190
Cape Point, 147
Cap Skirring, 275, 276
Cap Vert, 209
Casamance, **273**
Casino de Banjul, 149
Castel de Gorée, 203
Cathédrale de Banjul, 140
Cathédrale de Saint-Louis, 217
Cathédrale du Souvenir africain, 190
Cebtre de recherches zoologiques de Dara, 246
Centre artisanal de Diourbel, 241
Centre artisanal de Zinguinchor, 274
Centre de recherches agronomiques de Bambey, 243
Centre touristique de la Petite Côte, 254
Chambre de commerce de Dakar, 188
Cimetière des pêcheurs, 220
Cimetière musulman de Dakar, 193
Club Aldiana, 255
Club Méditerranée, 277
Collège Blanchot, 220
Colline de King'Hill, 172
Corniche Ouest, 192
Cour des Maures, 192

D
Dakar, **185**, 209
Damanatan, 289
Dara, 246
Darou-Mousty, 245
Darou Ndiaye, 245
Delta du Sénégal, 228
Delta du Sine-Saloum, 253, 257, **261**
Denton Bridge, 147, 153, 154
Désert du Ferlo, **241**
Diagle, 230
Diakhaanor, 261
Diala kouna, 266
Diamnadio, 251
Diamouel, 290
Diatakounda, 278
Dieba, 278, 280
Diembering, 277
Dienoun Diala, 288
Dionewar, 263
Diouloulou, 273, 279
Diourbel, **241**
Diouroum, 266
Djoudj, 226
Domaine de Nianing, 255
Duntumalang, 172

E
Ebarak, 291
École William-Ponty, 209
Église anglicane de Banjul, 140
Église bretonne de Karabane, 276
Église portugaise de Gorée, 203
Église Saint-Charles-Borromée, 203
Église Saint Peter, 148
Elinkine, 275
Embarcadère de Wellington Street, 159
Enampore, 276
Etcouar, 292
Etiolio, 291

F
Fadiouth, **256**
Fafacourou, 279
Fajara, 139, 148
Falémé, 235, 285, 292
Fann-Résidence, 193
Farafenni, 163, 172, 273
Fas Boye, 212
Fatick, 254
Fatoto, 170, 174
Ferlo, 225, 230, **241**
Firgui, 266
Folonko, 152
Forêt de Bijilo Beach, 150
Forêt de Kalounaye, 280
Forêt de Tali Ndé Boulou, 289
Forêt de Tendouk, 280
Fort Bullen, 160
Fort d'Albreda, 161
Fort d'Estrées, 201, 203
Forteresse de Falémé, 235
Fort de Matam, 233
Fort James, 161
Fougolembi, 292
Foundiougne, **263**
Fouta, 225
Fouta-Djalon, 288, 290, **292**

G
Gambie, 285
Gandiol, 220
Gare de Dakar, 191
Gare routière de Dakar, 191
Garowal, 174
Georgetown, 166, **168**, 173, **174**
Ghanatown, 152
Gîte d'étape de Tendaba, 172
Golf Nord, 195
Golf Sud, 195
Gorom, 226, 227
Goudomp, 278
Gouvernance de Saint-Louis, 218
Grand Bao Bolon, 266
Grande mosquée de Dakar, 191
Grande mosquée de Saint-Louis, 219
Grande mosquée de Touba, 245
Grande poste de Dakar, 191
Grotte miraculeuse de Popenguine, 252
Guede, 232
Guediawaye, 194
Guet-Ndar, 217
Gué de Bafoulabé, 290
Gué de Malapa, 290
Gué de Vorouli, 289
Gunjur, 150
Gunjur Koba, 170
Gunjur Kuta, 170

H
Hamdalaye, 288
Hann, 195
Hostellerie du Chevalier de Boufflers, 202
Hôtel African Village, 148
Hôtel Apollo Two, 174
Hôtel Asta Kébé, 288
Hôtel Aten-Elou, 277
Hôtel Atlantic, 142, 159
Hôtel Atlantic Guest House, 148
Hôtel Aubert, 275
Hôtel Bakau, 149
Hôtel Bungalow Beach, 149
Hôtel Cape Point, 148
Hôtel Cap Skirring, 273
Hôtel Cham's International, 147
Hôtel club Novotel, 253
Hôtel de la Croix du Sud, 188
Hôtel de la Gare à Tambacounda, 288
Hôtel de la Poste à Richard-Toll, 228
Hôtel de la Poste à Saint-Louis, 218, 219
Hôtel de Thiès, 207
Hôtel de ville de Dakar, 191
Hôtel de ville de Saint-Louis, 217
Hôtel Dior, 265
Hôtel du Fleuve, 234
Hôtel du Rail, 207
Hôtel du Tourisme, 275
Hôtel Emitaï, 277
Hôtel Fajara, 148
Hôtel Francisco 149
Hôtel Indépendance, 188
Hôtel Kassoumaï, 277
Hôtel Kombo Beach, 149
Hôtel L'Auberge Rouge, 189
Hôtel L'Escale, 275
Hôtel L'Étoile du Sud, 207
Hôtel Lagon II, 190
Hôtel La Paillote, 277
Hôtel Le Baobab, 242
Hôtel Le diola, 274
Hôtel Le Finio, 256
Hôtel Les Palétuviers, 264
Hôtel Le Palmier, 280
Hôtel Le Pélican, 252, 263
Hôtel Le Relai Fleuri, 280
Hôtel Mame Coumba Niang, 219
Hôtel Massada, 228
Hôtels Méridien, 194
Hôtel Napoléon, 265
Hôtel Nema-Kadior, 275
Hôtel Novotel, 188
Hôtel Palm Beach, 253
Hôtel Paris, 265
Hôtel Relais 82, 254
Hôtel Résidence, 219
Hôtel Rex, 207
Hôtel Romana, 148
Hôtel Saint-Louis, 189
Hôtel Savana, 277
Hôtel Savana Koumba, 253
Hôtel Senegambia, 149
Hôtel Sofitel, 188
Hôtel Sunwig, 148
Hôtel Teranga, 190
Hôtel Tropic Gardens, 148
Hydrobase, 220

I-J
Ibel, 292
Iles Bijilo, 150
Ile d'Elephant Island, 165
Ile de Baboon Island, 166
Ile des Cent Miles, **232**
Ile de Dog Island, 162
Ile de Fadiouth, 256
Ile de Gorée, **199**
Ile de Hillol, 276
Ile de Kai Hai, 166
Ile de Karabane, 275, 276
Iles des Madeleines, 193
Ile de Ndar, 219
Ile de Ngor, 194
Ile de Niomoune, 276
Ile de Pelican Island, 162

Ile James, 161
Ile MacCarthy, 167, **168**, 173
Ile Saint Mary, 139
Ilimalo, 292
Immeuble des Travaux Publics, 219
Iwol, 292
Joal, **255**
Juffure, 161

K
Kabakoto, 266
Kabrousse, 277
Kabrousse Mossor, 277
Kaffrine, **265**
Kafountine, 279
Kahone, 265
Kalaji, 171
Kantaba, 165
Kaolack, **264**
Karantaba Tenda, 168, 169
Kartong, 152
Kaskas, 232
Katchikali, 148
Kau-Ur, 165
Kayar, 209, **210**
Kaynor, 266
Kebemer, 212
Kédougou, 291
Keneba, 171
Kerewan, 163
Ker Batch, 165
Ker Jabel, 165
Keur Katim Diama, 266
Keur Massene, 226
Keur Momar Sarr, 246
Kidira, **235**
Kinte kunda, 163
Koina Tenda, 160
Kolda, 275, 279
Kololi, 139
Kotu Point, 149
Kotu Stream, 149
Koulountou, 285
Kourouniengouniengou, 292
Kuntaur, 166

L
Lac de Guiers, 229, 246
Lac Fourou, 289, 290
Lac Retba, 209
Lac Rose, 212
Lac Tamna, 211
Lac Tigue, 226
Lamin Koto, 166
Lamin Safari Lodge, 166
Lampoul, 212
Landieni, 292
Langue de Barbarie, 220
La Somone, 252
Linguère, 230, 234, 241, 246
Louga, 212, 241, 246

M
Maison Angrand, 203
Maison de Diouga Dieng, 203
Maison des Esclaves à Gorée, 203
Maison des jeunes de Tambacounda, 288
Maison de Victoria Albéris, 202
Mal, 230
Malapa, 289
Malème-Hodar, 266
Mamaelles, 193
Mandinari, 170
Mankono, 279
Mansa-Farak, 290
Mansa Konko, 172
Marché Albert, 141, 143
Marché de Diourbel, 241
Marché de Kaolack, 264
Marché de Mbour, 253
Marché de Saint-Maur-des-Fossés, 274
Marché de Sandaga, 189, 192
Marché de Tilène, 191
Marché de Ziguinchor, 274
Marché Kermel, 188
Marsassoum, 278, 280
Matam, 233
Maurel & Prom, 217
Mbacké, 243
Mbane, 230
Mbao, 195
Mbayakh, 209, 211
Mboro, **211**
Mbour, **253**
Médina, **191**, 245
Merinaghen, 230, 246
Ministère des Affaires étrangères de Dakar, 188
Mission catholique de Tambacounda, 288
Missira, 264, 288
Monastère de Keur Moussa, 209
Mont Assirik, 290
Monts Bambouk, 292
Monument aux morts de Dakar, 188
Mosquée de Dakar, 189
Mosquée de Diourbel, 242
Mosquée de Gorée, 203
Mosquée de Matam, 234
Mur Tata, 194
Musée de l'I.F.A.N., 190, 202
Musée de la Mer, 203
Musée national de Banjul, 140

N
Naye, 235
Ndangane, 257, 262
Ndar-Toute, 217
Ndiago, 230
Ndioum, 232
New Town, 147
Nganda, 265, 266
Ngaparou, 252
Ngor, 194
Nguekokh, 252
Niagalankomé, 292
Nianing, 254
Niassante, 230
Niéri-Ko, 285
Nieriko, 288
Niodior, 263
Niokolo-Koba, 285, 289
Nioro du Rip, 265
Njai kunda, 165
Nougouma, 251

O
Oasis de Niassante, 230
Office de radiodiffusion et de télévision, 190
Ouakam, 193
Ouassadougou, 288, 290
Oussouye, 276
Oyster Creek, 139, 147, 154

P-Q
Pakaliba, 173
Palais de justice de Dakar, 190
Palais présidentiel de Banjul, 140
Palais présidentiel de Dakar, 190
Pallo, 207
Parcelles assainies, 194
Parc national de Baboon Island, 166
Parc national de basse Casamance, 277
Parc national de Kiang West, 171
Parc national de la langue de Barbarie, 220
Parc national de Niokolo-Koba, **285**
Parc national du delta du Saloum, 264
Parc national du Djoudj, 220, **226**

Patou, 220
Patte d'Oie, 194
Perai Tenda, 170
Petit Bao Bolon, 266
Petite Côte, 195, **251**
Pikine, 194
Place de l'Indépendance à Dakar, 188, 190
Place de l'Indépendance à Saint-Louis, 218
Place de Soweto, 190
Place du Gouvernement, 201
Place du Marché à Saint-Louis, 220
Place Faidherbe, 218
Place Kermel, 192
Place MacCarthy, 140
Place Tascher, 190
Plage de Kololi Beach, 150
Plage de Kotu Beach, 139, 149
Plage de Senegambia Beach, 149
Plage de Soumbédioune, 189
Plamarin, 261
Podor, 226, 230, **232**
Pointe-Saint-Georges, 276
Pointe Bernard, 190
Pointe des Almadies, **194**
Pointe de Bel-Air, 195
Pointe de Sangomar, 257, 261, 262
Pointe Saint-Georges, 275
Pont de la Geôle, 217
Pont Faidherbe, 217
Pont Serviatus, 217, 220
Popenguine, **251**
Port de Dakar, **191**
Presqu'île des Oiseaux, 280
Quai Henri-Jay, 218
Quartier Mermoz, 193

R

Ranch de Doli, 245
Ranch Filfill, 209
Ranerou, 246
Relais de l'Espadon, 202
Réserve d'Abuko, 166, 170
Réserve de chasse de Keur Massene, 226
Réserve de chasse de Maka Diama, 226, **227**
Résidence de Djourbivol, 234
Restaurant Cape Saint Mary, 148
Restaurant Chinese Rice Bowl, 148
Restaurant Dolphin, 149
Restaurant Fajara Club, 148
Restaurant International Fare, 148
Restaurant Lagon I, 190
Restaurant Le Relais, 142
Restaurant Mary's Pub, 148
Restaurant Sambou's, 148
Restaurant Two Jays, 148
Richard-Toll, 226, 227, **228**, 246
Rond-point de l'Étoile, 190
Rosso, 226, **228**
Rue Albion Street, 143
Rue Bond Road, 143
Rue Box Bar Road, 143
Rue Cameron Street, 141
Rue Lasso Wharf, 143
Rue Russel Street, 141
Rue Wellington Street, 141, 159
Rufisque, **195**

S

Saba, 163
Saint-Louis, **217**, 227
Salde, 232
Salemata, 291
Saliant Point, 153
Salikene, 163
Salitor Point, 150
Saloum, 263
Saly Portudal, 252, 254
Sandinière, 278
Sangako, 264
Sangalkam, 195
Sangola, 292
Sanimetereng, 152
San Domingo, 161
Saraya, 292
Sébikotane, 209
Sédhiou, 278, 280
Selet, 279
Serekunda, 139, 170
Simenti, 287, 290
Sine, 241, 245
Sine Ngayenne, 2266
Sinthiou, 292
Sofanyama, 173
Sokone, 263
Soma, **172**
Sor, 217
Sotuma, 174
Soumbédioune, 192
Soungrougrou, 273, 278
Stade Iba Mar Diop, 191
State House, 139
Station agricole expérimentale, 279
Suré, 246
Sutukoba, 170
Syer, 230

T

Taïba, 207
Takli, 230
Tambacounda, 174, 235, **287**
Tanje, 153
Tankular, 171
Taouey, 229
Tesito, 142
Théâtre national Daniel-Sorano, 190
Thiès, **207**
Thionk-Essyl, 280
Tiade, 233
Tielao, 232
Tintinkome, 278
Tivaouane, 207, 212
Toniataba, 172
Touba, 242, **243**
Toubab Dialao, **251**
Toubakouta, 263, 266
Toumanea, 292
Tunku, 172

U-V-W

Université Cheikh-Anta-Diop, 193
Velingara, 245, 279
Village-hôtel de Keur Saloum, 263
Village-hôtel de la pointe Saint-Georges, 275, 276
Village-hôtel L'Hippocampe, 252
Village-hôtel Le Baobab, 252
Village-hôtel Les Piroguiers, 263
Vorouli, 289
Wallan, 292
Wassau, **166**

Y-Z

Yangol, 251
Yang Yang, 246
Yene, 195, 251
Yoff, 194
Yorobawal, 169
Yundum, 170
Ziguinchor, 273, **274**, 279